O NOVO SER HUMANO

MAIS SAÚDE MENTAL NA ERA DIGITAL

Experiências sensoriais exclusivas

Seja bem-vindo(a) à jornada transformadora de *O novo ser humano: mais saúde mental na era digital!*

Pensando em você, que mergulhará nas reflexões e práticas deste livro, criamos uma experiência única e imersiva. Em uma página exclusiva e oculta do nosso site, www.onovoserhumano.com.br, convidamos você a explorar vivências sensoriais especiais com os autores que levam a leitura além das palavras – diretamente para dentro do seu ser.

O que espera por você?

- **Vídeos inéditos** com práticas guiadas por nossos autores.
- **Exercícios práticos** para integrar corpo, mente e emoções.
- **Meditações personalizadas**, preparadas com todo o cuidado pelos coautores.

Essas experiências foram elaboradas para aprofundar sua conexão com os temas da obra coletiva, permitindo que você os vivencie de forma prática e significativa.

É uma oportunidade imperdível de descobrir a harmonia entre tecnologia, saúde mental e espiritualidade, guiada por especialistas comprometidos em transformar vidas – incluindo a sua!

Aponte a câmera do celular para o QR Code a seguir e acesse a página: https://www.onovoserhumano.com.br/experiencias-sensoriais

Claudia Cardillo

CLAUDIA CARDILLO
IDEALIZADORA, CURADORA DE CONTEÚDO E COORDENADORA EDITORIAL

CLELIA QUEIROZ GADELHA & GUSTAVO HOHENDORFF
COORDENADORES EDITORIAIS

O NOVO SER HUMANO

MAIS SAÚDE MENTAL NA ERA DIGITAL

Você está pronto para o Novo Ser humano?
O despertar consciente com mais tecnologia
e mais saúde mental.

Literare Books
INTERNATIONAL
BRASIL · EUROPA · USA · JAPÃO

PRESIDENTE DO CONSELHO
Maurício Sita

PRESIDENTE
Alessandra Ksenhuck

VICE-PRESIDENTES
Cláudia Pires e Julyana Rosa

DIRETORA DE PROJETOS
Gleide Santos

COORDENADORA EDITORIAL
Amanda Moura

EDITORES
Anselmo Vasconcelos e Enrico Giglio de Oliveira

ASSISTENTES EDITORIAIS
Emerson Xavier e Júlia Almeida

REVISORES
Daniela Braz e Sérgio Ricardo

CAPA
Agência M11 Marketing e Comunicação e Gabriel Uchima

DIAGRAMAÇÃO
Ana Paula Nunes Medeiros

IMPRESSÃO
Printi

Dados Internacionais de Catalogação na Publicação (CIP)
(Câmara Brasileira do Livro, SP, Brasil)

O Novo ser humano : mais saúde mental na era digital / coordenação Claudia Cardillo, Gustavo Hohendorff, Clelia Queiroz Gadelha. -- São Paulo : Literare Books International, 2025.

Vários autores.
ISBN 978-85-9455-329-4

1. Autoajuda 2. Insight 3. Bem-estar 4. Saúde mental 5. Tecnologia I. Cardillo, Claudia. II. Hohendorff, Gustavo. III. Gadelha, Clelia Queiroz.

24-241822 CDD-158

Índices para catálogo sistemático:

1. Saúde mental : Psicologia 158

Eliete Marques da Silva - Bibliotecária - CRB-8/9380

LITERARE BOOKS INTERNATIONAL LTDA.
Alameda dos Guatás, 102
Vila da Saúde — São Paulo, SP. CEP 04053-040
+55 11 2659-0968 | www.literarebooks.com.br
contato@literarebooks.com.br

MISTO
Papel | Apoiando o manejo florestal responsável
FSC® C196274

DEDICATÓRIA

Ao meu marido, André Luis, por seu apoio e incentivo, à minha família, aos amigos que acreditaram neste projeto desde o início, oferecendo inspiração e motivação, dedico meu profundo agradecimento. A todos os autores que foram pilares fundamentais para que este sonho se concretizasse, trazendo suas competências e habilidades para fortalecer as inteligências emocionais, artificiais e pessoais, que enriqueceram ainda mais esta obra. Que o nosso legado inspire a todos e seja um marco na nossa jornada de evolução e consciência humana.

Claudia Cardillo

Dedico meu capítulo a Alaíde C. C. T. Coelho, minha querida sogra, por ter sido uma grande incentivadora das minhas viagens. E a todas as pessoas que se inspirarem a mergulhar nessas viagens transformadoras, verdadeiras rotas de experiências.

Clelia Queiroz Gadelha

Dedico esta obra à minha esposa e aos meus filhos, que são minha fonte de inspiração e apoio incondicional. Agradeço à minha família, que sempre acreditou em mim e nas minhas paixões, e aos amigos que me incentivam a seguir em frente na jornada de promover a reumanização do humano.

A cada um que compartilha a crença de que o desenvolvimento humano é o verdadeiro caminho para a transformação, esta obra é uma celebração da nossa missão conjunta. Que possamos continuar a crescer, aprender e impactar vidas de maneira positiva, sempre buscando um mundo mais consciente e acolhedor.

Gustavo Hohendorff

AGRADECIMENTOS

Aos autores desta obra, que nos orgulham profundamente, por compartilharem suas paixões por saúde, bem-estar, qualidade de vida e desenvolvimento humano, contribuindo com seus valiosos conhecimentos e experiências.

Claudia Cardillo, Clelia Queiroz Gadelha e Gustavo Hohendorff

Como idealizadora desta obra, expresso minha profunda gratidão a cada autor por acreditar neste movimento de construção de um novo ser humano. Como curadora, agradeço por sua colaboração e dedicação na criação de *O novo ser humano: mais saúde mental na era digital*. Este projeto só se tornou possível graças ao conhecimento, à sabedoria e à visão que cada um trouxe, enriquecendo a obra com suas experiências e perspectivas.

Cada capítulo reflete o compromisso em transformar vidas, promover o bem-estar e expandir a consciência, em um mundo em que tecnologia e espiritualidade caminham lado a lado. Juntos, conseguimos criar um conteúdo poderoso e inspirador, que certamente tocará muitas pessoas, despertando uma nova forma de viver, mais conectada ao presente e em harmonia com a natureza.

É uma honra compartilhar esta jornada com vocês. Agradeço pela confiança, pela parceria e por contribuírem para o sucesso desta obra com tanto coração e dedicação. Juntos neste momento, em que comemoro 40 anos de carreira, cocriamos um legado. Que possamos continuar impactando vidas e construindo um futuro mais consciente, pleno e saudável.

Claudia Cardillo

Sou imensamente grata ao Universo, que me trouxe a oportunidade de participar deste projeto literário com pessoas de tanta relevância e conteúdos tão pertinentes ao momento desse "novo ser humano" na era digital. E, ainda, como coordenadora editorial, poder contribuir trazendo especialistas que enriqueceram ainda mais esta obra.

Clelia Queiroz Gadelha

Ser o coordenador editorial desta obra coletiva, *O novo ser humano: mais saúde mental na era digital*, foi uma experiência profundamente enriquecedora, e isso só foi possível graças ao comprometimento e à paixão de todos vocês.

Cada um trouxe para este livro a essência de suas vivências e especialidades, criando uma sinergia única entre a tecnologia, a espiritualidade e o bem-estar humano.

Agradeço pela confiança, pela entrega e pelo espírito de colaboração que permeou todo o processo.

Gustavo Hohendorff

SUMÁRIO

PREFÁCIO

Dr. Claudio Luiz Lottenberg

CRM 139093 SP

Atualmente, é presidente do Conselho da Sociedade Beneficente Israelita Brasileira Albert Einstein e da Confederação Israelita do Brasil. Também é presidente institucional do Instituto Coalizão Saúde, do Lide Saúde, da Confederação Israelita do Brasil (Conib) e membro do Conselho de Desenvolvimento Econômico Social Federal. É autor dos livros *A saúde brasileira pode dar certo* e *Cidadania: a tecnologia a serviço do paciente e não ao contrário* e coautor do livro *A revolução digital na saúde: como a inteligência artificial e a internet das coisas tornam o cuidado mais humano, eficiente e sustentável*. Graduado em medicina pela Escola Paulista de Medicina da Universidade Federal de São Paulo (1984), mestre em oftalmologia pela Escola Paulista de Medicina da Universidade Federal de São Paulo (1990), doutor em medicina (oftalmologia) pela Universidade Federal de São Paulo (1994).

Contatos
www.onovoserhumano.com.br/dr-claudio-lottenberg
LinkedIn: www.linkedin.com/in/clottenberg/

A saúde mental na era digital é um tópico importante e em constante evolução. O novo ser humano, cada vez mais conectado digitalmente, enfrenta desafios únicos para manter sua saúde mental. Isso inclui questões como o uso excessivo de dispositivos, exposição a redes sociais, cyberbullying e a pressão de manter uma imagem idealizada on-line. Difícil momento para conciliar algo tão novo e que acontece em uma velocidade jamais observada.

Para promover a saúde mental na era digital, é crucial estabelecer um equilíbrio saudável entre o tempo on-line e on-line, definir limites de uso de tecnologia, buscar apoio emocional quando necessário e desenvolver habilidades de gerenciamento de estresse e resiliência. Além disso, a conscientização sobre questões de saúde mental e a promoção de ambientes on-line seguros e inclusivos são essenciais.

Profissionais de saúde mental e educadores desempenham um papel fundamental no apoio a indivíduos que enfrentam desafios digitais relacionados à saúde mental. É uma área em constante evolução, e a educação e a adaptação contínua são essenciais para enfrentar os desafios emocionais da vida digital moderna.

Nesse cenário, são fundamentais iniciativas como este livro, que retrata de forma objetiva uma preocupação que a sociedade deve ter na busca de um equilíbrio. Como tudo que é novo, o cenário de incerteza surge, mas não pode prevalecer acima da certeza que temos de nossas capacidades adaptativas.

Desejo uma ótima leitura.

APRESENTAÇÃO

Dr. Guilherme Ayres Rossini, PhD

CRM 160826 SP

É gestor no Hospital Municipal Albert Sabin, em São Caetano do Sul. Trabalha como médico e professor na SOBRAMFA Educação Médica & Humanismo. Possui graduação em medicina pela Universidade Nove de Julho (2013), masters pela Cousen's School of Holistic Wellness, Tree of Life, Estados Unidos (2014), doutorado em medicina pela Universidade de São Paulo (2023). Durante a graduação, se envolveu na apresentação de trabalhos em congresso junto ao time da SOBRAMFA, em que também realizou intercâmbio de pesquisa na área de tecnologia e cirurgia robótica do Children's Hospital Boston, nos Estados Unidos. Realizou o programa Master Intensive, em que aprendeu sobre meditação, jejum, alimentação consciente, práticas integrativas e complementares. Durante o doutorado, estudou sobre metabolismo tumoral em biobancos de tumores e plataformas computacionais no Instituto Butantan e na Faculdade de Medicina da USP.

Contatos
www.onovoserhumano.com.br/dr-guilherme-ayres-rossini
www.sobramfa.com.br/docentes/

Vivemos em uma era em que a tecnologia molda muitos aspectos de nossas vidas, inclusive a saúde. O advento da era digital trouxe consigo mudanças significativas na forma como cuidamos de nossa saúde, como nos relacionamos com os profissionais de saúde e como encaramos o próprio conceito de bem-estar. Este livro, *O novo ser humano: mais saúde mental na era digital*, aborda algumas dessas transformações, e cabe a você, caro leitor, refletir sobre os desafios e as oportunidades que surgem com o uso da tecnologia na medicina.

Um dos pilares dessa transformação é a telemedicina. Nos últimos anos, a prática da medicina a distância deixou de ser uma alternativa marginal para se tornar uma ferramenta importante na assistência à saúde. Com a recente mudança nas diretrizes do Conselho Federal de Medicina, a telemedicina foi consolidada como uma modalidade legítima de atendimento, oferecendo maiores flexibilidade e acessibilidade para pacientes e médicos. Essa regulamentação ampliou as possibilidades de consultas, monitoramento e tratamentos a distância, permitindo que cuidados de qualidade alcançassem lugares antes inatingíveis. A telemedicina não apenas facilitou o acesso aos serviços de saúde, mas também desafiou o modelo tradicional de consulta médica, abrindo caminho para uma nova era de cuidado à saúde.

Outro aspecto crucial da era digital é o uso da inteligência artificial (IA) na saúde. A IA está revolucionando a medicina, desde a análise de grandes volumes de dados até a personalização de estratégia terapêutica. Ferramentas que utilizam IA são capazes de identificar padrões complexos em exames de imagem, prever desfechos clínicos e até sugerir abordagens terapêuticas com base em evidências científicas. No entanto, a incorporação da IA na medicina não é isenta de desafios éticos e técnicos. O equilíbrio entre a automação e a sensibilidade humana continua sendo um tema central. O principal desafio envolve explorar como podemos utilizar a IA para melhorar os cuidados de saúde, sem perder de vista a importância do julgamento clínico e da interação humana.

A era digital também envolve avanços tecnológicos no registro das informações, e as redes de *blockchain* públicas (*public ledgers*) e privadas (*private ledgers*) vêm ganhando espaço no mercado de maneira silenciosa.

Por fim, a humanização na era digital é um tema que não pode ser ignorado. A tecnologia, por mais avançada que seja, não deve substituir o toque humano, a empatia e a compreensão. No entanto, a digitalização dos cuidados de saúde tem, muitas vezes, levado à despersonalização do atendimento, quando a tela de um computador substitui o olhar atento do médico. Como podemos utilizar a tecnologia para aproximar, e não distanciar, os pacientes e os profissionais de saúde?

A humanização na era digital exige que se integre a tecnologia de maneira a fortalecer as relações humanas, promovendo um cuidado mais compassivo e centrado no paciente.

O novo ser humano: mais saúde mental na era digital é um convite à reflexão sobre como podemos navegar por esse novo cenário, em que a tecnologia se torna uma aliada, sem jamais esquecer o valor insubstituível da conexão humana.

Ao ler este livro, espero que você se inspire a pensar criticamente sobre cada tema abordado, usando a prudência para direcionar as decisões do presente, considerando sempre a opinião de seu médico de confiança.

Boa leitura!

INTRODUÇÃO

Dr. Caio Akaki Borges Moura

CRM 217-943 SP

É pesquisador do uso do som e espiritualidade no âmbito da saúde, técnicas de cura ancestrais e holísticas. Terapeuta integrativo com formações em xamanismo, técnicas e práticas ancestrais de cura pelo Instituto de Terapias Xamânicas; medicina de família e comunidade e práticas integrativas, atendimentos em medicina integrativa e gestão do estilo de vida, meditação, som e arte. Formado em ashtanga e bhakti yoga. Professor de yoga pela Yoganaya International School (RYT200 - Yoga Alliance), com enfoque no yoga inclusivo e terapêutico, e terapeuta do som/*sound healing* pela Soundfulness Education. Docente do curso Terapia Sonora na Saúde e Bem-Estar: Cuidados Integrativos através do Som, ministra cursos na área de terapia sonora. Atua na gestão e aplicação de práticas integrativas e complementares (PICs) no âmbito da atenção primária à saúde do Sistema Único de Saúde (SUS) no município de Santo André. Graduado em medicina pela Faculdade de Ciências Médicas e da Saúde de Sorocaba - Pontifícia Universidade Católica de São Paulo (PUC-SP), (2015-2020).

Contatos
www.onovoserhumano.com.br/dr-caio-akaki
LinkedIn: www.linkedin.com/in/caio-akaki-152186b2/

O novo ser humano está, ao mesmo tempo que em uma versão inédita, promulgando sua antiga, em um diálogo que reúne a ancestralidade viva e os novos paradigmas. Esse é o paradoxo que ilustra a condição na qual a saúde se encontra neste momento – e é o desafio motivador que nos solicita, com emergência, a refletir o modo de lidar com o processo saúde-doença de forma mais aprimorada.

Hoje, todos os campos do conhecimento vivem transformações agudas, com efeitos inegáveis sobre a visão de saúde. Observamos um processo de acelerado desenvolvimento da tecnologia e do universo digital determinando, especialmente, altos níveis de acurácia diagnóstica e terapêutica, associado ao fortalecimento do método científico, que refina as respostas às nossas hipóteses. Estamos, portanto, alcançando um auge de objetividade em que a exatidão é um pressuposto de bem-estar. Diante disso, sigo com um questionamento: estamos, na mesma medida, desenvolvendo uma das mais complexas tecnologias, intrínsecas à condição humana – nossa subjetividade própria? A mente, o corpo, o espírito, as emoções, a arte e toda a questão existencial e comunitária? A adaptabilidade às mudanças está sendo abordada, acolhida e cuidada?

Esses aspectos estão inegavelmente contemplados na experiência do paciente, no dia a dia humano, e lideram a vida dos indivíduos e sua busca por respostas. Eles voltaram a ser discutidos no âmbito da saúde desde a chamada segunda revolução da área, no século XX, no contexto das novas metas da Organização Mundial da Saúde (OMS) para a saúde integral, bem como com o advento do Sistema Único de Saúde (SUS) e a participação social buscando maior representatividade das técnicas e dos saberes ancestrais, das racionalidades médicas antigas e que, curiosamente, sobrevivem através do tempo até hoje, independentemente do processo digital – as práticas integrativas, racionalidades e cosmologias médicas para além e em complementaridade ao paradigma biomédico ocidental convencional.

E por que essas práticas perduram? Porque o paradigma que fundamenta o modo de vida associado a elas não é propriamente uma concepção ou uma hipótese, tampouco uma crença. É, na realidade, o fenômeno humano em relação direta com os fenômenos naturais, e em equilíbrio dinâmico com as progressões da existência.

Sendo assim, quais os limiares e limites da IA e das tecnologias duras sobre a saúde? São tais quais estejam garantindo espaço para que o ser humano e as sociedades mantenham vivas em si a consciência sobre o que as motiva a continuar vivendo, a compreensão de autonomia, autogestão e autoajuste em saúde, atuando no desempenho enquanto um processo de bem-estar real – que permeia o objetivo, mas ocorre de maneira subjetiva, individual, ou comunitária-cultural, que proporciona que nos questionemos.

Estamos criando um dia a dia sustentável em todos os sentidos e direções? Ou passamos a enxergar a vida e o mundo de modo linear, frígido, dualista? Considerando que a natureza humana é tudo menos linear, mecânica e muito menos algorítmica, mas, sim, cíclica, simbólica, ritualística, romântica e artística – e sendo esses pontos essenciais em qualquer jornada de saúde que de fato traga resultados ao indivíduo, pois dialoga com sua integralidade –, como fazer do processo tecnológico-digital um recurso de manutenção do potencial humano?

Tal dinamismo implica que os fazeres digital e tecnológico sejam facilitadores do que chamamos integralidade – sendo os selos e as pontes entre os saberes antigos, os conhecimentos do empirismo e da relação direta com a natureza, o rigor científico, as dimensões humanas subjetivas e o ímpeto em tornarmo-nos melhores versões de nós mesmos, em um engajamento mais orgânico com o planeta, no qual a ideia de avanço seja o alcance da sustentabilidade entre os elementos humanos, naturais e tecnológicos.

O novo ser humano passa a ser o matrimônio do ancestral com a inovação, dos princípios com a flexibilidade, a técnica com a experiência, a mente, o corpo e o coração, a arte e a vida sendo vivida com base em porquês cada vez mais amplos.

01

O NOVO SER HUMANO E AS INTELIGÊNCIAS

A INTEGRAÇÃO ENTRE AS DIMENSÕES – EMOCIONAL E ARTIFICIAL

No cenário de transformações em que vivemos, surge o novo ser humano, capaz de integrar harmoniosamente as dimensões da inteligência emocional e da inteligência artificial. Neste capítulo, a autora nos convida à reflexão sobre como essas duas inteligências podem trabalhar em conjunto para promover mais saúde mental, bem-estar, qualidade e longevidade na vida, nos relacionamentos e na carreira. Claudia Cardillo, como idealizadora desta obra coletiva e curadora do conteúdo, nos guia nesta jornada de transformação, propondo uma reflexão sobre como o uso consciente da tecnologia pode enriquecer a experiência humana sem comprometer nosso bem-estar físico, mental, emocional e espiritual.

CLAUDIA CARDILLO

Claudia Cardillo

Empresária, mentora de liderança, carreiras, negócios e escrita literária com uma trajetória de 40 anos de experiência. É uma líder multifacetada que transformou seu legado em uma trajetória de sucesso como especialista em marketing de empreendedorismo, *branding*, comunicação assertiva e desenvolvimento de carreira. CEO da M11 Marketing e Comunicação desde 2006, tem sido a força motriz por trás de inúmeras trajetórias profissionais e empreendedoras, alavancando marcas, carreiras e negócios com resultados extraordinários. Recebeu cinco prêmios de reconhecimento: Câmara Municipal de São Paulo (2021), Câmara Municipal de Piracicaba (2022), Prêmio Destaque em Comunicação (2023), Prêmio Mulheres que Brilham (2024) e Moção de Louvor pela Câmara Legislativa do Distrito Federal (2024). Suas palestras são projetadas para inspirar, motivar e capacitar o público com ferramentas práticas e insights sobre inovação, liderança e inteligência artificial (IA). Escritora com quatro obras individuais publicadas, seis obras coletivas como curadora de conteúdo e coordenadora editorial e três em coautoria, além de três introduções para outros autores e diversos e-books. É graduada em Música, Relações Internacionais (FMU) e pós-graduada em Mundo 4.0 e Soft Skills (USP/EEFERP).

Contatos

www.onovoserhumano.com.br/claudia-cardillo
www.claudiacardillo.com.br
www.m11marketing.com.br
www.academiarota53.com.br
mentoraclaudia.cardillo@gmail.com
LinkedIn: www.linkedin.com/in/claudiacardillo/
Instagram: @claudiacardillomentoring
@m11marketing
@academiarota53

Claudia Cardillo

O novo ser humano: mais saúde na era digital

O que distingue os líderes excepcionais não é a inteligência intelectual, mas sim a inteligência emocional.
Daniel Goleman

O novo ser humano é o reflexo da aceleração do tempo, somado à quantidade das informações em uma transformação global, que integra avanços tecnológicos e um despertar consciente para a saúde integrativa. Nesta nova era digital, a humanidade tem acessado um novo olhar sobre a saúde com um grande diferencial – a expansão da consciência; portanto, não mais limitada ao físico, mas estendida ao mental, emocional e à conexão espiritual. As terapias integrativas, as medicinas preventiva e preditiva e o bem-estar digital emergem como pilares dessa evolução.

Esse novo paradigma reconhece a importância de harmonizar a tecnologia com o equilíbrio mental, emocional e espiritual. O novo ser é consciente de que a era digital, com todos os seus desafios, também oferece ferramentas valiosas para melhorar a qualidade de vida. Ao abraçar a inteligência emocional e fazer uso da inteligência artificial (IA) de forma positiva, esse ser humano em transformação redefine o conceito de saúde, conectando-se consigo mesmo e com o mundo ao redor de maneira mais plena e consciente.

As mudanças na evolução desse ser humano despertam uma série de benefícios. A adoção de práticas integrativas amplia a percepção de que a saúde é multifacetada, promovendo mais bem-estar, mais saúde mental e longevidade. A IA se torna uma aliada ao oferecer soluções para cuidados personalizados, enquanto a inteligência emocional permite que esse indivíduo navegue pelos desafios da vida com mais equilíbrio, resiliência e empatia.

O novo indivíduo representa a evolução para uma era em que a saúde integral, a tecnologia e a espiritualidade coexistem de forma sinérgica. Essa situação nos convida a romper com antigos paradigmas e construir uma nova forma de viver, mais conectada, consciente e saudável.

O novo ser humano e as inteligências: emocional e artificial

No cenário de transformações em que vivemos, surge esse novo ser, capaz de integrar harmoniosamente as dimensões da inteligência emocional e da IA, além de explorar os benefícios, para manter-se centrado, focado e mentalmente saudável. A integração dessas duas dimensões nos desafia a refletir sobre como podemos avançar tecnologicamente sem perder de vista nossa essência humana.

A era digital trouxe avanços tecnológicos extraordinários, e a IA está rapidamente se tornando parte essencial de nossas vidas; o fato é que não tem mais volta. Da automação de tarefas à personalização de experiências, a IA tem o poder de otimizar processos e nos oferecer ferramentas para uma vida mais eficiente. Contudo, junto a essa evolução tecnológica, surge a necessidade de cultivar um equilíbrio emocional, a fim de lidar com os desafios que o mundo digital apresenta.

A competência emocional é a capacidade de reconhecer, entender e gerenciar as próprias emoções e as dos outros. Fortalece empatia, resiliência e autoconhecimento, despertando a gratidão – qualidades essenciais para navegar pela complexidade e pelos desafios da vida moderna. Com as interações humanas cada vez mais mediadas pela tecnologia, a inteligência emocional se torna uma habilidade ainda mais essencial.

Inteligência emocional e gratidão: o caminho para relacionamentos significativos

A inteligência emocional, a habilidade de reconhecer, ser, entender e gerenciar nossas próprias emoções, bem como as emoções dos outros, desempenha um papel fundamental em nossos relacionamentos. Quando combinada com a gratidão, ela cria uma base sólida para conexões significativas e positivas.

A importância da gratidão

A inteligência afetiva nos permite entender além das nossas próprias emoções, assim como as emoções dos outros. Ao cultivar a gratidão, desenvolvemos a capacidade de reconhecer o impacto positivo que as ações dos outros têm sobre nós. Isso não só fortalece nosso senso de apreço, como também nos torna mais empáticos em relação aos sentimentos dos outros. Quando somos emocionalmente inteligentes, somos capazes de reconhecer e valorizar as ações e contribuições dos outros, o que alimenta um ciclo positivo de gratidão e compreensão mútua.

Sendo assim, a inteligência emocional e a gratidão são habilidades intrinsecamente interligadas. Cultivar a inteligência emocional nos permite apreciar profundamente os gestos de bondade dos outros, enquanto a gratidão, por sua vez, nutre nossa inteligência emocional, criando uma sinergia poderosa que enriquece nossos relacionamentos e nossa qualidade de vida.

Dessa forma, é recomendável abordar primeiro a inteligência emocional e, em seguida, introduzir a comunicação assertiva e a gratidão, já que a inteligência emocional serve como a base sólida sobre a qual essas habilidades podem florescer de maneira autêntica e significativa.

Daniel Goleman, renomado psicólogo e autor, destacou no seu livro *Inteligência emocional* nove tipos dessa inteligência. Cada tipo tem seus pontos fortes e sombras, áreas nas quais a gratidão pode desempenhar um papel fundamental para o desenvolvimento pessoal.

Os nove tipos de inteligência emocional, de acordo com Daniel Goleman, são:

1. **Autoconhecimento emocional**: reconhecer e entender as próprias emoções.
2. **Autocontrole emocional**: lidar eficazmente com as próprias emoções e impulsos.
3. **Automotivação**: manter-se motivado e persistente em alcançar metas.

4. **Reconhecimento de emoções em outras pessoas**: perceber as emoções dos outros com precisão.
5. **Habilidade nos relacionamentos**: construir relacionamentos saudáveis e eficazes.
6. **Influência**: persuadir e guiar os outros de forma positiva.
7. **Capacidade de lidar com emoções em outras pessoas**: ajudar os outros a lidar com suas emoções.
8. **Colaboração e cooperação**: trabalhar eficazmente em equipe e colaborar com os outros.
9. **Liderança inspiradora**: inspirar e orientar os outros de maneira positiva.

Comunicação: um caminho para o crescimento pessoal

A inteligência emocional surge como um pilar essencial para estabelecer diálogos claros, conscientes e empáticos, tanto nas interações humanas quanto na forma como utilizamos a IA para nosso bem-estar. O desenvolvimento de uma comunicação assertiva é fundamental para a integração eficaz da IA em nossas vidas, fazendo parte da liderança inspiradora. A forma como nos comunicamos necessita evoluir conjuntamente com as ferramentas que utilizamos. Por essa razão, a comunicação assertiva nos ajuda a expressar nossas necessidades, compreender os outros e criar uma interação harmoniosa com as tecnologias emergentes.

A inteligência emocional nos capacita a enxergar a IA não como uma ameaça, mas como uma aliada poderosa. Essa aliança nos permite otimizar tarefas, obter insights e promover soluções personalizadas para melhorar nossa saúde mental e emocional, sob a influência da era digital, em que "estar" on-line pode ser a relação inversa de "ser" e viver no off-line.

Como despertar para um novo momento?

A comunicação é a chave para trazermos mais pessoas para seu despertar individual. O novo ser humano se caracteriza pela habilidade de integrar as duas dimensões – emocional e tecnológica – de maneira equilibrada; assim, somos capazes de fortalecer nossas relações, melhorar a tomada de decisões e viver com mais clareza e propósito. Essa combinação nos capacita a criar um futuro em que a tecnologia amplifica nosso potencial humano, proporcionando uma vida com mais qualidade, bem-estar e saúde mental.

Comunicação assertiva: cultivando relações positivas

A comunicação assertiva é uma habilidade poderosa, essencial para construir relacionamentos saudáveis e produtivos. É a capacidade de expressar ideias, conhecimentos, sentimentos, necessidades e limites de forma clara, direta e respeitosa, sem desrespeitar os outros. A assertividade não apenas envolve falar; também inclui escutar ativamente, demonstrando empatia e compreensão. É uma "habilidade" essencial para expressar gratidão de forma genuína e respeitosa, sem ser passiva ou agressiva.

Objetivos da comunicação assertiva:

1. **Clareza**: comunicar suas ideias e sentimentos de forma clara, evitando ambiguidades.
2. **Respeito mútuo**: garantir que suas palavras e ações sejam respeitosas com os outros, mesmo ao expressar desacordo.
3. **Resolução de conflitos**: lidar com conflitos de maneira construtiva, buscando soluções e entendimento.
4. **Empatia**: escutar ativa e empaticamente os outros para compreender seus pontos de vista e emoções.
5. **Autoafirmação**: expressar suas necessidades e limites sem se sentir culpado ou inadequado.

Benefícios da comunicação assertiva: relações mais fortes, redução de estresse, autoconfiança, resolução eficaz de problemas e um ambiente de trabalho positivo.

Oportunidades que abrangem a comunicação assertiva:

1. **Profissional**: ajuda a alavancar sua carreira, melhorando a comunicação com colegas, líderes e clientes.
2. **Pessoal**: melhora os relacionamentos, ao criar uma base de confiança e entendimento.
3. **Social**: permite que você expresse suas opiniões e sentimentos de maneira calma e assertiva.
4. **Emocional**: fortalece ao ajudar a compreender e expressar suas emoções de forma equilibrada.
5. **Global**: em um mundo cada vez mais conectado, é vital para interações interculturais bem-sucedidas.

Portanto, a comunicação assertiva não apenas molda como os outros nos veem, mas também reflete nosso próprio entendimento e respeito por nós mesmos e pelos outros.

A IA como aliada da saúde mental

Como a IA pode nos ajudar com o objetivo maior de expandirmos nossa consciência para começarmos a nos relacionar melhor conosco mesmos, com os outros e com o mundo ao redor?

A IA não deve ser vista como uma ameaça, mas, sim, como uma aliada poderosa para melhorar nossa saúde mental. As tecnologias baseadas em IA já estão sendo aplicadas em diversas áreas da saúde, desde diagnósticos mais precisos até a oferta de terapias personalizadas e acessíveis. Plataformas de bem-estar digital, por exemplo, utilizam IA para ajudar indivíduos a monitorarem sua saúde mental, oferecendo suporte inovador, acessível e ferramentas como meditação guiada, terapia cognitivo-comportamental (TCC) digital e análise de padrões comportamentais.

Um exemplo prático é o uso de *chatbots* terapêuticos ou assistentes virtuais voltados à saúde mental, para oferecer intervenções psicológicas baseadas em TCC, ajudando os usuários a lidarem com ansiedade, depressão ou estresse no dia a dia. Por exemplo, uma pessoa que esteja enfrentando ansiedade pode interagir com um *chatbot* que oferece um diálogo empático, conduz atividades de relaxamento, sugere técnicas de respiração e ainda acompanha o progresso ao longo do tempo, tudo isso de forma anônima e acessível. Embora essas inovações não substituam um tratamento psicológico formal, podem ser usadas de maneira proativa, a fim de oferecer apoio inicial em casa, no trabalho, com intervenções rápidas para promover o autocuidado, especialmente em momentos de crise ou quando o acesso a um profissional de saúde mental é limitado.

Ao mesmo tempo, é importante que a pessoa esteja consciente de que a tecnologia é um complemento, não um substituto, para as interações humanas genuínas e a inteligência emocional, como tem acontecido nas mídias sociais e nos relacionamentos virtuais.

Inteligência emocional: a base para a nova era

A partir de uma nova experiência de conexão interna profunda conosco e com o mundo, passarmos a ter um olhar diferente com mais autonomia, autoestima, resiliência, assertividade, proatividade, flexibilidade, empatia, perseverança, coragem, integridade, gratidão, respeito, confiança e liberdade. Se a IA pode potencializar nossas vidas com eficiência e inovação, a inteligência emocional é o alicerce que nos mantém conectados à nossa humanidade. Em um mundo hiperconectado, onde o excesso de informação e a exposição às mídias sociais podem causar ansiedade, depressão, baixa autoestima e esgotamento mental, a capacidade de lidar com emoções de forma saudável se torna um diferencial fundamental.

O novo ser humano, portanto, além de utilizar a tecnologia, aprenderá a equilibrá-la com sua essência emocional, encontrando o caminho do meio entre a vida digital e a realidade humana.

O futuro do ser humano: a integração entre inteligência emocional e inteligência artificial

À medida que avançamos em um mundo cada vez mais digital, o futuro do ser humano se torna uma questão de profunda reflexão. A integração consciente entre a inteligência emocional e a IA é essencial para navegarmos por esse novo cenário. Quando essas duas dimensões trabalham em harmonia, podemos alcançar um estado mais elevado de bem-estar e saúde mental.

O autoconhecimento emocional emerge como a chave para essa transformação. Ao compreendermos nossas emoções e motivações, podemos agir com maior clareza e intencionalidade. Por exemplo, um líder que desenvolve seu autoconhecimento emocional é capaz de reconhecer suas próprias reações em situações de estresse, facilitando uma comunicação mais aberta e empática com sua equipe. Isso não apenas melhora o ambiente de trabalho, mas também estimula a inovação e a colaboração.

A empatia é igualmente importante nesse processo. Em um mundo onde as máquinas desempenham papéis cada vez mais significativos, a capacidade de se conectar emocionalmente com os outros se torna um diferencial. Pense em profissionais de saúde que utilizam a IA para diagnosticar doenças. Ao combinarem suas habilidades técnicas com empatia, eles podem oferecer um cuidado mais humano, compreendendo não apenas os sintomas, mas também as preocupações emocionais dos pacientes. Essa abordagem integrativa melhora a experiência do paciente e os resultados da saúde.

Portanto, o futuro da humanidade exige uma sintonia fina. Assim, o novo ser humano equilibrará razão e emoção, tecnologia e humanidade, avançando em direção a um futuro mais consciente e conectado, em que a IA não substitui, na verdade complementa e potencializa, nossa jornada de autodescoberta e evolução que nos permitirá avançar e prosperar. Viver será nossa grande experiência com a máxima prioridade no futuro, atentos a uma vida mais saudável, com mais saúde mental, consciência, plenitude, bem-estar e qualidade de vida.

Acesse os QR Codes para conhecer mais do meu trabalho:

02

VIAGENS QUE TRANSFORMAM

ROTAS DE EXPERIÊNCIA: EXPLORANDO A SI MESMO EM NOVOS HORIZONTES

Neste capítulo, a autora explora o impacto transformador das viagens em sua trajetória de desenvolvimento pessoal e evolução. Por sua rica experiência em autoconhecimento e terapias integrativas, Clelia compartilha o entendimento de que viajar vai muito além do ato de visitar novos lugares e conhecer pontos turísticos. Para a autora, viajar é uma jornada de transformação que muda a sintonia e a vibração pessoal, promovendo encontros enriquecedores consigo próprio, com novas culturas, filosofias, pessoas e paisagens. Ao compartilhar histórias inspiradoras e insights profundos, Clelia mostra como explorar novos horizontes pode ajudar a superar desafios pessoais, romper com padrões limitantes e alcançar um estado de bem-estar e equilíbrio. Embarque nesta jornada de autodescoberta e transformação, aproveitando o poder das viagens para transformar a vida de dentro para fora.

CLELIA QUEIROZ GADELHA

COLABORAÇÃO: DÉBORA CARVALHO

Clelia Queiroz Gadelha

Empresária e mentora de jornadas, tem profundo conhecimento em terapias vibracionais e informacionais. Fundadora do Instituto Soham, iniciativa que promove saúde integrativa e expansão da consciência, fez uma transição de carreira em 2011, saindo do setor varejista para dedicar-se ao autoconhecimento e ao desenvolvimento humano. Seu trabalho é guiado pela missão de inspirar e ajudar pessoas a romperem padrões repetitivos e alcançarem os primeiros passos rumo ao autoconhecimento. Escritora, lançou seu primeiro livro, *Meu ouro: devolvendo ao universo o que dele recebi*, compartilhando suas vivências. Além disso, lidera o projeto Viagens Transformadoras – Rotas de Experiências, proporcionando expedições de autoconhecimento e espiritualidade em locais sagrados no Brasil e no exterior. Com formação em homeostase quântica informacional, ativista quântica por Amit Goswami e pós-graduada em práticas complementares e integrativas, destaca-se como uma referência na promoção de saúde integrativa e espiritualidade.

Contatos
www.onovoserhumano.com.br/clelia-queiroz-gadelha
www.institutosoham.com.br
soham.online/viagens-que-transformam/
clelia@ddom.com
LinkedIn: www.linkedin.com/in/clelia-queiroz-gadelha-99797a65/
Instagram: @cleliagadelha

Como tudo começou

Curiosa que sou, desde muito cedo me encantei pelas leituras sobre o poder do pensamento e da palavra, entre outras. Porém, não me sentia segura para realizar tarefas que demandassem espontaneidade. Sabe aquela história de não conseguir ir a uma lanchonete tomar um suco sem companhia? Pois é, precisei de muita terapia, práticas integrativas e uma boa dose de coragem para, já adulta, vencer a timidez. A partir daí, comecei a desbravar os horizontes e viajar pelos quatro cantos do mundo, conhecendo os recursos curativos das terapias complementares e seus precursores. Ao vencer esse primeiro desafio de autoconhecimento, passei a visitar locais de energia especial, caminhos sagrados, religiões, filosofias, rituais, enfim, fui buscar na fonte o poder de cada uma dessas verdadeiras ferramentas naturais de autodesenvolvimento e autocura. Participei de *workshops*, retiros, treinamentos, cursos, palestras e todo tipo de evento que promovesse esses conhecimentos.

Toda essa transformação se deu à medida que comecei a viajar, mas a mudança mesmo só aconteceu quando, pela primeira vez, me vi sozinha fora do meu país – foi o primeiro desafio vencido, romper a barreira da timidez e o medo do desconhecido.

Vale ressaltar que essa transformação se deu a partir do trabalho de autoconhecimento no qual fiz uso de ferramentas terapêuticas autoaplicáveis, como a Metafísica, pesquisando os padrões de timidez e insegurança, comportamentos que me impediam de realizar meus próprios roteiros, assim como os comandos quânticos que atuam diretamente no mental, mudando o comportamento de forma consciente. Esses recursos foram integrados às práticas terapêuticas como os florais, os óleos essenciais e o *sound healing*, entre outros. Vale dizer que em toda viagem eu levo meu kit básico, composto por alguns pequenos cristais, florais, óleos essenciais e sprays vibracionais, além de uma playlist de *solfeggios* e frequências sonoras.

As viagens como agentes transformadoras e de autocura

Nestas páginas, busco elucidar a importância da saúde física, mental e emocional, e como as viagens de autoconhecimento têm papel fundamental nesse processo.

Elaborei roteiros a partir do conhecimento que adquiri ao longo de minhas visitas a mais de 30 países, combinando a transformação curativa das terapias integrativas com o poder energético de lugares históricos, ancestrais, espirituais e religiosos, verdadeiros portais. Em cada um desses roteiros, nos quais são visitados locais sagrados ou de alta vibração energética, utilizamos as terapias complementares para obter um resultado mais eficaz. Seja a meditação, seja o silêncio, os florais, os óleos essenciais ou outro recurso, só o fato de o viajante estar fora da sua rotina e junto a pessoas com o mesmo propósito já o envolve em um processo único de auto-observação e autocuidado, sendo assistido pela minha mentoria, direcionada de acordo com a temática do evento.

Quando nos aprofundamos no autoconhecimento, realizamos o exercício de observar nossos corpos, ter consciência dos alimentos que ingerimos, dos pensamentos que produzimos e das emoções que vivenciamos. É essencial observar o tipo de informação que alimenta nossa mente: as notícias, os filmes, as músicas, as conversas, em um conjunto informacional que pode ser benéfico ou maléfico – e esse é o trabalho de observação.

Ao aprender como alimentar o corpo, a mente e a alma de maneira adequada, com informações, pensamentos, emoções e alimentos corretos, conquistamos o bem-estar interno e o equilíbrio necessário para nos relacionarmos muito melhor com pessoas e situações. Passamos a entender que os desafios são construtivos e necessários para nossa evolução. Aprendemos a tirar o melhor de cada situação da vida.

Essa grande mudança é um passo importante, o qual chamamos de "o despertar da consciência".

Conectando-se ao mundo: o papel da tecnologia nas viagens transformadoras

Apesar de ter nascido em uma época analógica, me orgulho de navegar bem nesse mundo digital. Sou adepta às ferramentas tecnológicas e às facilidades que esse ambiente nos oferece. É claro que precisei da ajuda de um filho muito conectado para aprender a viver digitalmente e, confesso, vez ou outra ainda recorro ao conhecimento dos netos para me manter atualizada.

A evolução das ferramentas facilitou muito minha vida de viajante e me possibilitou montar os mais complexos planejamentos, sem precisar da ajuda de agentes de viagem em nenhuma delas.

Para mim, a viagem começa quando penso no destino e inicio as pesquisas para montar o roteiro. Desde pesquisar os pontos a serem visitados até a emissão de passagens, reserva de hotéis, carros e passeios, faço tudo sozinha, não dependendo de ninguém.

Embora não seja poliglota, nada me impede de rodar pelos quatro cantos do mundo com os muitos recursos de tradução. Aplicativos, tradutores, GPS, conversores de medidas, plataformas de pesquisa e reserva de hotéis e passeios, comunidades de avaliação e recomendação de restaurantes, enfim, uma infinidade de recursos que podem ser acessados de qualquer lugar, a qualquer hora, bastando uma conexão com a internet. Tudo isso a serviço da realização de viagens a lugares especiais, não necessariamente turísticos, facilitando a organização de verdadeiras imersões, sem que haja barreiras de tempo, distância ou mesmo de idioma.

A tecnologia traz também a possibilidade de comunhão com especialistas que enriquecem ainda mais a experiência, sem estar presencialmente com o grupo de viajantes.

O primeiro grande desafio

Minha transformação se deu à medida que comecei a viajar sozinha para lugares especiais, mas a primeira experiência foi quando viajei com meu filho e minha nora para Buenos Aires – eu não falava espanhol e muito menos tinha estado sozinha em qualquer outro lugar.

O fato é que já na última noite de viagem tive um sonho estranho no qual eu segurava a lua – isso mesmo, eu alcançava a lua, e isso me trouxe uma epifania: eu consigo fazer o que eu quiser. Decidi naquele momento que eu não voltaria ao Brasil na data prevista e passaria mais uns dias sozinha na Argentina. Meu filho tentou de todas as formas me demover da ideia de ficar, mas minha certeza foi mais forte.

Foi uma situação desafiadora; medo e euforia se misturavam dentro de mim. É claro que precisei de muita terapia e ferramentas terapêuticas para conseguir tomar aquela atitude. Mas eu finalmente venci um grande medo ao decidir estender a viagem por minha conta e, de alguma forma, comecei a prestar atenção prioritariamente em mim.

Sozinha em um país estranho, cuja língua eu não dominava – aquela era uma situação até então impensável para mim. Por fim, caminhei por toda Buenos Aires em ótima companhia, a minha própria. Fiquei tão animada, que decidi tomar a balsa e passar o dia em Colonia del Sacramento, no Uruguai, e a empolgação era tanta, que perdi o horário da última balsa de volta para Buenos Aires. E ainda que estivesse apenas com a roupa do corpo, não tive problema nenhum em procurar um hotelzinho e passar uma noite agradável no país vizinho. Eu estava feliz por me reconhecer capaz de olhar para aquela minha limitação e superá-la.

O mundo virou uma ervilha

Até então eu fazia as viagens dos outros, e a partir do momento que descobri ser eu a minha melhor companhia, fui me apaixonando por estar comigo mesma. Eu podia prestar atenção em meus pensamentos, sentir minha respiração, curtir cada sentimento que me invadia e que podia ou não ter explicação. Fui me entregando a roteiros completamente fora das viagens turísticas óbvias, a ponto de conhecer a Noruega inteira e não ter colocado os pés na sua capital, Oslo. Também explorei por três meses o sul da Inglaterra e não fui uma única vez a Londres, que ficava a uma hora de trem.

Eu imaginava que a Ásia era um lugar inatingível para mim; no entanto, fui visitar aquele lugar com meus filhos para férias de 15 dias. Mas logo percebi que uma quinzena seria muito pouco para conhecer tudo o que eu desejava. Então, me enchi de coragem e, me sentindo confiante, estendi a viagem por mais 30 dias, absolutamente sozinha, para visitar com calma Vietnã, Tailândia e Camboja – locais onde vivenciei experiências inimagináveis.

Outra grande surpresa foi me dar conta de que já tinha conhecido 25 dos 50 estados americanos, participando de muitos retiros e aprendendo sobre religiões pouco conhecidas.

Assim, fui descobrindo e entendendo quais eram os benefícios desses roteiros, nesses locais específicos.

O contato profundo comigo mesma

Nessas verdadeiras rotas de experiências, pude conhecer portais e lugares com uma energia muito potente, que nos transforma profundamente. Um bom exemplo foi quando estive em Bath, no sul da Inglaterra, e em um dia de sol, logo após uma chuva rápida, bem diante dos meus olhos abriu-se o maior e mais lindo arco-íris que eu já vi. Pude observar suas duas extremidades tocando o solo e, de repente, ele se duplicou ao refletir sua imagem nas águas do rio. Naquele momento eu tive a experiência de atravessar um portal.

Foi em uma dessas viagens que conheci a prática do silêncio. Confesso que quando soube desse exercício pensei ser impossível para uma falante inveterada como eu. Mas já nos primeiros momentos descobri que se trata de uma ferramenta poderosa de mergulho em mim mesma, o tão citado autoconhecimento que nos remete à conexão com o Divino.

Uma viagem empoderadora

Uma experiência transformadora foi quando, durante um período sabático, passei seis meses no Reino Unido. Entre tantas passagens incríveis, estive em um retiro do Sagrado Feminino com 12 mulheres por 12 dias, experiência essa que foi um despertar para a minha intuição. Outra vivência única eu tive ao visitar o Santuário de Stonehenge, um dos mais importantes pontos vibracionais do planeta, local que apresenta uma vibração energética altíssima, no qual, quando visitado em pequenos grupos, sem a grande multidão de curiosos, é possível sentir sua força vibracional. Lá, você se conecta com rituais ancestrais, como os dos celtas, por exemplo, tornando essa visita uma experiência única.

Também naquela região é inegável a energia sentida ao transitar pela Calçada dos Gigantes, na Irlanda do Norte, que, não por coincidência, está ilustrada na capa do meu livro *Meu ouro*.

É nesses momentos que conhecemos nossas verdadeiras necessidades, nossos prazeres genuínos e receios autênticos. Assim, temos a liberdade de escolher, conscientemente, o que é melhor para nós. Nossa intuição aflora, pois a conexão com o Divino acontece e conseguimos encarar nossos desafios de maneira mais tranquila. A proposta é sair dessas experiências com mais conhecimento, mais sabedoria e a espiritualidade mais elevada.

Uma das muitas viagens transformadoras pelo Brasil

Outra experiência vibrante está aqui no Brasil: em Goiás, uma grande quantidade de cristais de rocha está disposta em uma camada espessa, tão próxima da superfície do solo, que, segundo notícias, é possível avistar sua aura luminosa do espaço. Destaque para Cristalina, cidade que possui a maior reserva de cristais do Brasil, e Alto Paraíso, na Chapada dos Veadeiros, que, pela alta vibração desses cristais, potencializa a realização de retiros meditativos, caminhada para o Vale da Lua, experiência com dança sagrada e uma vivência com a cabala, entre outras atividades transformadoras.

As viagens e seus destaques

Quero contar aqui, de maneira resumida, alguns desses roteiros, mas vale registrar que todas as viagens propostas foram realizadas por mim, vivenciando a experiência e validando seus efeitos benéficos.

Costumo dizer que todas as vezes que desembarco no Aeroporto Internacional de São Paulo, volto uma pessoa melhor e mais conectada ao meu processo evolutivo.

São muitos os roteiros que possibilitam essas experiências, porém vou destacar:

- França – Provence, Marseille, Rennes-le-Château – caminhos de Maria Madalena e campos de lavanda.
- Portugal – Algarve, Sagres – retiro que contempla meditação, imersão no silêncio, alimentação curativa e mentoria para o autoconhecimento.
- Brasil, Rio Grande do Sul – Ametista do Sul – *workshop* sobre o poder vibracional dos cristais na região que tem a maior concentração de ametistas do mundo.
- Estados Unidos, Arizona – retiro espiritual em Sedona e meditação ao nascer do sol no Grand Canyon.
- Tailândia, Chiang Mai – Festival das Lanternas, Yi Peng, rota dos templos budistas e as muitas estátuas de Buda.

Conclusão

Se este capítulo conseguiu despertar em você a vontade – ou, pelo menos, a curiosidade – de se conhecer melhor, então meu propósito foi alcançado.

Minha ideia com esta colaboração literária é mostrar que existem caminhos para nossa evolução enquanto seres humanos e, com isso, ter uma vida mais plena e feliz.

É claro que a minha trajetória contou com as viagens como maneiras de imersão e autopercepção, mas os caminhos são muitos.

Escolha o seu.

Acesse os QR Codes para conhecer mais do meu trabalho:

03

REUMANIZAÇÃO DO HUMANO

Neste capítulo, o autor Gustavo Hohendorff aborda a jornada de reumanização, mergulhando nas profundezas da psicologia, da filosofia, da história e da alquimia, enquanto navega pelos mares tumultuados da inteligência artificial e da tecnologia emergente. É uma jornada que desafia nossas concepções convencionais de progresso e nos convida a abraçar o desconhecido com coragem e curiosidade. **Estamos prontos para embarcar nessa aventura juntos?**

GUSTAVO HOHENDORFF

Gustavo Hohendorff

Criador da metodologia de treinamento RCP (Reprogramação Comportamental Positiva). São mais de 30 anos de experiência profissional nas áreas comercial, de marketing e gestão de equipes, nas maiores empresas da indústria farmacêutica e de nutrição esportiva mundial. Palestrante internacional, consultor, escritor e colunista de revistas. Possui certificação internacional Heart-Math como coach e mentor e como programador neurolinguístico há mais de 15 anos. É ativista quântico reconhecido por uma das maiores referências mundiais, o Dr. Amit Goswami. Faixa-preta de jiu-jitsu, amante de atividades esportivas, é incentivador e praticante da vida saudável. Formado em Administração de Empresas/Marketing; MBA em Gestão Comercial (FGV) e mestrando em Science in Business Administration pela Florida Christian University. Livros publicados: *Pequenas atitudes, grandes vitórias* (2014), na 4ª edição como *best-seller* (2024); *Introdução à RCP – Reprogramação Comportamental Positiva* (2019). Livros em coautoria: *Coaching com cinema e pipoca 2: filmes para desenvolvimento pessoal e profissional* (2019) e *Competências profissionais: como se destacar no mercado corporativo* (2015).

Contatos

www.onovoserhumano.com.br/gustavo-hohendorff
www.re9i9.com.br/
gustavo@re9i9.com.br
LinkedIn: www.linkedin.com/in/gustavo-hohendorff/
Facebook: www.facebook.com/gustavore9i9/
Instagram: @oreprogramador

Estamos em meio a uma encruzilhada na história, em que a velocidade das mudanças parece estar alcançando um ritmo frenético. A pergunta que ecoa em nossas mentes é: estamos em uma mudança de era ou em uma era de mudanças? A resposta pode parecer simples à primeira vista, mas requer uma análise mais profunda.

Desde o início do século XXI, testemunhamos avanços tecnológicos sem precedentes, alimentados pela explosão da Era da Informação. Nessa era, o acesso ao conhecimento e à informação se tornou mais democrático do que nunca, transformando radicalmente a forma como vivemos, trabalhamos e nos relacionamos. A tecnologia se tornou uma extensão de nós mesmos, conectando-nos em uma rede global de comunicação e interação instantânea.

No entanto, essa abundância de informação também nos trouxe desafios significativos. Estamos sendo constantemente bombardeados por notícias, opiniões e estímulos externos, muitas vezes nos deixando sobrecarregados e desconectados de nossa própria essência. A Era da Informação nos proporcionou acesso a um oceano de dados, mas nos deixou sedentos por uma fonte mais profunda de sabedoria e significado.

É nesse contexto que surge a ideia da transição para a Era da Intuição. Enquanto a Era da Informação valoriza o conhecimento quantificável e mensurável, a Era da Intuição nos convida a nos reconectarmos com nossa sabedoria interior, nossa intuição e nossa consciência mais profundas. É uma era em que o discernimento, a empatia e a compaixão são tão importantes quanto a inteligência analítica e lógica. Essa transição não é apenas uma mudança de paradigma, mas uma evolução fundamental na forma como concebemos e vivemos a vida. Como disse o renomado psicólogo Carl Jung: "Conheça todas as teorias, domine todas as técnicas, mas, ao tocar uma alma humana, seja apenas outra alma humana". Essa citação ressoa profundamente na era atual, em que a conexão humana autêntica é cada vez mais valorizada em um mundo cada vez mais digitalizado.

Instituições como o Instituto HeartMath e o Centro de Estudos da Mente da Universidade de Sussex têm conduzido pesquisas fascinantes sobre a inteligência do coração e a natureza da consciência humana. Suas descobertas sugerem que a intuição é uma ferramenta poderosa para a tomada de decisões e o bem-estar emocional, e que cultivar a capacidade de se conectar com nossa intuição pode nos ajudar a encontrar respostas e soluções que estão além do alcance da mente racional.

À medida que nos aventuramos nessa jornada de transição, é importante lembrar que não estamos abandonando a Era da Informação, mas, sim, integrando-a a uma compreensão mais ampla e holística da realidade. Como alquimistas do nosso tempo, somos chamados a fundir os princípios antigos e modernos, combinando a sabedoria das eras passadas com os insights da ciência contemporânea, para criar uma visão do que significa ser humano.

Essa jornada de reumanização mergulha nas profundezas da psicologia, da filosofia, da história e da alquimia, enquanto navegamos pelos mares tumultuados da inteligência artificial e da tecnologia emergente. É uma jornada que desafia nossas concepções convencionais de progresso e nos convida a abraçar o desconhecido com coragem e curiosidade. Que, ao passo que avançamos, possamos nos lembrar das palavras sábias de Rumi: “A jornada para o amor-próprio é a mais importante de todas as jornadas”. Pois é somente ao nos reconectarmos com nossa própria humanidade que poderemos verdadeiramente iluminar o mundo ao nosso redor. Nesse ponto de inflexão na história, convido você a se juntar a mim nesta busca pela reumanização do humano. Juntos, podemos criar um futuro em que a tecnologia e a intuição, a informação e a sabedoria, se unam em harmonia para promover a evolução do indivíduo e da sociedade como um todo. Que seja apenas o começo de uma jornada épica em direção a um mundo mais humano, mais consciente e mais compassivo.

Estamos prontos para embarcar nesta aventura juntos?

Enquanto exploramos as profundezas da reumanização do ser humano, é fundamental entendermos a complexidade das instituições e a importância de cuidar dos indivíduos que as compõem. Instituições são formadas por vários humanos, e o bem-estar desses indivíduos desempenha um papel crucial no sucesso e na eficácia dessas organizações. No entanto, a realidade atual está longe dessa idealização. Estamos vivendo em uma sociedade marcada por décadas de caos político, social, religioso e profissional. O estresse, a ansiedade e a depressão tornaram-se epidêmicos, deixando muitos indivíduos à deriva em um mar de desesperança e desamparo. São os zumbis da vida real, lutando para encontrar significado em um mundo que muitas vezes parece desprovido de propósito. Os impactos da pandemia de Covid-19 apenas ampliaram esses desafios. O isolamento social, o medo do contágio e a incerteza em relação ao futuro levaram a um aumento significativo nos casos de ansiedade e depressão em todo o mundo. De acordo com a Organização Mundial da Saúde (OMS), a pandemia causou um enorme impacto na saúde mental global, com consequências devastadoras para a sociedade como um todo.

Além disso, o ambiente de trabalho moderno também desempenha um papel significativo na saúde mental dos indivíduos. Pressões para atingir metas, competição desenfreada e falta de apoio emocional podem levar a altos níveis de estresse e esgotamento. Um estudo realizado pela *Harvard Business Review* mostrou que mais de 50% dos trabalhadores relatam sentir-se exaustos e esgotados, o que afeta negativamente sua produtividade e satisfação no trabalho.

Diante desse cenário desafiador, torna-se imperativo buscar maneiras de promover a reumanização do ser humano e criar um ambiente mais saudável e compassivo para todos. Isso requer uma abordagem integrativa que leve em consideração não apenas o bem-estar físico, mas também o mental, emocional e espiritual dos indivíduos.

A reumanização começa com o reconhecimento da importância do autoconhecimento e do cuidado pessoal. Quando os indivíduos são incentivados a explorar suas emoções, valores e crenças mais profundas, eles podem cultivar uma maior consciência de si mesmos e dos outros ao seu redor. Isso não só promove a empatia e a compaixão, mas também fortalece os laços interpessoais e cria uma cultura de apoio e colaboração. Além disso, a implementação de práticas de bem-estar no local de trabalho pode desempenhar um papel significativo na promoção da saúde mental dos funcionários. Isso pode incluir a oferta de programas de mindfulness, atividades de exercício físico, sessões de aconselhamento e recursos de apoio emocional. Empresas que priorizam o bem-estar de seus funcionários não apenas promovem uma cultura de respeito e cuidado, mas também colhem os benefícios de uma equipe mais engajada, motivada e produtiva. É importante também reconhecer a necessidade de mudanças sistêmicas em nível social e político. Isso inclui a implementação de políticas que promovam a equidade, a justiça social e o acesso igualitário a recursos e oportunidades. À medida que trabalhamos para construir uma sociedade mais inclusiva e compassiva, é essencial garantir que todos os indivíduos tenham as ferramentas e o apoio necessários para prosperar e alcançar seu pleno potencial. Para que possamos nos aventurar nessa jornada de reumanização, é preciso lembrar que cada um de nós tem o poder de fazer a diferença. Pequenos atos de gentileza, compaixão e empatia podem ter um impacto significativo no bem-estar dos outros e na construção de um mundo mais humano e solidário.

Então, **eu te pergunto novamente: estamos prontos para embarcar nesta aventura juntos**? Podemos criar um futuro em que o cuidado com o ser humano seja a pedra angular de nossa sociedade e em que cada indivíduo seja valorizado, respeitado e apoiado em sua jornada de crescimento e autodescoberta.

A escolha é nossa – vamos fazer a diferença?

Estamos imersos em um mundo cada vez mais dinâmico e complexo, onde as relações comerciais e humanas desempenham um papel fundamental na construção de uma sociedade mais justa e equitativa. No contexto empresarial, existem diferentes modelos de gestão e formas de condução dos negócios, desde as transações entre empresas até as relações diretas com os consumidores finais. No entanto, em meio a todas essas interações, é importante lembrar de um elemento fundamental: o ser humano.

Independentemente do tipo de negócio ou transação envolvida, por trás de toda corporação, de toda produção, de toda negociação, sempre há um ser humano. Mesmo no mundo digital, em que a tecnologia desempenha um papel cada vez mais central, ainda é necessário o trabalho humano para criar, desenvolver e operar as plataformas e sistemas que sustentam nossas interações on-line.

É nesse contexto que surge uma reflexão essencial: **o que está por trás de todas essas interações**? O que impulsiona os negócios, as criações, os processos de gestão e produção?

A resposta é simples e ao mesmo tempo profunda: o ser humano. Somos nós, com nossa capacidade de pensar, sentir, criar e nos relacionarmos, que impulsionamos todas as atividades e relações que moldam o mundo ao nosso redor. No entanto, mesmo com essa compreensão, vivemos em uma sociedade que muitas vezes parece esquecer a importância do ser humano em meio a todas as complexidades do mundo moderno. Estamos cercados por tecnologia, metas de produtividade, prazos apertados e pressões constantes, tudo isso contribuindo para um ambiente de trabalho e uma cultura empresarial que muitas vezes negligenciam as necessidades e o bem-estar dos indivíduos. De repente, somos confrontados com a fragilidade de nossas vidas e a necessidade urgente de repensar nossas prioridades e valores como sociedade. É nesse contexto de mudanças e desafios que surge a necessidade premente de reumanizar o humano. Em vez de nos concentrarmos apenas em lucros e resultados financeiros, precisamos redescobrir nossa humanidade compartilhada e reafirmar o valor intrínseco de cada indivíduo. Isso significa priorizar o bem-estar emocional, mental e espiritual dos funcionários, clientes e comunidades em que estamos inseridos.

Jornada de transformação

A reumanização do humano é mais do que uma simples tendência ou modismo empresarial. É uma mudança fundamental na forma como concebemos o sucesso e a prosperidade em nosso mundo. Em vez de nos isolarmos em nossas bolhas individuais, precisamos nos reconectar uns com os outros em um nível humano mais profundo, cultivando empatia, compaixão e solidariedade em todas as nossas interações. Para alcançar esse objetivo, é necessário um esforço coletivo e colaborativo de todos os setores da sociedade. Governos, empresas, organizações sem fins lucrativos e indivíduos devem se unir para criar um ambiente que promova o crescimento e o desenvolvimento pessoal, ao mesmo tempo que respeita e valoriza a dignidade e os direitos de cada ser humano.

Então eu pergunto novamente: estamos prontos para embarcar nesta aventura juntos?

Essa é a pergunta que ecoa em nossos corações enquanto deparamos com a necessidade premente de reumanizar o humano. À medida que exploramos os desafios e as oportunidades que se apresentam diante de nós, torna-se claro que a reumanização não é apenas uma escolha, mas uma necessidade urgente em um mundo cada vez mais conectado, porém muitas vezes desumanizado.

A reumanização do humano exige uma mudança fundamental na forma como nos relacionamos com nós mesmos, com os outros e com o mundo ao nosso redor. Significa transcender as barreiras da indiferença e do individualismo e cultivar uma cultura de empatia, compaixão e solidariedade em todas as nossas interações. Isso requer não apenas uma mudança em nossas políticas e práticas organizacionais, mas também uma transformação em nossas atitudes, valores e comportamentos pessoais. Então, qual é o melhor caminho para a reumanização do humano? Como podemos começar a viver essa nova era mundial de forma mais autêntica, significativa e compassiva? Compartilho algumas dicas importantes que podem nos guiar nesta jornada:

1. **Cultive a empatia**: coloque-se no lugar dos outros e busque compreender suas experiências, seus sentimentos e suas necessidades. A empatia é a base de todas as relações humanas genuínas e nos permite construir pontes de entendimento e solidariedade com os outros.
2. **Pratique a gratidão**: agradeça pelas pequenas coisas da vida e reconheça as bênçãos que cercam você. A gratidão nos conecta com um profundo senso de apreciação e nos ajuda a valorizar o que realmente importa em nossas vidas.
3. **Promova a inclusão**: celebre a diversidade e crie espaços onde todas as vozes sejam ouvidas e respeitadas. A inclusão é essencial para construir comunidades fortes e vibrantes, em que todos se sintam valorizados e aceitos.
4. **Cuide do seu bem-estar**: priorize sua saúde física, mental e emocional e reserve um tempo para cuidar de si mesmo. Lembre-se de que você não pode cuidar dos outros se não cuidar de si mesmo primeiro.
5. **Pratique a compaixão**: seja gentil consigo mesmo e com os outros e ofereça apoio e compreensão sempre que puder. A compaixão é uma força poderosa que pode transformar vidas e criar um mundo mais amoroso e solidário para todos.

Portanto, à medida que nos comprometemos com essa jornada de reumanização, devemos lembrar que cada pequeno ato de bondade, cada gesto de compaixão e cada momento de conexão humana contribui para a construção de um mundo melhor e mais humano. Vamos nos unir em solidariedade e esperança, sabendo que juntos podemos fazer a diferença e criar um futuro em que todos possam prosperar e florescer. Que possamos caminhar com coragem, compaixão e determinação, sabendo que o melhor ainda está por vir. Juntos, podemos transformar o mundo e reumanizar o humano. Convido você a se juntar a mim nessa jornada de reumanização do humano. Vamos trabalhar para criar um mundo onde todos se sintam valorizados, respeitados e amados, e onde cada pessoa tenha a oportunidade de alcançar seu pleno potencial. Juntos, podemos fazer a diferença e criar um mundo verdadeiramente humano.

Acesse o QR Code para conhecer mais do meu trabalho:

04

O SOPRO DA CONSCIÊNCIA

RAPÉ INDÍGENA: UMA JORNADA ANCESTRAL NA CONSCIÊNCIA DA EXPANSÃO

O autor aborda a terapia do rapé indígena, uma medicina ancestral que ocupa um lugar especial no xamanismo entre os grupos indígenas do médio Purus (Amazônia). O rapé é fabricado tendo como base tabaco, ervas e cascas de árvores sagradas. Neste capítulo, Anderson Abreu Silva destaca a importância de usar o rapé com responsabilidade, reconhecendo tanto seus benefícios quanto seus riscos, e incentivando a integração de práticas saudáveis na promoção do bem-estar integral. Aborda assuntos como: o despertar da dopamina; as ervas do rapé: uma experiência multidimensional e o papel das cinzas de casca no rapé, entre outros. Permita-se mergulhar nesta jornada ancestral de despertar e evolução, honrando o sagrado, as tradições milenares e abrindo-se para uma transformação profunda!

ANDERSON ABREU SILVA

Anderson Abreu Silva

Empreendedor e CEO da Pôr do Sol Expansão desde 2017. Em poucos anos de dedicação, a Pôr do Sol Expansão conseguiu se tornar uma das maiores empresas de medicinas sagradas da floresta do mundo, possuindo mais de 40 alquimias de rapés, contando com mais de 70 pontos de revendas (parceiros) em todo o Brasil. De olho na sustentabilidade, é uma empresa pioneira em embalagens biodegradáveis, oferecendo informações no rótulo de todos os produtos e em seus canais de vendas. É terapeuta e trabalha com o intuito de levar as medicinas da floresta para quem precisa. Com essa missão espiritual, segue trabalhando dia a dia em busca de cumprir com excelência e dedicação esse chamado. Certificações: formação em Hipnoterapeuta OMNI - Hypnosis Training Center; certificação no treinamento OMNI Legacy - Hypnosis Training Center; formação em PNL - Claudio Lara PNL Training; formação em Líder Comercial - Vende C e Treinamento de Inteligência Emocional (Método CIS) - Febracis.

Contatos
www.onovoserhumano.com.br/anderson-abreu-silva
www.pordosolexpansao.com.br/quemsomos
contato@pordosolexpansao.com.br
LinkedIn: www.linkedin.com/in/anderson-abreu-silva/
Instagram: @pordosol.expansao

Imagine uma medicina sagrada, nascida da sabedoria ancestral dos povos indígenas, capaz de conectar você com o mundo espiritual, limpar seu corpo e mente e proporcionar uma profunda sensação de bem-estar e harmonia. Essa é a essência do rapé indígena, um pó sagrado feito de tabaco moído e uma mistura única de ervas e/ou cinzas de cascas de árvores sagradas.

Mais do que uma simples alquimia, o rapé é uma medicina ancestral preparada com amor e reza dentro de uma ritualística e que recebe o "título" de pai por causa da energia do tabaco, compreendida pelos povos originários dentro do xamanismo como uma energia masculina e de direcionamento elevado, por isso o "pai rapé". Ao consagrar o rapé, você embarca em uma jornada de autodescoberta e evolução, experimentando seus efeitos no corpo e no espírito.

O rapé é uma expressão viva da cultura indígena, que convida ao autoconhecimento, ao respeito pela sabedoria ancestral e à reconexão com nossa essência. Permita-se mergulhar nessa jornada ancestral de despertar e evolução, honrando o sagrado, as tradições milenares e abrindo-se para a transformação profunda que o pai rapé pode oferecer.

Pai tabaco: um guia poderoso

O pai rapé, ao ser inalado, desencadeia uma série de efeitos no organismo pela presença da nicotina. Essa substância interage com receptores específicos no cérebro, estimulando a liberação de neurotransmissores que resultam em sensações de bem-estar, aumento de energia física, melhora do humor, foco e concentração. Além disso, a nicotina afeta o sistema cardiovascular, acelerando os batimentos cardíacos, elevando a pressão arterial e contraindo os vasos sanguíneos.

Após a inalação, os componentes ativos do rapé são rapidamente absorvidos pela mucosa nasal e entram na corrente sanguínea, sendo distribuídos para diferentes partes do corpo. O pó do rapé permanece nas vias nasais, sendo gradualmente eliminado pela ação dos cílios nasais, por meio da expiração, limpeza nasal ou ao ser involuntariamente ingerido e eliminado pelo trato digestivo. É importante ressaltar que alguns componentes ativos podem continuar a exercer seus efeitos no organismo por um período após a eliminação do pó, dependendo de suas propriedades e da quantidade absorvida. Esses efeitos, embora temporários, ressaltam a importância de usar o pai rapé de forma consciente e respeitosa, estando atento aos sinais do próprio corpo.

A supressão do apetite

O tabaco presente no rapé pode suprimir temporariamente o apetite ao interagir com o sistema nervoso, alterando a percepção da fome. Contudo, esse efeito é passageiro e não deve ser considerado uma estratégia para controle de peso, sendo fundamental priorizar hábitos saudáveis e sustentáveis para a promoção da saúde e do bem-estar de forma holística.

O despertar da dopamina

Um dos efeitos mais marcantes do tabaco é a liberação de dopamina, o neurotransmissor associado ao prazer e à recompensa. Essa descarga de dopamina cria uma sensação de bem-estar e satisfação, que pode ser percebida como uma recompensa imediata. Além disso, a dopamina melhora a concentração, o foco e a motivação, impulsionando aquele que utiliza o rapé a mergulhar mais profundamente na experiência.

No entanto, é crucial lembrar que, embora o tabaco possa desencadear esses efeitos positivos, ele também traz riscos significativos, como a dependência. Por isso, é fundamental abordar o uso do rapé com consciência e responsabilidade, buscando estratégias saudáveis para promover a liberação natural de dopamina, como a prática de exercícios físicos, uma alimentação equilibrada e o engajamento em atividades prazerosas e significativas.

As ervas do rapé: uma experiência multidimensional

As ervas presentes no rapé oferecem benefícios que vão além do físico e interagem com o emocional e o espiritual. Ao serem inaladas, essas plantas atuam no organismo de forma única, promovendo bem-estar integral. Cada erva possui compostos que interagem com diferentes sistemas do corpo humano, como o nervoso, imunológico e respiratório, e pode resultar em benefícios como redução de inflamação, alívio da dor e diminuição da ansiedade. Além disso, as plantas possuem uma energia sutil: ao serem inaladas, promovem limpeza energética, proteção espiritual e equilíbrio. A aromaterapia também influencia diretamente nas emoções. Estudos comprovam que certos aromas reduzem a ansiedade e melhoram o humor, pela conexão entre o olfato e as áreas do cérebro responsáveis pelas emoções.

O papel das cinzas de casca no rapé: alcalinidade, purificação e efeito placebo

O processo de transformar as cascas de árvores em cinzas resulta em uma alcalinidade mais alta no insumo final. O pH mais elevado contribui para uma melhor absorção dos compostos ativos, como a nicotina, o que facilita na passagem para a corrente sanguínea. Esse princípio é bem documentado na farmacologia (Pitman, 2006).

Além disso, as cinzas são associadas a propriedades purificadoras e sagradas nas culturas indígenas, com estudos reconhecendo os benefícios psicológicos e emocionais das práticas espirituais.

O efeito placebo, documentado na literatura científica, demonstra o poder da mente sobre o corpo e a saúde, em que uma pessoa experimenta uma melhora real após receber um tratamento sem valor terapêutico inerente.

No contexto do rapé com cinzas de casca, as crenças e expectativas dos consagrantes sobre os benefícios espirituais e purificadores das cinzas podem contribuir para uma experiência positiva, independentemente das propriedades químicas. Embora não haja estudos específicos sobre o efeito placebo no uso de cinzas de casca no rapé, pesquisas gerais (Benedetti, 2014) sobre o efeito placebo são extensas e ressaltam a importância da mente e do espírito na saúde e no bem-estar, transcendendo a composição química do rapé.

Pai rapé: uma jornada espiritual transformadora

O pai rapé, quando utilizado em um contexto ritualístico – independentemente de crenças –, tem o potencial de facilitar os processos espirituais que variam de acordo com as intenções do consagrante. Um dos principais benefícios do rapé é sua capacidade de promover uma profunda limpeza energética, removendo energias negativas acumuladas no campo áurico do indivíduo. Essa purificação prepara o terreno para uma conexão mais forte e clara com o mundo espiritual, podendo permitir ao consagrante acessar estados alterados de consciência e se comunicar com guias espirituais e ancestrais. Muitos consagrantes relatam a manifestação da intuição após a consagração do rapé, manifestando-se como insights profundos sobre questões pessoais e espirituais. Esse processo é visto como expansões energética e espiritual, que ampliam a percepção além do físico. Além disso, pode ajudar a ancorar o usuário no momento presente, promovendo um estado de centramento no agora, essencial para práticas meditativas. O rapé como medicina espiritual pode auxiliar na melhora de traumas e bloqueios emocionais, promovendo equilíbrio e harmonia interior. A profundidade da evolução espiritual depende da disposição do consagrante em trabalhar esses aspectos internos. Quando consagrado em grupo, o rapé fortalece a comunidade e a conexão entre os participantes, criando unidade e suporte mútuo nas práticas espirituais. Durante o efeito, algumas pessoas relatam sensações físicas e energéticas como formigamento, calor, frio, vibrações ou circulação energética pelo corpo. Essas sensações podem ser interpretadas como sinais de limpeza, ativação ou realinhamento dos centros de energia (chacras) do corpo. O processo espiritual do rapé no corpo é uma jornada profundamente pessoal, influenciada pelas intenções, crenças e práticas rituais do consagrante. Essa medicina sagrada oferece uma ponte entre o físico e o espiritual, permitindo uma exploração profunda entre o eu interior e o universo espiritual.

O uso equivocado do rapé: armadilhas no caminho da evolução

O vício no rapé surge quando ele é usado como muleta emocional para satisfazer desejos ou necessidades momentâneas. Acreditar que a simples consagração da medicina ou participar de práticas xamânicas garantem a evolução espiritual pode criar uma falsa sensação de progresso. Nesse cenário, a pessoa claramente está estagnada ou em processo de regressão, o que vai contra todo fundamento ancestral do rapé.

O ciclo do vício: compreendendo a dependência da nicotina

A nicotina, presente no tabaco e no rapé indígena, é conhecida por seu potencial viciante. Vamos explorar este tema de uma maneira simples e acessível, para que você possa entender melhor como a nicotina causa dependência e como isso pode afetar sua jornada de bem-estar e autoconhecimento. A nicotina, ao ser consumida, atinge rapidamente o cérebro, estimulando os centros de recompensa responsáveis pelas sensações de prazer e satisfação. Ela promove a liberação de dopamina, um neurotransmissor que nos faz sentir bem, criando um efeito de prazer instantâneo, o que torna seu consumo atraente e potencialmente viciante. O prazer momentâneo causado pela nicotina cria um ciclo de reforço, em que o cérebro associa seu consumo às emoções positivas. Com o tempo, esse ciclo pode se tornar um hábito enraizado, catalisando a dependência, pois o cérebro passa a ansiar cada vez mais pela nicotina como fonte de prazer e satisfação. A dependência da nicotina é física e psicológica. A física ocorre quando o corpo se habitua à substância, gerando sintomas de abstinência na sua falta. A psicológica se reflete em aspectos emocionais e comportamentais, e a nicotina passa a ser uma muleta e um hábito difícil de quebrar.

Rapé ritualístico: um caminho para a evolução

Em contrapartida, o rapé pode ser utilizado no tratamento de dependências químicas de ilícitos e outras substâncias neuroestimulantes e, quando utilizado em um contexto ritualístico e/ou espiritual, adquire um significado completamente diferente. Nesse âmbito, o foco está na busca pelo alívio dos sintomas de abstinência e na melhora da conexão com o sagrado. A intenção consciente e o contexto sagrado ressignificam a relação com o rapé, afastando o indivíduo do comportamento compulsivo do vício.

Quando usado com propósito maior em um ambiente espiritual ou terapêutico, o rapé se torna uma ferramenta sagrada de transformação pessoal, permitindo acesso aos níveis mais profundos de consciência e evolução, honrando a sabedoria ancestral e transcendendo a dependência. O uso consciente convida à reflexão sobre as questões emocionais subjacentes da nossa psique, como vício, estresse, fuga de sentimentos desconfortáveis ou busca por aceitação social. A consagração permite explorar essas questões de maneira holística, trazendo à tona emoções reprimidas, memórias dolorosas e padrões limitantes, possibilitando seu enfrentamento e transformação. Essa abordagem integrativa é fundamental para uma verdadeira libertação de bloqueios, tratando sua raiz emocional e criando um alicerce sólido para mudanças duradouras.

O uso ritualístico do rapé oferece uma nova perspectiva sobre a dependência da nicotina, mas não é uma solução mágica. A libertação requer autoconhecimento, responsabilidade pessoal, mudança de hábitos e apoio adicional. Cada jornada é única, exigindo gentileza, honra ao processo e abertura para a transformação. O rapé pode ser um guia, conectando você com sua essência, mas é preciso confiar no processo e permitir-se ser transformado pela sabedoria ancestral e pela força do seu próprio espírito.

Guia básico para a ritualística do rapé

A ritualística do rapé é uma prática sagrada que envolve a preparação do ambiente, do corpo e da mente para uma conexão profunda com a medicina e o mundo espiritual. Apresento um guia básico para estruturar sua ritualística:

1. **Preparação do ambiente**: a preparação do ambiente, antes de iniciar a ritualística, é fundamental para garantir uma energia limpa e propícia. Isso envolve a limpeza física do espaço, removendo a desordem e higienizando as superfícies, seguida de uma limpeza energética utilizando técnicas como defumações, músicas, sons e frequências específicas. Além disso, a configuração intencional de um altar sagrado, com elementos significativos, cria um espaço de conexão com o divino e facilita a comunicação espiritual durante o ritual.
2. **Preparação pessoal**: antes da consagração do rapé, é fundamental para honrar a sacralidade da medicina e potencializar seus efeitos. Isso inclui dedicar um tempo para meditação, oração e fortalecimento da intenção, praticar um jejum breve ou adotar uma dieta leve para limpar o corpo e sensibilizar o espírito, realizar exercícios de respiração para liberar tensões e preparar o corpo e a mente, além de fazer banhos de ervas, defumações e usar incensos para a limpeza e o equilíbrio energético do corpo.
3. **A consagração do rapé**: começa com a invocação de guias espirituais ou uma oração, seguida da aplicação do rapé com um kuripe (para autoaplicação) ou tepi (para aplicação em outra pessoa), trazendo a intenção

à mente. Após a aplicação, alinhe sua postura e foque na respiração e nos efeitos do rapé. Por fim, agradeça a experiência e as bênçãos recebidas. Ao término, feche o espaço sagrado, pedindo a transmutação das energias que não servem mais. Registre as experiências e os insights para reflexões futuras. Trate o rapé com respeito, comece com pequenas quantidades e esteja atento às reações do corpo. Compartilhar a experiência com uma comunidade ou com um líder espiritual pode oferecer suporte nessa jornada sagrada.

Consagração consciente, ação consistente: a fórmula para uma vida extraordinária

A consagração adequada do rapé pode trazer benefícios significativos, contribuindo para o processo de crescimento e bem-estar. Porém, somente isso não é suficiente. É necessário um comprometimento com mudanças de hábitos e ações consistentes para alcançar resultados duradouros. Portanto, para alcançar uma vida mais saudável e equilibrada, estabeleça uma rotina de sono regular, pratique meditação e cuide da alimentação, priorizando alimentos naturais.

Mantenha-se hidratado, organize sua rotina estabelecendo as tarefas mais importantes e mude seus hábitos gradativamente, substituindo-os por opções mais saudáveis. Defina metas claras e específicas, visualizando-as regularmente para manter o foco. Priorize-se!

Dedique tempo para atividades de bem-estar, dizendo "não" aos compromissos não alinhados e pratique o autocuidado diário. Você é o protagonista da sua transformação.

Um convite para a consciência da expansão

Agradeço aos povos originários por compartilharem esse tesouro ancestral que me inspira a abraçar a consagração responsável do rapé com reverência e consciência. O rapé é um aliado nesse processo, mas é a determinação em assumir a responsabilidade por nossas vidas e fazer as mudanças necessárias que nos levará aos resultados almejados. Ao nos abrirmos para a sabedoria ancestral do rapé, aceitamos um convite para mergulhar nas profundezas do nosso ser, enfrentando desafios e abraçando nosso potencial ilimitado. É uma jornada de coragem, autodescoberta e crescimento, que nos permite nos reconectarmos com nossa essência mais autêntica e viver uma vida alinhada com nossos valores e propósitos.

Referências

BENEDETTI, F. Placebo effects: from the neurobiological paradigm to translational implications. *Neuron*, v. 84, n. 3, p. 623-637, 2014. Disponível em: https://doi.org/10.1016/j.neuron.2014.10.023. Acesso em: 29 nov. 2024.

PITMAN, R. M. Wood ash use in forestry: a review of the environmental impacts. *Forestry: an international journal of forest research*, v. 79, n. 5, p. 563-588, 2006. Disponível em: https://academic.oup.com/forestry/article/79/5/563/558716. Acesso em: 29 nov. 2024.

SANTOS, G. M.; SOARES, G. H. Rapé e xamanismo entre grupos indígenas no médio Purus, Amazônia. *Amazônica – Revista de Antropologia*, v. 7, n. 1, p. 10-27, 2015. Disponível em: https://periodicos.ufpa.br/index.php/amazonica/article/view/2148. Acesso em: 5 dez. 2024.

Acesse o QR Code para conhecer mais do meu trabalho:

05

NAVEGANDO PELAS ÁGUAS TURBULENTAS DA ADOLESCÊNCIA

COMPREENDENDO OS CONFLITOS DOS FILHOS ATRAVÉS DAS EXPERIÊNCIAS PARENTAIS

Neste capítulo, a autora Bruna Rodrigues aborda como a adolescência, nos últimos anos, tem sido uma fase desafiadora para os estudiosos que refletem sobre os fenômenos da fase e os drásticos números de adoecimento mental nessa fase. A preocupação com essa fase da vida, conhecida pelos seus conflitos e mudanças hormonais, tem convocado todos nós a um diálogo mais aberto e chamado a todos os meios sociais, assim como em principal instância a família, para conhecer mais os adolescentes desta época pós-pandemia e abrir espaço para o entendimento e acolhimento de todos os encontros nessas questões. Faz-se necessário entender mais os adolescentes, para construirmos meios de torná-los mais saudáveis e cuidar de um futuro próximo que depende exclusivamente daquilo que fizermos no nosso atual presente.

BRUNA RODRIGUES

Bruna Rodrigues

CRP 06/119229

Psicóloga, palestrante e psicoterapeuta de crianças e adultos. Graduada em Psicologia e especialista em Psicologia Clínica com Aperfeiçoamento em Prevenção ao Suicídio pela Universidade São Judas Tadeu (USJT). Pós-graduada em Infância e Adolescência Psicanalítica pelo Instituto de Pós-Graduação (IPOG); em TEA e Metodologia ABA pela FAMEESP; pós-graduada em Neuropsicologia pela UNIP. Ludoterapeuta pelo Instituto Cinco (i5); coach de carreira pela Sociedade Brasileira de Coaching; *practitioner* em programação neurolinguística (PNL) pela Elsever; treinadora de alto impacto pelo Instituto de Formação de Treinadores (IFT); consultora de negócios; especialista em gestão de pessoas pelo Serviço Nacional de Aprendizagem Industrial (Senai), focada em projetos de desenvolvimento humano desde 2010. É uma das idealizadoras do 1º Grupo de Psicólogos e Estudantes de Psicologia do Alto Tietê; fundadora do Instituto Diferente Mente e do projeto Psicologia em Ação.

Contatos
www.onovoserhumano.com.br/bruna-rodrigues
Instagram: @brunarodriguespsicologa
@instituto_diferente_mente
@pensa_mente_jovem

Introdução

Desde 2015, no meu aprimoramento em prevenção ao suicídio, a fase da adolescência me chamou a atenção. Em 2022, o Ministério da Saúde divulgou que no Brasil ocorrem cerca de 14 mil suicídios anuais, com um aumento de 49% entre adolescentes de 15 a 19 anos e 45% entre aqueles de 10 a 14 anos. Esses dados nos fazem refletir sobre a necessidade de discussões e intervenções urgentes. Enxergo neste livro uma oportunidade de discutir algumas dores do nosso sistema e compreender como todos nós podemos unir esforços para evitar tragédias cada vez mais frequentes em nosso cotidiano.

A abordagem da clínica psicanalítica favorece nossa compreensão sobre os adolescentes, permitindo-nos entender, acolher e nos colocar no lugar de uma geração que nunca viveu sem a influência da tecnologia, passou por uma pandemia e lida com os impactos das mudanças nos valores culturais. Essas transformações podem, de fato, influenciar comportamentos e aumentar a vulnerabilidade ao adoecimento emocional dos nossos jovens.

A energia, as opiniões e ações dos jovens sempre estiveram presentes em nossa história. Eram eles, os adolescentes, liderando novas opiniões, protestando contra injustiças, buscando incessantemente aquilo em que acreditavam, uma pulsão de vida constante que direcionava a humanidade por caminhos distintos.

E as mudanças ainda derivarão deles; isso nos deixa em um estado de tranquilidade ou preocupação com essa situação? Fica aqui uma questão para sua reflexão, leitor.

Apresentação

A adolescência é uma fase entre a infância e a vida adulta, denominada no século XX pelo psicólogo G. Stanley Hall como um período de mudanças físicas, sociais e psicológicas, envolvendo conflitos emocionais e uma redefinição de identidade na busca pela independência. Nessa fase, o psicólogo descreve níveis de impulsividade, experimentação e busca por novas experiências, algo que já observei diferir em nosso contexto atual.

A definição de uma fase de crise sempre acompanhou a adolescência. Psicólogos como Erikson, Piaget e Damon destacam a adolescência como um período crucial para o desenvolvimento da identidade, marcado por desafios emocionais e cognitivos que refletem a busca pela independência.

De acordo com a psicologia, a adolescência é um período de transformação e crescimento, em que os jovens enfrentam desafios para estabelecer sua identidade e independência. No entanto, nos últimos 20 anos, tenho observado mudanças significativas no comportamento dos jovens que afetam esse processo de estabelecimento de identidade e busca pela independência. Conflitos parecem se estender à idade adulta, tornando mais difícil o estabelecimento da independência, especialmente no que diz respeito à vida financeira.

Há um aumento no adoecimento emocional na adolescência, uma infância com mais dificuldades, menos tempo para brincar, mais cobranças e cronogramas de atividades diárias semelhantes aos de um adulto. Além disso, enfrentam regras e expectativas impostas pela sociedade, tornando-se cada vez mais exigentes e desconfortáveis. Embora cada vez mais cedo demonstrem características físicas de um adulto, é importante lembrar que estão em desenvolvimento biológico, psicológico e cognitivo. Seu cérebro ainda não está totalmente formado, o que afeta seu senso crítico, analítico e emocional diante de fortes pressões, muitas vezes sem o suporte familiar necessário para um equilíbrio adequado e com menos impactos emocionais.

A limitação para lidar com todas essas demandas em um mundo em constante evolução, que pressiona as pessoas a crescerem rapidamente em termos educacionais e profissionais, gera conflitos internos, frequentemente ligados às expectativas dos pais. Alguns pais, por não terem tido oportunidades, dinheiro ou orientação, vivem suas frustrações e transferem esses desejos para seus filhos. Embora ofereçam o melhor que podem, esperam que seus filhos alcancem os resultados máximos. Esse cenário tem criado um ambiente propício ao adoecimento, com filhos em conflito por não conseguirem descobrir quem são, o que desejam e como lidar com os altos e baixos da vida, pois, nesse ambiente, os caminhos parecem preestabelecidos e analisados, sem espaço para erros, aprendizado ou desenvolvimento de resiliência.

O que acontece nas clínicas infantojuvenis?

No consultório, é comum e necessário conversar com as famílias dos pacientes adolescentes. No primeiro momento, investigamos tudo o que aconteceu nos primeiros anos de vida do indivíduo em desenvolvimento. No segundo momento, orientamos e, se necessário, implementamos medidas terapêuticas. Costumo dizer que nos meus projetos trabalhamos com famílias. É impossível enxergar uma pessoa de forma individual, pois somos uma construção social, genética e psicológica. Portanto, sempre que possível e acessível, envolvo os responsáveis do paciente para uma construção conjunta.

Nos últimos anos, tenho investido intensamente em conhecimentos teóricos e práticos para ampliar minha perspectiva de olhar, análise e resultados. Tanto a clínica quanto a escola são lugares fantásticos para observar as peculiaridades do ser humano. Na clínica, apesar de algumas resistências, os pacientes que inicialmente não se entregam ao processo posteriormente criam uma conexão. Expressam tanto amor quanto ódio de maneira explícita no ambiente terapêutico. Já fui chamada de mãe, convidada para festas de aniversário e até fui confrontada com "eu te odeio" e alvo de agressões por crianças menores. Isso exemplifica muito bem o que a psicanálise descreve como transferência, um processo determinante que ocorre nessas situações. Nesses casos, não se trata de mim, mas, sim, de quem represento nesse processo de cura.

O autismo e o TDAH

Entre todas as questões já apresentadas como problemas na adolescência, recebemos na clínica casos de crianças e adolescentes cujos comportamentos são atravessados por transtornos. A observação clínica e a avaliação neuropsicológica são instrumentos que nos auxiliam significativamente a identificar casos de autismo, transtorno de déficit de atenção com hiperatividade

(TDAH) e outras questões fisiológicas que podem afetar o emocional e ter relação direta com os comportamentos apresentados pelo indivíduo. A disseminação de informação, os diagnósticos precoces e as intervenções aplicadas têm auxiliado muito o desenvolvimento de nossas crianças, promovendo a oportunidade de lidar melhor com todas as questões que envolvem esses transtornos.

O autismo tem seus tipos e estes podem envolver questões relacionadas à fala, estereotipias, dificuldades sociais e outras questões psicológicas, já que esses comportamentos atrapalham nas amizades, na escola, nas atividades básicas de higiene, entre outras do cotidiano. Essas dificuldades podem desencadear estados depressivos e outras doenças emocionais.

O TDAH se apresenta em três modalidades: desatento, hiperativo e misto/combinado (junção dos dois tipos); e tem atrapalhado muito no desenvolvimento educacional de nossas crianças. Há dificuldade na concentração, uma aceleração que dificulta a tomada de decisões e que pode prejudicar a interação social.

O impacto do desinteresse pelos estudos

O novo ser humano deste milênio enfrenta dificuldades nos estudos. A facilidade de acesso contínuo a redes sociais e mídias tem diminuído a motivação pela construção de conhecimento. Estudos têm indicado impactos da exposição precoce das crianças às telas, refletidos em déficits no desenvolvimento da fala, no desenvolvimento intelectual e nas interações humanas. Na clínica, tenho acompanhado adolescentes com dificuldades para se comunicar em situações cotidianas, como solicitar algo em um balcão. Os impactos futuros em nossos adultos serão significativos, como evidenciado pela geração com QI inferior ao da geração anterior (Desmurget, 2021).

Entendemos os inestimáveis ganhos proporcionados pela tecnologia, mas também é vital conscientizar-nos sobre os impactos que já estamos enfrentando e que enfrentaremos. Além disso, devemos nos atentar às questões neurológicas identificadas nas crianças, que interferem no desenvolvimento cognitivo.

Isolamento social

Ter um filho que está em casa o tempo todo pode ser muito confortável até que isso seja analisado como um problema. A interação social é imprescindível para o desenvolvimento humano, abrangendo interferências nos campos cognitivo e socioemocional. Quando não aprendemos isso na nossa infância ou quando já enfrentamos dificuldades nesse aspecto, na adolescência os problemas podem se multiplicar. Pode ocorrer um aumento do uso dos meios tecnológicos, e o uso excessivo desses meios pode resultar em um aumento significativo do isolamento social. Ambos são perigosos, podendo levar o indivíduo à vulnerabilidade de transtornos psicológicos, sendo o mais conhecido deles a ansiedade, que pode evoluir para síndrome do pânico. Dessa forma, o adolescente não consegue mais sair de casa, estudar, trabalhar, sente-se mal com frequência e pode desenvolver depressão, um desânimo total em relação à vida, recorrer à automutilação e ter pensamentos suicidas. É essencial estar atento aos comportamentos e a um fluxo que se inicia de forma sutil e que pode trazer danos.

Em que precisamos prestar atenção

Comportamentos distintos, mudanças abruptas, ouvir, observar, estar atento... A fase da adolescência já é conhecida como um período de rebeldia, comportamentos aversivos, teimosia e mudanças corporais. A primeira menstruação das meninas, o crescimento de pelos pelo corpo, a mudança de voz nos meninos e os desejos que começam a aflorar em decorrência das alterações hormonais são fatores significativos que justificam essas mudanças. Contudo, tudo isso precisa ser acompanhado de perto e, se necessário, com intervenção dos pais. Devem-se observar mudanças de comportamento e mudanças que deveriam ter ocorrido e ainda não aconteceram, como o crescimento esperado, além de dificuldades na fala, problemas nas interações sociais, questões fisiológicas, psicológicas e comportamentais.

É comum alguns comportamentos serem normalizados pelos pais, acompanhados pela expressão "mas eu também sou assim". É claro que muitos comportamentos e características de personalidade têm origem genética, o que favorece que os filhos apresentem semelhanças com os pais. O importante a se analisar são os efeitos que essas características estão causando na vida desses adolescentes, pois nossa forma de nos comportar pode favorecer ou não o adoecimento emocional, mesmo que anteriormente já se percebesse algo referente a distúrbios ou transtornos de ordem mental, como dislexia, TDAH e autismo, que têm sido os mais acompanhados ultimamente.

A clínica

Acompanho casos na clínica desde 2011 e, embora já tenha ouvido muitas coisas, ainda sou surpreendida. As questões sofrem mudanças que podem estar relacionadas às transformações da sociedade, em que o que não era um problema passa a ser, e o contrário também ocorre. Todas essas mudanças exigem de mim uma escuta atenta e imparcial, um desafio diário que demanda atualizações e autocuidado constante. Atender adolescentes sempre foi desafiador, mas não é impossível. É preciso compreender o quanto estamos desistindo dos nossos jovens, o quanto estamos investindo e acreditando na saúde emocional deles, e o quanto acreditamos que eles são capazes.

Um adolescente sempre vai dizer, à primeira vista: "eu não quero", "eu não gosto". Entretanto, é necessário analisar o que ele está expressando com essas falas, que podem ser sinais de outras questões, como as listadas a seguir:

- *"Me sinto ansioso nesta situação."*
- *"Estou inseguro sobre o que posso fazer."*
- *"Tenho medo de ser ridicularizado."*
- *"Não gosto do meu corpo."*
- *"Sofri bullying quando fiz isso."*

Entre os problemas mais relatados nos atendimentos aos adolescentes estão: baixa autoestima; insegurança; ansiedade; conflitos na sexualidade; separação dos pais; bullying; problemas escolares, entre outros...

Nos últimos anos, tenho compartilhado conhecimento por meio de palestras, nas redes sociais. O PMJ, por exemplo, é uma imersão realizada com adolescentes, promovendo autoconhecimento, autocuidado e manejo das emoções. Todos os meus projetos têm como principal objetivo a prevenção do adoecimento emocional. Infelizmente, muitas vezes é necessária uma intervenção, mas chamar a sociedade para essa discussão é de suma importância para termos discernimento sobre onde entra nossa responsabilidade diante disso.

Motivação

Ao longo do tempo, tenho acompanhado resultados muito significativos: adultos que cresceram com mais discernimento, adolescentes que conseguem se expressar mais sobre seus próprios sentimentos e indicar o que querem e o que não gostam, com mais identidade e segurança emocional. É uma construção cheia de altos e baixos, dependendo de todos os envolvidos, mas com impactos que modificam famílias e o futuro de nossa sociedade.

Conclusão

É crucial acompanharmos de perto as questões que geram sofrimento emocional aos nossos adolescentes, pois serão os adultos do nosso futuro. Desejar um amanhã melhor é agir hoje. Quando penso nessas intervenções, é impossível não lembrar dos pais, do quanto precisam de ajuda emocional e autoconhecimento.

Muitos filhos são intensamente desejados e idealizados no meio dos sentimentos tumultuados dos pais. Atender às expectativas desses pais é um desafio para um indivíduo que deseja consciente e inconscientemente ser amado. Não atender a essas expectativas pode resultar em um intenso conflito, descoberto apenas quando mergulhamos nos mares do autoconhecimento e começamos um processo de autopercepção. Distinguir o que é nosso e o que pertence aos nossos pais é um caminho árduo, que requer paciência e esforço de compreensão. Os processos terapêuticos com crianças e adolescentes precisam envolver os responsáveis, pois as intervenções devem ser realizadas por todas as partes envolvidas. Quando isso não acontece, o desafio de enfrentar as próprias questões se torna ainda maior.

Tornar-se adulto sem conhecer os próprios conflitos e desejos cria um cenário propício para problemas. Há uma necessidade para aqueles que se comprometem e se interessam em oferecer o melhor aos seus filhos: uma compreensão mais profunda de si mesmos. Há uma responsabilidade, uma influência genética, psicológica e cultural dos pais. Vale lembrar que, independentemente disso, os filhos poderão ser quem quiserem ser, muitas vezes escolhendo algo completamente diferente das expectativas dos pais. Nesse contexto, como terapeutas, precisamos intervir. Nem sempre os filhos nascem fisicamente como os pais idealizaram, possuindo as mesmas capacidades neurológicas e cognitivas, felizes ou desejosos de seguir a profissão, o gênero ou outras escolhas idealizadas pelos pais. Isso é natural, somos seres únicos e devemos ser responsáveis por nossas escolhas. Lidar com nosso próprio ser, entender o que nos faz sentido, o que gostamos e o que nos faz felizes já é difícil o suficiente. Atender às expectativas dos outros torna desafiador algo que poderia ser leve, com cada um cuidando das suas próprias questões.

Referências

BRASIL. Ministério da Saúde. *Sistema de Informação sobre Mortalidade*. Brasília: Ministério da Saúde, 2022.

DAMON, W. *O que o jovem quer da vida*. São Paulo: Summus, 2009.

DESMURGET, M. *A fábrica de cretinos digitais*: os perigos das telas para nossas crianças. Trad. Mauro Pinheiro. São Paulo: Vestígio, 2021.

LAPLANCHE, J.; PONTALIS, J. B. Projeção. *In*: LAPLANCHE, J.; PONTALIS, J. B. *Vocabulário da psicanálise*. 4. ed. São Paulo: Martins Fontes, 2001.

LAPLANCHE, J.; PONTALIS, J. B. Transferência. *In*: LAPLANCHE, J.; PONTALIS, J. B. *Vocabulário da psicanálise*. 4. ed. São Paulo: Martins Fontes, 2001.

PIAGET, J. *Epistemologia genética*. Trad. Álvaro Cabral. 2. ed. São Paulo: Martins Fontes, 2002.

SAÚDE mental dos adolescentes. *Organização Pan-Americana da Saúde*, c2024. Disponível em: https://www.paho.org/pt/topicos/saude-mental-dos-adolescentes. Acesso em: 24 nov. 2024.

Acesse os QR Codes para conhecer mais do meu trabalho:

06

BIOKYBERNETIK SMIT®

Neste capítulo, a autora dra. Camila Forli aborda a técnica terapêutica Biokybernetik Smit®, uma abordagem inovadora que utiliza estímulos de micropressão na pele para induzir respostas reflexas e restaurar o equilíbrio do corpo. Com uma vasta experiência em terapias integrativas, a dra. Camila destaca a importância dessa técnica, desenvolvida pelo engenheiro eletrônico dr. Jan Gerhard Smit, e sua capacidade de promover a autorregulação do organismo, abrangendo as esferas física, mental e espiritual. A autora também explora como a Biokybernetik Smit® pode ser integrada a outros métodos terapêuticos, potencializando os benefícios para os pacientes. Além de sua prática clínica, a dra. Camila dedica-se à capacitação de outros profissionais de saúde, compartilhando seu conhecimento e promovendo o uso dessa técnica sustentável e eficaz no atendimento.

DRA. CAMILA FORLI

Dra. Camila Forli

Apaixonada por pedras, desenvolveu uma conexão profunda com a energia que elas transmitem desde a infância. Essa experiência mágica despertou um amor que se transformou em estudos e dedicação.
Com apenas 15 anos, já havia realizado diversos cursos voltados à terapia holística.
Em busca de uma abordagem mais científica, decidiu graduar-se em Fisioterapia, complementando sua formação com uma pós-graduação em Acupuntura e Medicina Tradicional Chinesa (MTC), além de um MBA em Gestão de Clínica e Spa. Para obter uma compreensão mais profunda do ser humano, estudou várias técnicas que oferecem uma visão holística da saúde, incluindo metafísica, cristaloterapia, aromaterapia, fitoterapia, mesa radiônica, *feng shui*, iridologia, microsemiótica, programação neurolinguística (PNL), litoterapia, florais, barra de *access*, ressonância multidimensional avançada e Biokybernetik Smit®. Atualmente, dedica-se ao aperfeiçoamento da Biokybernetik Smit®, um método terapêutico sustentável e não invasivo.

Contatos
www.onovoserhumano.com.br/dra-camila-forli
YouTube: www.youtube.com/@dracamilaforli
Facebook: www.facebook.com/dracamilaforli
Instagram: @dracamilaforli

Neste momento da evolução, buscamos seguir o ritmo desse processo, em um fluxo intenso de mudanças e avanços tecnológicos em que o corpo humano nem sempre consegue acompanhar toda a intensidade que isso ocasiona. Os que não nasceram nesta era tecnológica, neste novo momento, ficam perdidos, sobrecarregados ou até mesmo doentes pela autocobrança de acompanhar o ritmo do mundo.

O fluxo contínuo de informações e a necessidade de adaptação a novas tecnologias pode ser caótico, especialmente para pessoas de gerações anteriores. A pressão para estarmos constantemente atualizados e integrados a esse universo pode gerar ansiedade e muitos outros distúrbios.

A necessidade de estar sempre on-line nos força a entrar na era digital, mas os excessos podem levar a problemas de saúde como estresse crônico, esgotamento mental, dores físicas e emocionais, ou até mesmo o surgimento de doenças psicossomáticas. O desenvolvimento tecnológico também gerou a barreira da exclusão digital. Aqueles que não conseguem acompanhar essa transformação acabam marginalizados, sem oportunidades de emprego e interações sociais.

Ao mesmo tempo que a tecnologia trouxe maior facilidade em diversos aspectos da vida, como o acesso à informação, à comunicação e à automação de tarefas, faz-nos perceber o quanto precisamos estar mais atentos ao equilíbrio entre o uso dessas novas ferramentas e a preservação da saúde mental e física, respeitando os limites naturais do corpo humano. Essa reflexão é importante para destacar que, embora a tecnologia continue a evoluir, é fundamental reconhecer a importância do autocuidado. A adaptação é um processo, e nem todos precisam seguir o mesmo ritmo.

Podemos perceber as melhorias no mundo e seu adoecimento. As doenças estão cada dia mais presentes em nossa sociedade, assim como os tratamentos estão cada dia mais avançados.

Acabamos mudando nosso padrão funcional com todo o processo evolutivo. Um ótimo exemplo é a televisão: tínhamos que ir até ela e apertar o botão para ligar, mudar o canal ou desligar. Quando o telefone tocava, precisávamos ir até ele para atender; e se fôssemos realizar uma ligação, era necessário discar número por número para podermos completar a chamada. Hoje, em apenas um clique, comando de voz ou biometria, conseguimos, ou seja, o movimento do nosso corpo está muito diferente do que era antigamente. Isso não se trata de uma crítica, mas, sim, de um ponto de vista funcional para mostrar o quanto as novas gerações possuem uma movimentação diferente da minha geração ou das mais antigas.

Evoluir sempre é bom, porém evoluir saudável é melhor ainda!

A evolução tecnológica e o reconhecimento científico das terapias integrativas e complementares (PICs) têm sido uma verdadeira revolução no campo da saúde. Como profissional da área, é muito enriquecedor ver como práticas que antes eram vistas como alternativas ou holísticas agora recebem validação científica, ampliando sua aceitação e uso no cuidado com os pacientes.

As evoluções das PICs têm demonstrado que há espaço para uma abordagem mais abrangente da saúde, em que o cuidado vai além do corpo físico, englobando também aspectos emocionais, energéticos e espirituais. O fato é que práticas como acupuntura, meditação, *reiki*, fitoterapia e tantas outras são reconhecidas pelo Ministério da Saúde e por organizações como a Organização Mundial da Saúde (OMS), o que não só confere credibilidade, mas também proporciona uma integração valiosa aos tratamentos convencionais.

Como profissional da saúde, essa mudança me possibilitou oferecer aos pacientes uma abordagem completa e personalizada, unindo a medicina convencional às práticas integrativas. Além disso, essa abertura à inovação terapêutica permite estar em constante evolução, tanto profissional quanto pessoal, ao explorar novos conhecimentos e ferramentas que, no passado, poderiam ter sido marginalizadas pela medicina convencional.

Esse reconhecimento oficial das PICs ajuda a desconstruir antigos preconceitos e oferece aos pacientes opções mais seguras e estruturadas para a promoção da saúde, como prevenção de doenças, além de integrar aos tratamentos tradicionais. Reflete uma ampliação da visão sobre o cuidado com a saúde, incluindo integração entre corpo, mente e espírito.

Iniciei minha jornada nos estudos das terapias muito cedo, com incentivo dos meus pais e dos meus irmãos, que me permitiram desbravar esse mundo de informações no qual se misturavam física, misticismo, ocultismo, espiritualidade e ciência. Graças a eles, adquiri muito conhecimento e vivi momentos inexplicáveis.

Tive grandes incentivadores para seguir, evoluir e entender o que realmente Deus preparou para mim nessa trajetória, ou seja, entendi meu propósito de vida.

Sempre fui apaixonada por pedras e cristais, e com cerca de 13 anos passei a estudá-las para ter maior entendimento. Naquela época, a maioria das literaturas levava o uso de cristais para o lado místico, esotérico, mas eu sempre tive comigo que em algum momento eu conseguiria encontrar explicações que poderiam me fazer entender e comprovar o motivo que levava a pessoa a ter alguma mudança de comportamento e bem-estar ao usar a pedra ou o cristal. Por exemplo, o uso de uma turmalina negra ajuda a repelir a negatividade (por realizar a troca iônica), a howlita acalma as sensações no estômago (por ser composta de bastante magnésio), o quartzo rosa é a pedra do amor, mas, se usada sozinha, a pessoa pode ficar chorosa ou deprimida (rica em fosfato, é a pedra que atua na expansão do amor incondicional), o uso da cornalina ajuda a pessoa a ficar mais organizada e centrada (pertence à família das calcedônias, composta principalmente por dióxido de silício; e sua variação de cor se dá pelo teor e óxido férrico de sua estrutura).

Essa paixão me levou a estudar cromoterapia para entender sobre as cores. Tornei-me reikiana para entender mais sobre energia, fui estudar metafísica, cristaloterapia, massoterapia, *shiatsu* e *do-in*, astrologia, mitologia, radiestesia e radiônica, mas ainda assim não era suficiente, pois sentia que faltava embasamento para explicar e até mesmo entender o corpo humano. Nós não somos só energia, mas temos um corpo físico e é isso que fui em busca de entender. Escolhi fazer faculdade de fisioterapia, me especializei em acupuntura e medicina tradicional chinesa, RPG, pilates, terapias de spas, distúrbios posturais e em dor. Fui buscando caminhos dentro do que era validado na medicina para me manter na terapia integrativa, que é o que eu sempre acreditei.

Estudei diversos tipos de terapias que me fizeram crescer e amadurecer muito como pessoa e como profissional. Hoje, digo que meu trabalho na fisioterapia é diferenciado.

Corpo, alma e coração

Ao tratar a dor do meu paciente, me atento a corpo, alma e coração, ou seja, entendo que a dor pode estar muito além de uma questão física por alteração estrutural ou lesão. Os sintomas podem estar relacionados a algum fator emocional ou até mesmo alguma memória de registro celular que nem sempre consegue se explicar ou entender de forma consciente.

A tecnologia nos levou a muitos estudos avançados, a descobertas e ao uso de técnicas e ferramentas revolucionárias.

Sabe-se que muitos casos de dor podem vir de uma memória celular em que talvez o nascimento desse registro seja em gerações anteriores; por isso, nem sempre se consegue determinar o motivo ou mesmo justificar na medicina convencional com diagnósticos.

O estudo da fisioterapia, da genética e epigenética me fez ampliar o conhecimento sobre as questões de religiosidade e espiritualidade, medicina tradicional chinesa, *reiki*, litoterapia (terapia com cristais), entre outras vertentes de conhecimentos energéticos. Fez-me compreender a individualidade de cada paciente e todas as questões que o envolvem.

Minha jornada me levou a atuar nos atendimentos de pacientes com dor crônica, ministrar cursos de técnicas integrativas e compor equipes de formações profissionais na área da saúde. Sou muito grata por poder transmitir meu conhecimento e agregá-lo na vida dos profissionais da saúde atuantes e todos aqueles que buscam formações.

Como a Biokybernetik Smit® entrou na minha vida

Em 2019, tive a honra de conhecer uma nova técnica, a qual uma grande amiga que é uma grande referência em Iridologia, Niceia Bearari, me apresentou. Lembro-me de que ela falou que seria uma nova paixão em minha vida e que com certeza fisioterapeuta eu iria utilizar sempre. Fato!

Ela me apresentou as responsáveis pela técnica no Brasil, Thamis B. S. Lïra e Mariana E. Sato Nishio, e em um curto período iniciei o curso, realizei a formação e sigo nos estudos. Atuo e faço parte desse grande time que une conhecimento, ciência, amor e cuidado.

Posso afirmar que foi mesmo amor à primeira vista. Desde que iniciei minha formação nos cursos da Biokybernetik Smit®, faço uso em minha rotina clínica e pessoal.

Biokybernetik Smit®

A Biokybernetik Smit® é uma técnica alemã que nasceu de grandes estudos do dr. Jan Gerhard Smit.

Biokybernetik é um termo alemão para biocibernética, que vem de cibernética, e que foi o termo cunhado pelo matemático Norbert Wiener em 1948 para se referir ao campo da ciência que estuda os mecanismos de autorregulação dos sistemas, ou seja, é o campo da cibernética que se volta para estudar os mecanismos de autorregulação dos sistemas vivos presentes na natureza, assim como a bioeletricidade.

Nos sistemas vivos, como o corpo humano, existem eventos elétricos acontecendo. Todo o nosso sistema nervoso estabelece uma conexão por meio desses impulsos nervosos, que são impulsos elétricos.

O dr. Smit foi um engenheiro elétrico que investigou a comunicação através de equipamentos elétricos e ficou instigado a entender como essa comunicação ocorria nos sistemas orgânicos, especialmente nos corpos humanos.

Segundo ele, há tempos que a medicina tem consciência dos fenômenos bioelétricos que acontecem no corpo.

> Hoje nós sabemos que os poderes mais avançados do nosso cérebro podem ser atribuídos ao simples mecanismo de impulso elétrico e sua densidade de modulação. Baseado neste conhecimento, foi estabelecido que este complexo conjunto de eventos neurológicos pode ser favorecido por meios físicos simples de baixa tecnologia externos, sem a necessidade de métodos invasivos. (Smit, 2010, tradução por Thamis B. S. Lïra).

O estudo da Biokybernetik Smit® começou com uma experiência vivida pelo dr. Smit, que, após receber acupuntura e apresentar melhora em uma crise respiratória, refletiu sobre o estímulo da via externa, a pele, onde foi aplicada a acupuntura. Esse estímulo promoveu o acesso aos circuitos bioelétricos. Foi exatamente por meio desse estímulo que sua saúde se restabeleceu e a partir disso ele fez uma crítica, dizendo que com esse conhecimento nós poderíamos evoluir muito mais no sentido de desenvolver algumas intervenções terapêuticas e não apenas nos limitar a alguns equipamentos diagnósticos. Atualmente, existe uma vasta gama de equipamentos terapêuticos, como fotossônicos, laser, eletroconvulsoterapia e muitos outros.

O sistema nervoso é uma grande rede que conecta o corpo todo e que faz que nossos sistemas entendam o que está acontecendo nos meios externo e interno. É o nosso sistema bioelétrico, que leva a informação reconhecida pelos sensores presentes nas membranas e que gera uma resposta reflexa involuntária. Dependendo de onde ocorre o estímulo no corpo, existe uma resposta reflexa em nosso sistema; por exemplo, se nos aproximarmos de algo quente, o estímulo de retirada acontece para evitarmos queimar o local onde percebemos o calor, ou seja, quando a pele é estimulada, ocorrem respostas sistêmicas equivalentes àquela região.

O dr. Smit afirma que nosso corpo faz uma associação entre sua forma e sua função, ou seja, aqueles com um padrão postural em equilíbrio, dentro do que é considerado normal e adequado, são considerados indivíduos saudáveis, já aquele que tem padrões posturais alterados pode estar em quadro patológico, ou seja, o corpo reflete o estado de saúde. Um bom exemplo a ser citado é uma pessoa deprimida: possivelmente apresenta a postura mais fechada, tentando se isolar um pouco das informações externas, ou até mesmo um tímido que mantém sua cabeça mais curvada, gerando um aumento da cifose (ou gerando uma postura cifótica).

A Biokybernetik Smit® atua com o uso de um instrumento patenteado chamado SMITER®, que possui um material, tamanho, peso e calibre específico para ser usado a fim de estimular determinados pontos mapeados e protocolados pelo dr. Smit. Ele desenvolveu diversos protocolos, inclusive um específico para auxiliar na reabilitação da nossa postura corporal, pois dizia que, com o passar da vida, com o estresse, a rotina e os acontecimentos, o corpo vai carregando todos os excessos e acaba desenvolvendo contraturas musculares localizadas, traumas e dores. A coluna fica mais curvada e o quadril fica inclinado, assumindo uma postura assimétrica, perpetuando um estado patológico, e por isso o protocolo busca proporcionar o relaxamento corporal intenso, alinhamento postural e orgânico.

> A Biokybernetik Smit® é uma modalidade terapêutica que promove a saúde e o bem-estar do paciente por meio da autorregulação do organismo e do desenvolvimento da autoconsciência corporal do indivíduo, podendo amenizar sintomas diversos (como dores, fadigas, insônia, distúrbios gastrointestinais, entre outros) e favorecer a recuperação de pessoas com problemas de saúde mental e desequilíbrios emocionais (como estresse, distúrbios do sono, ansiedade, irritabilidade, desânimo, entre outros), além de servir como adjuvante da terapêutica alopática, contribuindo para a restauração da saúde em situações em que há condições clínicas estabelecidas (como hipertensão, diabetes, distúrbios hormonais, entre outros) (Revista Medicina Integrativa, 2023).

A utilização dessa técnica vem crescendo e ajudando muitos pacientes, e foi incluída no Programa de Práticas Integrativas e Complementares em Saúde do Instituto de Psiquiatria do Complexo HC-FMUSP, e em outros grandes hospitais e ambulatórios, nos quais atuamos nos tratamentos relacionados a dor crônica, saúde mental e cuidados paliativos.

Na evolução da medicina e da tecnologia, acredito que acima de tudo exista uma força grandiosa que nos direciona e ampara. Sou uma pessoa de fé.

Costumo dizer que as pessoas importantes para mim são diamantes em minha vida, e cada um me ilumina com um tipo de energia, amor e brilho. Minha gratidão é eterna aos meus familiares, amigos e pacientes por me impulsionarem a seguir, e principalmente ao meu diamante mais precioso, meu filho, por me entender, me apoiar e me acompanhar em muitos desafios e conquistas.

Desta mesma forma, espero poder contribuir no processo de melhora, reabilitação e evolução de muitas vidas.

Referências

REVISTA MEDICINA INTEGRATIVA. Biokybernetik Smit: comunicação orgânica e autorregulação do corpo. Medicina Integrativa, 15 maio 2023. Disponível em: https://revistamedicinaintegrativa.com/biokybernetik-smit-comunicacao-organica-e-autorregulacao-do-corpo. Acesso em: 29 nov. 2024.

SMIT, J. G. *Grundlagen der wissenschaftlichen biokybernetischen diagnostik und therapie für funktionell chronisch kranke*. 2010.

Acesse os QR Codes para conhecer mais do meu trabalho:

07

TERAPIAS MULTIDIMENSIONAIS

Neste capítulo, Cristiana Maresca nos convida a mergulhar em um universo de cura e autodescoberta. Com uma abordagem que integra diversas dimensões do ser humano, a autora nos guia através de técnicas e práticas que visam harmonizar mente, corpo e espírito, compartilhando sua filosofia de vida, que se resume na máxima: "Quem quer arranja um meio, quem não quer arranja uma desculpa". Esse lema, que reflete uma postura proativa, comprometida e dedicada, se traduz na eficácia de suas terapias, que não se limitam a tratar sintomas, mas buscam causas profundas e soluções integradas. A autora destaca a importância de viver o que se prega, aplicando em si mesma as técnicas que ensina e mantendo uma postura de aprendizado constante. Isso lhe permite não só alcançar resultados excelentes nos âmbitos pessoal e profissional, mas também se surpreender e superar a cada dia.

CRISTIANA MARESCA

Cristiana Maresca

Terapeuta multidimensional, terapeuta xamânica, coach internacional e mentora de desenvolvimento pessoal. Terapeuta há mais de 17 anos, expande VIDA e CONSCIÊNCIA por todo o mundo. Desenvolvimento pessoal, harmonizações e autoconhecimento transformador e prático. Especializada no tratamento psíquico correlacionado à espiritualidade, de modo a tratar profundamente o psiquismo e as energias do cliente, fazendo-o ganhar potência e expansão de suas forças internas. Em seus *workshops*, explora, de forma sistêmica, curas e técnicas adquiridas em sua formação terapêutica metafísica transpessoal e xamânica. Praticante de programação neurolinguística (PNL), terapeuta de mesa quântica estelar e de curas vibracionais pleiadianas Tameana. Ensina pessoas a desenvolverem mais seu campo intuitivo e sensitivo, a fim de perceberem informações e realidades captadas além da realidade física, melhorando a assertividade nas tomadas de decisão, dentre outros inúmeros benefícios pessoais e profissionais. Não basta ter autoconhecimento se não tiver ferramentas e forças internas para quebrar padrões nocivos repetidos.

Contatos
www.onovoserhumano.com.br/cristiana-maresca
www.cristianamarescaterapeuta.com.br
contato@cristianamaresca.com.br
LinkedIn: www.linkedin.com/in/cristianamarescaterapeuta
YouTube: www.youtube.com/@expansaoespacoterapeutico
Facebook: www.facebook.com/expansaoespacoterapeutico
Instagram: @expansaoespacoterapeutico
11 99657 2879

Como cheguei até aqui

Durante minha carreira e vida pessoal, busquei ser e dar o meu melhor para mim e para meus clientes. Ser autêntica em um mundo cheio de normas sociais foi um desafio, especialmente por ter uma visão de vida diferente. Desde cedo, questionei as crenças e limites impostos a mim, procurando fazer apenas o que fazia sentido. Minha infância foi marcada por conflitos internos e externos, pois não me encaixava em grupos, embora quisesse pertencer à minha família. Sempre busquei espaço para compreensão e expressão individual. Minha história de vida, embora conturbada, ilustra como frequentemente nos perdemos para nos encontrar, erramos para aprender e revisamos nossas verdades para alinharmo-nos ao que a vida nos ensina. Minha infância foi um dos períodos mais dolorosos da minha vida, repleta de castrações, rejeições e abusos morais que me faziam sentir incapaz, impotente, mal-amada e inadequada. Apesar da minha amorosidade e espontaneidade, minha naturalidade era reprimida, o que resultava em uma postura reativa e agressiva. Por trás dessas atitudes, havia um pedido de "socorro", um anseio por acolhimento e aprovação para poder ser eu mesma. Desde cedo, tinha a habilidade inconsciente de perceber incoerências entre a energia, a fala e a postura das pessoas. Intuitivamente, captava quando alguém tentava ensinar algo que nem ela mesma aplicava, e isso era confirmado mais tarde em situações concretas. Apesar do desejo de ser aceita, acabava projetando expectativas nos outros, buscando neles o que não podiam oferecer. Essa carência gerou uma compulsão alimentar, que me fez ganhar peso, refletindo o fardo interno que carregava. Sem perceber, buscava preencher um vazio emocional que não poderia ser suprido com comida ou outros artifícios.

Sempre fui independente e não aceitava que me impusessem como pensar ou agir, preferindo seguir o que considerava certo internamente. Apesar da imaturidade e da falta de informações de uma criança, acreditava que meu guia era interno. Essa postura gerou muitos conflitos com minha mãe, já que não aceitava outra orientação além da minha própria. Não tinha exemplos de pessoas que seguiam suas verdades internas sem depender das crenças dos outros, o que gerou um grande conflito. Queria ser autêntica, mas também desejava me adequar às expectativas alheias para receber afeto e admiração. Ao longo dos anos, essa busca por evolução me permitiu aprimorar o autoconhecimento, diferenciando se minha voz interior vinha do ego, das dores do passado ou da sabedoria do meu espírito, o que trouxe conquistas e paz interior. Minha espiritualidade sempre esteve presente, e percebi que meu bem-estar oscilava muito conforme as pessoas e os ambientes que me cercavam. Com base nos estudos e nas experiências que adquiri, vivi desafios e cocriei momentos magníficos. Aprendi que, embora o passado não possa ser mudado, o futuro depende de como vivemos o presente. Depois de caminhos solitários, a separação de um casamento abusivo e a transição de uma carreira em informática para gerência de projetos de vida, no momento presente sei que posso validar minha existência e individualidade. Entendo que, embora não sejamos perfeitos, SOMOS perfeitos como filhos de uma fonte divina. Embora não misture religiões no meu trabalho, respeito aquelas que promovem o amor, a liberdade e a independência emocional. Estou completamente curada da compulsão alimentar e de outros desequilíbrios emocionais extremos que manifestei. Com mais de 17 anos de carreira no desenvolvimento pessoal, como terapeuta multidimensional utilizo métodos específicos para ajudar as pessoas a explorarem seu universo interior e transformarem suas realidades de forma coerente com sua verdadeira essência. Apoio almas que desejam se libertar de amarras emocionais, pesos, cobranças e medos. Contribuo para o desenvolvimento de pessoas embasada nas experiências que me ajudaram a buscar incessantemente a expansão da saúde, do amor e da integridade.

Não é suficiente apenas sobreviver; é possível experimentar a vida plenamente após promover curas emocionais profundas, focando na saúde integral e na expansão da consciência, livres de crenças e paradigmas limitantes.

Destaco: seja sempre você, independentemente da visão dos outros. Melhore por amor e busque versões melhores de si a cada dia. Assim como a evolução tecnológica é constante, a evolução humana também responde a movimentos, tanto voluntários quanto involuntários. A vida cria contrastes – luz e sombra, dor e fluidez, tranquilidade e agitação –, mostrando que não oferece garantias, mas oportunidades de amadurecer nosso olhar sobre quem realmente somos. O que existe dentro de nós pode não ser óbvio, mas é real e sentido. Este é o caminho da multidimensionalidade do ser: não basta cuidar do que vemos, ou saber o que é melhor para nós, enquanto permanecemos pesados e desequilibrados. O autoconhecimento e a prática do bem, tanto a nós mesmos quanto aos outros, nos conduzem à saúde em todos os níveis e, por ressonância, propagam um bem sincero à humanidade.

Acumulei práticas e ferramentas poderosas para explorar as várias camadas da multidimensionalidade humana, visando aumentar a harmonia e a consistência entre a voz interna e nossas ações que impedem a felicidade.

Multidimensionalidade do ser

Entendo que você coexista em outras dimensões além deste planeta-escola. Você é capaz de captar, vivenciar e acionar com muita precisão sensações emocionais, físicas ou pensamentos que não foram vividos por si nesta vida, mas, com alguns gatilhos, você pode vivenciar alguns bloqueios ou mesmo desabrochar com rapidez algum novo conhecimento que mostra que você tem extrema habilidade, como se já tivesse feito ou estudado isso antes (só que não nesta vida). Como registros, temos arquivos em nossa memória existencial que podem contribuir ou prejudicar muito nosso momento presente, o funcionamento de nossa vida atual. Somos seres multidimensionais vivenciando experiências com as quais nosso mental e emocional criam, relembram e/ou sintonizam. É como uma teia magnética em que as pessoas emanam e recebem informações o tempo todo. Em uma visão mais ampla de nós mesmos: nosso espírito e nossa alma coexistem em universos paralelos com os quais nos sintonizamos vibracionalmente. Para muitos, a real interação entre humanos e seres extrafísicos é completamente possível, fato já comprovado por órgãos sérios e competentes, sem misticismo ou preconceitos. O que você enxerga no espelho não é você por inteiro, é só a manifestação do seu espírito dentro das crenças, emoções e sentimentos que vibra para efetivar um processo evolutivo mediante as experiências humanas visando criar um NOVO SER HUMANO realmente mais amoroso, livre e verdadeiro.

Terapia multidimensional

Com uma abordagem que integra diversas dimensões do ser humano, a terapia multidimensional é capaz de identificar aspectos que estão prejudicando alguma vertente de sua saúde e/ou de suas relações, promovendo um autoconhecimento apurado e detalhado do cliente, fazendo-o ganhar mais autonomia, compreensão de si e alinhamento energético profundo para sustentar as escolhas que o cliente fará estando mais alinhado em seu equilíbrio interno. Contribuindo para a aproximação da consciência do cliente com sua supraconsciência, promovemos um senso amadurecido de autorresponsabilidade perante as leis universais, considerando sua bússola interna de saúde integral. Trabalho promovendo a clareza quanto aos motivos pelos quais você não faz o que sabe ser o melhor para si, tanto quanto perceber caminhos práticos e simples que tocarão seu bem-estar mais duradouro, conseguindo transformar seus padrões de comportamento, mentais e emocionais em condições mais favoráveis a um nível de vida memorável.

Técnicas e ferramentas utilizadas

Meu foco é contribuir para que você seja sua maior potência criativa em constante movimento evolutivo; é sair da teoria para definir rotas alinhadas com o que suas vibrações e sua alma orientam. É como desenrolar um novelo de lã todo cheio de nós e, por meio das técnicas de leitura vibracional, contato com sua alma e desenvolvimento de sua proximidade com seu inconsciente, você mesmo vai obtendo as sábias respostas que busca. Essas ferramentas, atendimentos e vivências contribuem imensamente para pessoas que querem ou precisam fazer mudanças significativas em sua vida, mas às quais faltam recursos internos, autoconhecimento profundo e independência emocional para tais mudanças. Assim, a dor é transformada em força psíquica, carência e dependência em resgates de si mesmo.

1. **Terapia multidimensional conversada**: de forma leve e profunda, os encontros têm o intuito de contribuir para a transformação do indivíduo em todos os aspectos que queira melhorar. Trabalhamos também

a clareza que interfere diretamente em sua autoconfiança, autoestima e fluidez na vida. A vida não é lógica; por isso, é necessária a leitura apurada da realidade do cliente para que o progresso seja contínuo e duradouro. Resiliência, autonomia, constância, liberdade e autorresponsabilidade são as bases dos trabalhos comigo. Trabalhamos com terapias integrativas no que tange a tratar fractais (partes da alma do cliente) que sofrem algum tipo de dano psicossomático, amenizando e por vezes até curando doenças já estabelecidas no corpo físico (acompanhados de tratamentos com medicina tradicional, quando indicados).

2. **Tameana**: técnica altamente eficaz na harmonização dos corpos e da psiquê. Sob a energia dos seres estelares pleiadianos, unimos geometrias sagradas, cristais e uma das ferramentas que esta técnica oferece para criarmos potentes vórtex de energia, contribuindo para acessar níveis mais profundos de paz interior, sabedoria e bem-estar psíquico e físico. É uma excelente força de luz que contribui para o alinhamento da consciência com a supraconsciência.

3. **Mesa quântica estelar**: terapia de transmutação energética que atua, de forma precisa, nos desequilíbrios, trazendo à consciência os padrões ou situações que precisam ser modificados para seu próprio benefício em primeiro lugar. É um tratamento de cura vibracional, medicina alternativa e autoconhecimento, contribuindo em significativos movimentos de transformação de vida.

4. **Terapia com rapé sagrado**: trabalho de cura e autoconhecimento utilizando a medicina indígena ancestral do rapé sagrado. Limpeza energética e relaxamento são outros propósitos deste trabalho. Cada sessão é única, uma vez que o trabalho é construído de forma intuitiva conforme as necessidades que o inconsciente da pessoa aponta para ser tratado.

5. **Terapia no inconsciente**: tratamento realizado no inconsciente, tratando corpo físico, energético, mental e emocional. Com técnicas precisas, eu e as equipes de cura com quem trabalho operamos no campo magnético e psiquismo do assistido, realizando um tratamento profundo. No final da sessão, são enviadas informações e eventuais orientações do que foi tratado pelos médicos astrais, canalizadas pela terapeuta. É um trabalho multidimensional que já apresentou inúmeros benefícios apontados pelo cliente logo após seu atendimento, bem como relatos de sensações percebidas ao longo do processo.

Para quem é a terapia multidimensional?

Desenvolvo seres independentes, verdadeiros e amorosos, fortalecendo e curando partes da alma em que as doenças da alma e do corpo se manifestam. Valorizo toda e qualquer conquista, pois progredir é mais importante do que a própria chegada ao objetivo final; é cultivar a constância e a consistência da força interior do SER. Valorizamos humanos com raízes internas firmes e fortes, criando e embasando, com autenticidade, sua história de vida. Os que questionam por que determinadas situações se repetem em sua vida, aqueles que querem modificar padrões limitantes fazendo as pazes consigo mesmos. Os que querem compreender mais as leis da vida para conquistar seus resultados de forma mais simples e fácil, com trabalho, sim, mas sem sacrifícios. É possível morrer e renascer várias vezes ainda nesta vida, mais curado do passado e mais focado no presente para criar o futuro desejado com conexão espiritual, autorresponsabilidade na prática de seu crescimento diário. Os que estão cansados de sofrer por alguma situação da qual não conseguem se desvincular emocional ou mentalmente. Os que sabem muito, já mudaram muito, mas têm curiosidade de saber o que sua alma fala sobre o que mais precisa ser visto e transcendido, aproveitando ainda esta estada na escola divina, a Terra.

Por que investir em terapia e desenvolvimento pessoal em plena era digital?

Terapia não é apenas para tratar suas feridas, mas também para enxergar com mais clareza quem é você de verdade, o que você verdadeiramente emana aos outros e o que alimenta em si. É uma excelente ferramenta para que nossa vida corra um fluxo mais leve e com progressos contínuos. Não se trata de teorizar ou filosofar sobre a vida, mas, sim, de deixá-la mais funcional para sua individualidade. A era digital nos impõe novos desafios e tomada de decisão constante. É fundamental mantermos o foco, disciplina na administração do tempo e das atividades, e autoconhecimento para usar tudo isso a favor de sua evolução, em vez de nos distrairmos e nos afastarmos ainda mais do nosso universo interior (do que se passa dentro de nós). Desfrute de uma experiência enriquecedora – assista a vídeos esclarecedores acessando a playlist "Aprendizados e ensinamentos", no meu canal no YouTube.

Conclusão

Não há como sermos saudáveis na era digital se não reconhecemos e/ou aprendermos a lidar melhor com nosso aparelho mental e emocional, bem como aprofundarmos nosso autoconhecimento pelas técnicas e especialidades que consigam detectar o que está vivo dentro de nós, o que nos trava e o que nos beneficia, o que prejudica e o que acelera o nosso sucesso. Virtudes e potencialidades são expandidas, dores físicas e psíquicas despertam, mostrando que precisamos realizar cuidados até então negligenciados ou desconhecidos. Você é seu próprio gerador de bem-estar profundo e permanente, porém não aprendemos a ser independentes emocionalmente; esse é o grande desafio da maioria dos seres humanos que buscam saúde em todas as áreas da vida. A saúde integral na era digital vem desse movimento, um novo ser humano com lucidez e elevada consciência para discernir com maestria o que será observado e absorvido. Limites são fundamentais na interação entre seres humanos e tecnologias, definindo melhor que alimento informacional e vibracional será dado para seu corpo físico, mental, emocional e energético. Compartilho três dicas que já ajudaram centenas de pessoas:

1. Evite a negligência ou anulação do que se passa em seu corpo, mente e coração, pois pode acarretar consequências irreversíveis ou danos que podem ser evitados.
2. Pratique a auto-observação e o autocuidado constantes, percebendo o movimento com o máximo de neutralidade. Não pressuponha, refine sua autopercepção.
3. Silencie a mente e busque se nutrir integralmente.

Vida é movimento, e cabe a você tornar a sua significativa e saudável.

Acesse os QR Codes para conhecer mais do meu trabalho:

08

MAIS SAÚDE MENTAL COM BIOATERRAMENTO (*GROUNDING*)

No mundo moderno, em que o ritmo acelerado e a tecnologia onipresente dominam o cotidiano, a saúde mental tem se tornado um dos grandes desafios. É nesse contexto que o autor Danilo Sanchez Vendruscolo apresenta uma abordagem inovadora e científica para promover o bem-estar: o bioaterramento. O bioaterramento é a prática de se conectar eletricamente com a Terra para absorver sua energia natural. Estudos apontam que essa reconexão pode ajudar a reduzir inflamações, melhorar a qualidade do sono, diminuir o estresse e, consequentemente, trazer benefícios diretos à saúde mental. Danilo, apaixonado pela natureza e pelo potencial que ela tem de curar, criou uma linha de produtos acessíveis e eficazes para facilitar essa conexão. Entre suas inovações, destaca-se um tecido patenteado feito de algodão com aço inox, especialmente projetado para maximizar os efeitos do bioaterramento.

DANILO SANCHEZ VENDRUSCOLO

Danilo Sanchez Vendruscolo

Engenheiro eletrônico formado pela Escola de Engenharia de São Carlos (EESC-USP) e fundador da Ibicy Bioaterramento, é um pioneiro no campo do bioaterramento no Brasil. Com uma paixão profunda pela natureza e pelo bem-estar humano, fundou a Ibicy Bioaterramento, uma empresa dedicada a trazer os benefícios da conexão com a Terra para as residências das pessoas. Com a Ibicy, tem trabalhado incansavelmente para desenvolver produtos inovadores que facilitam o bioaterramento, proporcionando uma forma acessível e eficaz para as pessoas se reconectarem com a energia natural da Terra. Ele possui uma patente requerida de um tecido especial feito de algodão com aço inox, projetado especificamente para otimizar os efeitos do bioaterramento. Seu trabalho é impulsionado pela crença de que o bem-estar e a saúde podem ser significativamente melhorados pela prática do bioaterramento, uma abordagem que combina ciência, tecnologia e a sabedoria ancestral da conexão com a natureza.

Contatos
www.onovoserhumano.com.br/danilo-sanchez-vendruscolo
www.ibicy.com.br/
Instagram: @ibicybio
@bioaterramento

Introdução

Nos últimos anos, a saúde mental tornou-se uma preocupação global crescente, especialmente após a pandemia de Covid-19. Segundo a Organização Mundial da Saúde (OMS), a prevalência de ansiedade e depressão aumentou em 25% no primeiro ano da pandemia, afetando milhões de pessoas em todo o mundo. Esse cenário reflete aumento significativo das condições relacionadas ao estresse, com impactos profundos no bem-estar psicológico e físico da população. Além disso, assistimos a um crescimento exponencial no uso de smartphones ao longo das últimas décadas. Os dispositivos, embora revolucionários, trouxeram mudança no ritmo de vida: a comunicação constante e a necessidade de respostas rápidas tornaram-se a norma. A hiperconectividade, no entanto, tem consequências. O uso excessivo de smartphones está associado à ativação crônica do sistema nervoso simpático, responsável pela resposta de "luta ou fuga", que é mobilizada em situações de estresse. Essa ativação constante exige mais energia do corpo, especialmente no cérebro, onde a produção de adenosina trifosfato (ATP), a principal fonte de energia celular, ocorre. O que muitas pessoas não sabem, no entanto, é que, para gerar ATP, também são necessários elétrons livres. No final da reação química de produção de energia, forma-se uma molécula chamada radical hidroxila, que é instável e precisa de um elétron para se estabilizar. Se o corpo não tiver elétrons livres suficientes para doar à molécula, o radical hidroxila "roubará" elétrons de proteínas, DNA ou outras estruturas celulares saudáveis, gerando o que conhecemos como estresse oxidativo.

Poluição eletromagnética

A situação nas cidades é agravada pela poluição, tanto do ar quanto eletromagnética, gerada por dispositivos eletrônicos e redes sem fio. Diversos estudos demonstram que ambas as formas de poluição aumentam a formação de radicais livres, reduzindo a disponibilidade de elétrons livres no corpo. Um ponto importante é a conexão entre o estresse oxidativo e a saúde mental. Embora não seja uma ideia nova, o que propomos aqui na Ibicy Bioaterramento (*ibicy* significa "Mãe Terra" em tupi), sediada na incubadora do Centro de Inovação, Empreendedorismo e Tecnologia (Cietec) da Universidade de São Paulo (USP), é uma abordagem inovadora: o bioaterramento como forma de reduzir o estresse oxidativo e, consequentemente, melhorar a saúde mental. O bioaterramento envolve a conexão direta do corpo com a Terra, permitindo que elétrons livres da superfície terrestre entrem no organismo, ajudando a neutralizar os radicais livres e reduzir o estresse oxidativo. Desenvolvemos um método patenteado para medir a quantidade de elétrons livres no corpo e, em nossas observações, temos notado que pessoas com problemas de saúde mental, como insônia, ansiedade ou depressão, apresentam níveis significativamente mais baixos desses elétrons. Ainda estamos em fase inicial de observação, mas os resultados indicam que a falta de elétrons livres pode estar relacionada aos desequilíbrios mentais. A repetida ativação do sistema nervoso simpático, provocada pelo uso constante de *smartphones*, exige consumo energético elevado, podendo agravar a carência de elétrons livres no corpo, especialmente no cérebro. O bioaterramento, ao restaurar esse equilíbrio, pode ser uma alternativa promissora para mitigar os sintomas de ansiedade e depressão. Embora ainda sejam necessários estudos clínicos mais aprofundados para validar essas observações, acredito que estamos no caminho certo ao propor o bioaterramento como uma solução natural e acessível para ajudar a melhorar a saúde mental. Em um mundo em que estamos cada vez mais desconectados da natureza, sobrecarregados por estímulos digitais, reconectar-se à Mãe Terra pode ser uma chave para restaurar o equilíbrio energético do corpo a fim de promover mais bem-estar mental.

Choques eletrostáticos: entenda o fenômeno – como acontecem e por quê

Você já se perguntou por que às vezes sentimos pequenos choques ao tocar objetos ou outras pessoas? Isso acontece por causa do acúmulo de carga eletrostática em nosso corpo, o que pode ocorrer quando estamos com falta de elétrons livres. Os choques são resultado de uma descarga elétrica, geralmente quando a diferença de carga entre nosso corpo e um objeto é grande o suficiente para gerar uma faísca, isto é, mais de 3.000 volts. Acredite ou não, até mesmo as roupas que vestimos podem influenciar nesse acúmulo de carga. Materiais sintéticos, por exemplo, tendem a aumentar a eletricidade estática, especialmente em ambientes secos, enquanto roupas de algodão ajudam a reduzir esse efeito. A carga eletrostática é resultado do desequilíbrio na quantidade de elétrons do nosso corpo e, quando estamos com deficiência de elétrons, nosso organismo fica mais "carregado". É possível medir essa carga com aparelhos especializados, e o que muitas vezes gera esse desequilíbrio são os radicais livres, moléculas instáveis que buscam elétrons para se estabilizar. Quando esses radicais livres "roubam" elétrons de nossas células, isso pode não só aumentar a carga eletrostática, mas também gerar estresse oxidativo, o que pode prejudicar nossa saúde a longo prazo.

- **Outros fatores que aumentam a carga eletrostática**: além das roupas e da ação dos radicais livres, fatores como sono inadequado, consumo de álcool e processos inflamatórios no corpo podem contribuir para essa sensação de estar "elétrico". Ambientes secos, como em dias de inverno ou em salas com ar-condicionado, também pioram a situação, aumentando a carga estática no corpo. Nosso corpo gera energia através do oxigênio que respiramos, um processo essencial para o funcionamento adequado de nossas células. Porém, quando estamos em estado de inflamação, estresse ou privação de sono, nosso sistema fica sobrecarregado e essa carga extra pode ser sentida fisicamente, na forma de choques ou aquela sensação incômoda de estar sempre "carregado" eletricamente. Da próxima vez que você der um choque em alguém, lembre-se de que isso pode ser um sinal de que seu corpo está precisando de equilíbrio. A eletricidade estática não é apenas uma curiosidade; ela pode indicar um desajuste no seu corpo, especialmente em relação à quantidade de elétrons livres disponíveis. Ficar atento aos hábitos do dia a dia, como o tipo de roupa que usa e seu nível de hidratação; ela pode ajudar a reduzir essa sensação de estar eletricamente carregado.

- O que é bioaterramento ou *grounding*? O bioaterramento, também conhecido como *grounding*, é a ciência por trás da energia da Terra. É uma prática de bem-estar que envolve o contato direto ou indireto com a superfície terrestre. É a reconexão do corpo humano com a Terra por meio do contato elétrico. A Terra é uma fonte natural de elétrons livres e, ao estar em contato direto com o solo, esses elétrons são absorvidos pelo corpo, ajudando a neutralizar os radicais livres e o estresse oxidativo, o que traz inúmeros benefícios para a saúde.
- **Bioaterramento**: reconexão com a terra para o bem-estar – como fazer bioaterramento para a saúde? Essa técnica pode ser realizada de diversas formas, como: andar e pisar descalço na grama, areia molhada da praia ou solo, deitar-se na grama, sentar-se no chão sob uma árvore ou tocar a terra com as mãos. Ou então utilizando dispositivos específicos que fazem essa conexão com a Mãe Terra em ambientes internos através do fio terra da tomada, como fazemos na Ibicy Bioaterramento. O objetivo é se reconectar com a natureza e estabelecer uma troca de energia com ela. De acordo com princípios da bioenergética, o bioaterramento ajuda a descarregar energias acumuladas no corpo, que podem contribuir para a melhora de problemas de saúde mental e física. Essa prática é fundamentada na ideia de que a Terra é uma fonte natural de elétrons livres, que ajudam a neutralizar radicais livres e reduzir o estresse oxidativo, promovendo um estado de equilíbrio no organismo.
- **Como o bioaterramento pode ajudar**: para ilustrar essa conexão entre a carga eletrostática e nossa saúde, vale mencionar o documentário *The earthing movie*. O filme explora o fenômeno científico por trás do bioaterramento e como algo tão simples quanto ficar descalço em contato com a terra pode ajudar a equilibrar o corpo e restaurar os elétrons perdidos. O documentário revela que, ao tocar o solo com os pés descalços, permitimos que elétrons livres da Terra entrem no corpo, ajudando a neutralizar os radicais livres e aliviar o estresse oxidativo. Essa prática, conhecida como *earthing* ou bioaterramento, tem benefícios incríveis, desde a melhora da saúde mental até alívio da inflamação no corpo. Se pensarmos nos choques eletrostáticos como um sinal de que nosso corpo está desequilibrado, talvez seja hora de se reconectar literalmente com a Terra, deixando que ela nos forneça elétrons de que precisamos para equilibrar nossa energia e saúde.

• **Quais são os benefícios do bioaterramento?** Os benefícios são respaldados por diversas pesquisas científicas, incluindo serenidade e clareza mental, além de:

1. **Redução da inflamação**: o contato com a Terra pode ajudar a diminuir marcadores inflamatórios no corpo, contribuindo para a recuperação de lesões e condições crônicas. O estresse oxidativo, causado por radicais livres que roubam elétrons das células saudáveis, pode levar a inflamações e a problemas de saúde, como doenças crônicas e transtornos mentais. O bioaterramento ajuda a neutralizar esses radicais livres, oferecendo elétrons suficientes para manter o equilíbrio no corpo, o que pode reduzir inflamações e promover uma recuperação mais rápida de lesões.
2. **Sono reparador**: estudos mostram que a prática regular do bioaterramento pode regular o ritmo circadiano e melhorar a qualidade do sono, resultando em um descanso mais reparador. Isso acontece porque o contato com a Terra ajuda a regular o ritmo circadiano e diminui a inflamação no corpo, fatores que podem afetar diretamente o sono. Muitas pessoas que praticam bioaterramento relatam sentir-se mais relaxadas à noite, dormindo mais profundamente e acordando mais revigoradas.
3. **Diminuição da ansiedade e do estresse**: o bioaterramento tem mostrado eficácia na redução dos níveis de cortisol, o hormônio relacionado ao estresse, promovendo um estado de relaxamento e bem-estar. Quando os pés tocam o solo, os elétrons livres da Terra entram no corpo, ajudando a regular os sistemas fisiológicos, diminuindo a resposta ao estresse e promovendo um estado de relaxamento. Isso pode, por sua vez, ajudar a reduzir a ansiedade. O simples ato de "aterrar-se" já proporciona uma sensação de calma, pois nos desconectamos da hiperconectividade digital e retornamos ao ritmo natural da Terra.
4. **Aprimoramento do humor**: muitas pessoas relatam uma melhora significativa no humor após sessões de bioaterramento, por seu efeito estabilizador no sistema nervoso.
5. **Alívio da dor**: o contato com a Terra pode diminuir a intensidade da dor, especialmente em condições relacionadas à inflamação e à tensão muscular.
6. **Equilíbrio da energia vital**: o aterramento ajuda a restaurar a energia vital do corpo, promovendo um senso de vitalidade e bem-estar.
7. **Hipertensão na gravidez**: a hipertensão durante a gravidez é uma preocupação comum, e a prática do bioaterramento pode ajudar a diminuir as chances de hipertensão e até mesmo preveni-la. Desenvolvemos produtos na Ibicy Bioaterramento para que você possa aproveitar essa energia natural no conforto do seu lar. Experimente o tapete girassol, que permite o contato com a Terra mesmo em ambientes fechados, ou use a manta harmonia durante o sono, para potencializar os efeitos do

bioaterramento. Incorporar essas práticas simples à sua rotina pode ser uma forma eficaz de promover a saúde durante a gestação, proporcionando mais bem-estar para você e seu bebê.

- **Como praticar o bioaterramento**: para aproveitar os benefícios do bioaterramento, passe mais tempo em contato com a natureza, buscando melhorar a saúde mental e física. Sinta a energia da Terra sob seus pés descalços e respire ar puro por pelo menos uma hora todos os dias. O contato com a energia da Terra pode ser feito em diferentes superfícies, como cimento, grama, cerâmica e até pedra. Ao reconectar-se com a Terra, você pode diminuir o estresse, reduzir a ansiedade e melhorar a qualidade do sono, tudo isso enquanto restaura o equilíbrio energético do seu corpo.
- **Exercício prático**: como fazer bioaterramento na praia – o bioaterramento é uma prática simples e poderosa, com benefícios para a saúde física e mental. A praia é um local perfeito para essa prática, pois oferece a oportunidade de estar em contato direto com a Mãe Terra, seja caminhando na areia molhada, seja no mar.
- Passo a passo para praticar bioaterramento na praia:

1. **Escolha o local ideal**: procure um lugar tranquilo na praia, longe de aglomerações. Escolha uma área onde a areia esteja úmida, limpa e livre de detritos, pois na areia seca o bioaterramento não funciona.
2. **Descalce os sapatos**: remova todos os sapatos e meias para garantir que seus pés tenham contato direto com a areia. Sinta a textura e a temperatura da areia sob seus pés.
3. **Conecte-se com a Terra**: passe alguns minutos simplesmente em pé ou caminhando na areia molhada. Sinta a energia da Terra subindo pelos seus pés. Concentre-se em como a areia se molda ao seu toque e como ela é sentida: quente ou fresca, dependendo da temperatura.
4. **Respiração consciente**: enquanto está em contato com a areia, pratique a respiração consciente. Inspire profundamente pelo nariz, enchendo os pulmões de ar fresco e, em seguida, expire lentamente pela boca. Repita isso várias vezes, permitindo que sua mente se acalme e se concentre no momento presente.
5. **Caminhada na praia**: se preferir, faça uma caminhada descalço na beira da água. A água do mar também tem propriedades condutoras, e o movimento das ondas pode intensificar os efeitos do bioaterramento. Aproveite para observar a paisagem, ouvir o som das ondas e sentir a brisa do mar.
6. **Tempo de conexão**: reserve pelo menos 15 a 30 minutos para esta prática. Quanto mais tempo você passar em contato com a natureza, mais benefícios poderá sentir. Se estiver confortável, deite-se na areia e feche os olhos, permitindo que o sol e a energia da Terra o envolvam.
7. **Finalização**: após o tempo de bioaterramento, reserve um momento para expressar gratidão por essa conexão com a natureza. Aprecie os benefícios que você experimentou e leve essa sensação de paz consigo ao longo do dia.

Conclusão

Praticar o bioaterramento é uma maneira excelente de melhorar seu bem-estar e reduzir o estresse. Ao se conectar com a natureza, você não apenas promove a saúde física, mas também acalma a mente e rejuvenesce o espírito. Incorporar essa prática regularmente à sua rotina pode trazer melhorias significativas à sua qualidade de vida. Aproveite cada momento e sinta-se renovado! Procure um médico caso tenha qualquer problema de saúde ou dores. O bioaterramento é uma prática integrativa e complementar e não substitui o tratamento médico, e sim o complementa.

Acesse o QR Code para conhecer mais do meu trabalho:

09

A BELEZA NATURAL E A HARMONIZAÇÃO FACIAL NO SÉCULO ATUAL

TENDÊNCIAS DE ESTÉTICA E MÍDIAS SOCIAIS

Neste capítulo, a dra. Flávia analisa o impacto das mídias sociais nos padrões de beleza, destacando a harmonização facial. Aborda procedimentos e ideais estéticos, refletindo sobre identidade pessoal, a preservação de características familiares e ancestrais. Ela propõe o equilíbrio entre elevação da autoestima e a busca excessiva pela perfeição e inclusão, que pode afetar a saúde mental. Como alternativa, valoriza o movimento da beleza natural, enfatizando a singularidade para melhorar a qualidade de vida, especialmente em casos de cicatrizes ou deformidades.

DRA. FLÁVIA CARDOSO SANTOS MAKLOUF

Dra. Flávia Cardoso Santos Maklouf

CRM 115181

É médica dermatologista clínica, cirúrgica, estética e integrativa, utilizando suas expertises em medicina quântica, prática ortomolecular, medicina de biorregulação e homotoxicologia, homeopatia, antroposofia, oligoelementos, medicina chinesa, fitoterapia, terapia neural, medicina vibracional, florais e biorressonância. Com mais de 20 anos de experiência, traz a proposta da dermatologia integrativa unindo os tratamentos convencionais à atenção aos cuidados comportamentais, aos aspectos físico, mental e emocional do indivíduo. Com participação em dois livros, foi agraciada na Alemanha com o Prêmio Reckeweg (*Heel Grants Hans-Heinrich Reckeweg Clinical Case Award* 2019) pelo estudo de queloides. Graduada pela Faculdade de Medicina de Petrópolis, Rio de Janeiro. Possui especialização em Dermatologia pelo Hospital Naval Marcílio Dias, é membro da Sociedade Brasileira de Dermatologia - Regional São Paulo (SBD-SP) e da Sociedade Brasileira de Cirurgia Dermatológica - São Paulo (SBCD-SP), membro da Sociedade de Alergia (ASBAI), membro da Sociedade Brasileira de Ozônio Medicinal (SOBOM-SP), membro e palestrante da Associação Brasileira de Medicina Integrativa e Biorregulação (ABMIB) e membro da Associação Médica Brasileira de Prática Ortomolecular (AMBO).

Contatos
www.onovoserhumano.com.br/dra-flavia-c-s-maklouf
www.draflaviamaklouf.com.br
www.angioskincare.com.br
YouTube: www.youtube.com/@dra.flaviamakloufoficial1971
Instagram: @draflaviacsmaklouf

As mídias sociais têm se consolidado como uma força poderosa na definição dos padrões de beleza, moldando percepções estéticas que rapidamente se espalham pelo mundo on-line. Influenciadores digitais, com milhões de seguidores, ditam tendências que influenciam diretamente a decisão de milhares de pessoas em busca de procedimentos estéticos. Entre as práticas mais populares e discutidas, a harmonização facial se destaca, tornando-se um dos procedimentos mais procurados por homens e mulheres que desejam alinhar e corrigir os ângulos do rosto, promover o rejuvenescimento da pele e alcançar uma aparência mais simétrica e harmoniosa.

A harmonização facial, contudo, é muito mais do que uma mera intervenção estética; ela representa uma tentativa de alinhar a aparência física com ideais de beleza que têm raízes profundas em nossa história e cultura. Carl Jung, por exemplo, introduziu a ideia de que nossas buscas estéticas estão profundamente enraizadas em padrões ancestrais, que moldaram a psique humana ao longo de gerações. Nesse contexto, a harmonização facial pode ser vista como uma expressão moderna dessa busca por uma identidade, tanto pessoal quanto coletiva, ressoando com nossa herança ancestral e com a imagem que temos de nós mesmos.

A questão da preservação das características familiares e ancestrais, especialmente no contexto das mudanças estéticas e de identidade, é um tema rico e multifacetado. O assunto é abordado e discutido especialmente no campo da psicologia, antropologia e nas práticas de constelações familiares; contudo, todos referem que reconhecer e aceitar os legados familiares é essencial para o equilíbrio emocional e psicológico. Enfatizam a importância de honrar os antepassados e suas influências, porém reconhecem a necessidade de encontrar um equilíbrio entre herança e individualidade evolutiva.

No entanto, a crescente popularidade da harmonização facial também levanta questões importantes sobre os riscos de se deixar influenciar por padrões irreais de beleza, muitas vezes promovidos por influenciadores digitais que recorrem a edições e filtros para criar imagens de perfeição inalcançável. Este fenômeno ecoa os ideais de beleza da Antiguidade Clássica e da Renascença, períodos em que a simetria e a proporção áurea eram celebradas como padrões universais de beleza. Contudo, é essencial lembrar que a verdadeira beleza vai além da mera aparência física, envolvendo dimensões morais, espirituais e existenciais, conforme discutido por pensadores ao longo da história, como Roger Scruton, Johann Wolfgang von Goethe, Friedrich Nietzsche, Umberto Eco, Amit Goswami, Lúcia Helena Galvão, John Mark L. Miravalle e Khalil Gibran, dentre outros.

Roger Scruton, por exemplo, vê a beleza como um valor objetivo, essencial para a vida moral e espiritual, defendendo que a beleza eleva a alma e revela verdades e conexões profundas com o mundo, ligando o ser humano ao transcendental. Além disso, Scruton critica a cultura contemporânea por muitas vezes desprezar ou banalizar a beleza, especialmente em nome da originalidade ou da quebra de convenções. Ele argumenta que essa tendência resulta na alienação e na superficialidade, em vez de enriquecer a experiência humana. Ao cultivar a apreciação pela beleza, também estamos cultivando virtudes como a paciência, o respeito e a integridade.

Goethe, por sua vez, propõe que a beleza é o refinamento da natureza e da alma humana, simbolizando o desenvolvimento espiritual do ser humano tanto no plano físico quanto no espiritual, e a consequente conexão com o divino. Ele frequentemente usava metáforas botânicas para explicar seus conceitos. Por exemplo, ele comparava o desenvolvimento da planta ao processo de refinamento do ser humano. A raiz, o caule, as folhas e finalmente a flor representam etapas desse desenvolvimento. Para Goethe, a flor, sendo a parte mais refinada e delicada da planta, simbolizava o ápice da evolução, o ponto em que a natureza atinge sua máxima expressão de beleza e propósito. Para ele, a beleza tinha um papel fundamental em nossas vidas, não apenas como um objeto de admiração, mas também como uma força que moldava o caráter, a moralidade e a espiritualidade.

Sobre a evolução dos padrões de beleza ao longo dos séculos, é interessante observar como a ideia de beleza tem mudado e se refinado ao longo do tempo. Desde os tempos pré-históricos, com os primeiros seres humanos como os neandertais, até os dias atuais, os conceitos de beleza se transformaram drasticamente. De início, a beleza podia estar mais associada à funcionalidade e à sobrevivência, como sinais de saúde e vigor físico. Com o passar dos milênios, à medida que as sociedades se tornaram mais complexas, a noção de beleza também se sofisticou, incorporando elementos de arte, cultura e filosofia.

No Renascimento, por exemplo, houve um ressurgimento da busca pela beleza idealizada, inspirada pelas proporções clássicas e pelo estudo da anatomia humana. Essa era viu o corpo humano não apenas como uma máquina funcional, mas também como uma obra de arte em si, um reflexo da harmonia e da perfeição divina. Goethe, escrevendo em um período de transição para o Romantismo, via esse refinamento como uma evolução estética e como um processo que refletia o desenvolvimento espiritual da humanidade. Para ele, a busca pela beleza era também uma busca pela verdade e pela conexão com o divino. Ele acreditava que, ao nos tornarmos mais conscientes da beleza ao nosso redor e dentro de nós, nos aproximamos de uma compreensão mais profunda da vida e do nosso lugar no cosmos.

Para Nietzsche, a beleza é uma forma de transcender o tédio e o sofrimento inerentes à existência, permitindo ao ser humano encontrar sentido e afirmar a vida. Umberto Eco, em sua análise da história da beleza, destaca como a percepção da beleza física evoluiu ao longo dos séculos, alertando para os perigos da padronização e da descaracterização da individualidade. Khalil Gibran, por outro lado, conecta a beleza à espiritualidade, vendo-a como uma luz que emana da alma e se manifesta tanto no físico quanto no divino.

Essas reflexões filosóficas nos levam a considerar a importância de abordarmos a harmonização facial de maneira equilibrada e consciente. É fundamental que, ao buscar a beleza, não percamos de vista a autenticidade e a individualidade que nos tornam únicos. A busca incessante pela perfeição estética, muitas vezes inspirada pelas imagens idealizadas nas redes sociais, pode ter consequências negativas, levando a um ciclo de insatisfação e baixa autoestima. Além disso, o excesso de intervenções pode resultar em um aspecto artificial, comprometendo a naturalidade da expressão facial e impactando negativamente a saúde mental.

Nesse contexto, o movimento da beleza natural surge como uma resposta importante às pressões estéticas impostas pela sociedade contemporânea. Esse movimento celebra a autenticidade e a diversidade, promovendo a aceitação da aparência natural e rejeitando os padrões de beleza inatingíveis. A beleza natural valoriza características únicas e sugere que a verdadeira beleza reside na aceitação de si mesmo, respeitando as marcas da vida que cada um de nós carrega.

Em minha participação no livro *Bem viva de corpo e alma: uma abordagem com medicina e terapias integrativas*, refleti sobre a cura da alma através da beleza, inspirada nos pensadores e pela simbologia das flores. As flores, com sua capacidade de comunicar emoções profundas e promover a cura, servem como uma poderosa metáfora para a transformação pessoal. De maneira semelhante, a harmonização facial pode ajudar as pessoas a se reconectarem com sua beleza interior, expressando-a ao mundo exterior. Esse processo não apenas melhora a aparência externa, mas também facilita uma cura interna, promovendo uma maior aceitação de si mesmo, de modo a favorecer a saúde integral. Esse pensamento reforça a ideia de que a harmonização facial, quando realizada de forma consciente e equilibrada, pode ser uma ferramenta poderosa para restaurar o amor-próprio e a autoestima, desde que respeite a individualidade e as características únicas de cada pessoa. As marcas que a vida deixa em nossa aparência – como rugas, linhas de expressão e cicatrizes – são a fisicalização de nossos sentimentos e estilo de vida em nossas peles. Nossa pele é considerada o maior órgão do corpo humano, é ela quem delimita nossos limites internos e externos no mundo físico e nos conecta com nossos sentimentos e emoções mais profundas – é uma incrível rede de conexão emocional. Nossa pele e suas marcas contam histórias sobre nossas experiências, lutas e conquistas. No entanto, com as técnicas de harmonização facial e embelezamento natural, podemos ajudar as pessoas a transformarem essas marcas em símbolos de força e resiliência, preservando suas características físicas e promovendo uma transformação positiva da aparência, independentemente da idade.

As crianças e jovens já estão começando a se preocupar desde cedo, o que pode parecer exagerado, porém cabe aos pais e profissionais da saúde orientá-los da melhor forma e estimular o autocuidado com equilíbrio desde cedo. Esse processo resulta em um aumento da autoestima e do amor-próprio e em um comportamento mais positivo perante os desafios cotidianos, melhorando tanto a vida interior quanto a social ao longo dos anos.

Harmonização facial

Quando realizada de forma ética e responsável, a harmonização facial pode desempenhar um papel importante na inclusão social e na saúde mental. Em casos de cicatrizes, atrofias ou deformidades, por exemplo, esses procedimentos podem restaurar a aparência e oferecer uma melhoria significativa na qualidade de vida, facilitando a reintegração social e profissional. Para muitos, sentir-se mais atraente e alinhado com os padrões sociais de beleza melhora as interações sociais e as oportunidades profissionais, reduzindo o estigma e a discriminação. Atualmente, muitas indústrias de produtos preenchedores e profissionais da saúde colaboram gratuitamente nas ações sociais para a reabilitação de pacientes com doenças degenerativas e cicatrizes inestéticas, para o bem-estar e inclusão desses indivíduos na sociedade.

A educação, no ambiente tanto familiar quanto escolar, desempenha um papel crucial na formação dessa visão equilibrada e saudável da beleza. Crianças que crescem em ambientes que promovem o amor-próprio, a aceitação e a valorização da diversidade estão mais preparadas para resistir às pressões sociais por conformidade estética. A família, como o primeiro núcleo social, deve ensinar a importância da autenticidade e da autoestima, incentivando os jovens a abraçarem suas características únicas. A escola, por sua vez, tem a responsabilidade de complementar essa educação, promovendo o respeito à diversidade e desafiando os padrões estéticos limitadores que muitas vezes são perpetuados pela mídia.

No entanto, é fundamental que as tecnologias utilizadas sejam seguras e embasadas cientificamente, e que os profissionais envolvidos sejam capacitados e éticos. O sucesso de qualquer intervenção estética depende de práticas baseadas em evidências, que respeitem a anatomia facial, utilizem produtos de qualidade e considerem as possíveis complicações que podem surgir. Além disso, a educação dos pacientes é crucial para que eles tenham expectativas realistas e façam escolhas informadas sobre os procedimentos que desejam realizar.

Ao incorporar essa perspectiva em nosso entendimento da beleza, vemos que a busca pela estética ideal não é apenas uma questão de aparência, mas também uma conexão profunda com nossos valores e identidade. A ideia de que a beleza reside na capacidade de extrair a essência das coisas oferece uma ponte interessante entre a estética científica e a artística, demonstrando como diferentes áreas do conhecimento compartilham uma apreciação comum pela beleza, mesmo que suas expressões sejam diversas. Assim, a busca pela beleza se torna universal, perpassando tanto a criação artística quanto a inovação científica, unindo a sensibilidade do artista com a precisão do cientista.

Efeito zoom

A pandemia de Covid-19 trouxe mudanças significativas na maneira como as pessoas percebem sua aparência e na demanda por procedimentos estéticos, incluindo a harmonização facial. O aumento das videochamadas e do tempo gasto nas mídias sociais durante os períodos de isolamento social fez que muitas pessoas se tornassem mais conscientes de suas características faciais, levando a um aumento na procura por melhorias estéticas. Esse fenômeno, conhecido como "efeito zoom", destacou imperfeições faciais que antes passavam despercebidas, exacerbando a cultura de comparação e a busca pela perfeição estética.

No entanto, a pandemia também provocou uma reflexão mais profunda sobre o que realmente importa em termos de saúde e bem-estar. Muitas pessoas começaram a valorizar mais a saúde mental e a autenticidade, questionando os padrões irreais de beleza promovidos nas mídias sociais e buscando uma abordagem mais equilibrada e consciente em relação aos procedimentos estéticos.

A percepção da beleza e da feiura também merece uma reflexão mais profunda. Em muitas culturas, a beleza é associada ao divino, à harmonia e ao bem-estar, enquanto a feiura é frequentemente vista como algo a ser evitado ou corrigido. No entanto, essa dicotomia simplista não leva em conta a complexidade da experiência humana. Em *O profeta*, Khalil Gibran nos lembra que a verdadeira beleza vai além das aparências, sendo uma expressão do amor, da verdade e da luz que emana de dentro. Da mesma forma, a feiura, quando vista sob uma lente mais compassiva, pode ser entendida como parte da narrativa da vida de uma pessoa, refletindo suas lutas, dores e, finalmente, sua resiliência. A harmonização facial, quando realizada com ética e equilíbrio, pode ser uma ferramenta poderosa para melhorar a autoestima e a qualidade de vida das pessoas. É essencial que a busca pela beleza seja acompanhada de uma aceitação genuína das marcas da vida, respeitando cada fase do ciclo natural que atravessamos, assim como respeitamos as estações do ano. Cada etapa da vida tem seu tempo para plantar, maturar, florescer e renascer, e nossas transformações devem refletir essa sabedoria natural. Acredito que podemos nos esculpir e nos renovar a cada fase da vida, assim como enfeitamos nossas casas para criar um ambiente mais agradável.

Projeto Flores em Você

O meu projeto Flores em Você encapsula essa filosofia da beleza natural, te convidando a promover uma transformação e redenção pessoal e social, por meio de uma beleza integrativa e de biorregulação que emerge do equilíbrio interior e se manifesta no exterior – saúde física, mental e emocional alinhados e em harmonia com sua própria autenticidade.

Que este capítulo seja útil e ajude as pessoas a se verem, e – acredite – eu te vejo e vejo flores em você!!!

Acesse os QR Codes para conhecer mais do meu trabalho:

10

INTELIGÊNCIA ARTIFICIAL E A RESOLUÇÃO DE CONFLITOS FAMILIARES NO SÉCULO XXI

A autora apresenta uma análise abrangente das transformações pelas quais as estruturas familiares têm passado nas últimas décadas. Ela destaca como as mudanças sociais, culturais e econômicas afetaram as dinâmicas familiares, gerando novos paradigmas e desafiando os modelos tradicionais de convivência no contexto de fragmentação familiar. Ao explorar o papel da tecnologia na mediação de disputas familiares, o capítulo sugere que a inteligência artificial pode reduzir o tempo e os custos envolvidos nos processos judiciais, assim como contribuir para uma abordagem mais humana e empática, adaptando-se às necessidades emocionais e jurídicas dos envolvidos.

FLÁVIA RIBEIRO BORGES MANZANO

Flávia Ribeiro Borges Manzano

Advogada, tem mestrado e pós-graduação em Direito Civil. Graduada em Direito pela Universidade de São Paulo (1986), área IV – Direito Empresarial e Tributário. Tem experiência na área de direito, com ênfase em direito privado, família e sucessões. Atua em seu escritório Borges Manzano Advogados Associados SC desde 1996. Assistente do professor titular Carlos Alberto Dabus Maluf nas aulas de graduação da Faculdade de Direito da Universidade de São Paulo – Largo São Francisco (2015/2018). Mestrado em Direito Civil na Faculdade de Direito da Universidade de São Paulo (2020). Pós-graduanda na Fundação Getulio Vargas – FGV-LAW, em Planejamento Patrimonial e Sucessório (2024-2025).

Contatos
www.onovoserhumano.com.br/flavia-ribeiro-borges-manzano
borgesmanzanoadvocacia@gmail.com
LinkedIn: www.linkedin.com/in/flávia-ribeiro-borges-manzano-169404b3

Introdução

As estruturas familiares têm passado por transformações significativas nas últimas décadas, refletindo mudanças sociais, culturais e econômicas. Este capítulo explora de forma breve a fragmentação das famílias, suas consequências e os novos paradigmas que emergem no século XXI. Além disso, destaca a utilidade da inteligência artificial (IA) como uma ferramenta inovadora para auxiliar na resolução de conflitos familiares, oferecendo soluções práticas e eficazes.

Estruturas familiares: uma visão geral

As estruturas familiares são a base da sociedade, desempenhando um papel crucial na formação de indivíduos e na transmissão de valores culturais. Tradicionalmente, a família era vista como uma unidade nuclear composta por pai, mãe e filhos. No entanto, essa visão tem se expandido para incluir famílias monoparentais, famílias extensas e casais sem filhos, entre outras configurações.

Tipos de estruturas familiares:

- **Família nuclear**: composta por dois pais e seus filhos, é a forma tradicional de família.
- **Família monoparental**: formada por um único genitor e seus filhos, geralmente após divórcio ou falecimento de um dos pais.
- **Família extensa**: inclui parentes além do núcleo imediato, como avós, tios e primos, vivendo juntos ou próximos.
- **Famílias reconstituídas**: resultantes de novos casamentos ou uniões, em que os parceiros trazem filhos de relacionamentos anteriores.

Fragmentação familiar e seus impactos

A fragmentação familiar refere-se à dissolução das unidades familiares, frequentemente resultante de divórcios, separações ou mudanças sociais. Essa fragmentação pode ter impactos profundos nos indivíduos e na sociedade.

Causas da fragmentação

- **Mudanças sociais**: a crescente busca por autonomia individual e a valorização do bem-estar pessoal têm levado a um aumento nas taxas de divórcio. Há valorização do desejo particular do indivíduo e da busca do prazer instantâneo, em prejuízo da tolerância e do compromisso, necessários para manter íntegro o núcleo familiar.
- **Evolução dos papéis de gênero**: a igualdade de gênero e a independência econômica das mulheres têm desafiado as estruturas familiares tradicionais. Com maior independência financeira, embora ainda não exista absoluta igualdade de oportunidades, aos poucos muitas chefes de família não mais se submetem a tolerar abusos ou relacionamentos pobres em conexão, respeito e reciprocidade.
- **Pressões econômicas**: dificuldades financeiras podem aumentar o estresse familiar, contribuindo para a fragmentação. Há um ditado antigo que diz mais ou menos assim: "quando falta pão, todos gritam e ninguém tem razão!" Portanto, os fatores políticos e econômicos acabam por exercer uma tensão no núcleo das famílias, quer pela falta de perspectivas de conforto material, educação pública precária, quer, ainda, poucas perspectivas de ascensão social, gerando maiores frustrações e conflitos.
- **Planejamento patrimonial e sucessório**: uma família com planejamento de seu patrimônio tenderá a ter mais estabilidade e menores motivos de atrito entre seus membros. Sempre recomendo que haja preocupação com um planejamento patrimonial e sucessório, com a necessária orientação técnica. O planejamento visa manter a harmonia entre os integrantes da

família, otimizar as oportunidades fiscais e tributárias, manter a higidez do patrimônio e dos negócios empresariais, na hipótese de falecimento de um dos membros da família, de forma que os herdeiros e sucessores sejam minimamente impactados nas questões sucessórias, bem como se evitem despesas elevadas e perdas vultosas pela ausência desse cuidado do planejamento.

Consequências da fragmentação – impacto nas crianças

Crianças de famílias fragmentadas podem enfrentar desafios emocionais e comportamentais.

- **Efeitos sociais**: a fragmentação pode levar a uma diminuição da coesão social e aumentar a demanda por serviços sociais. As crianças e adolescentes são – em regra – as maiores vítimas da desagregação da família. Se o divórcio tiver sido essencial para evitar um mal maior (por exemplo, acabar com cenas de violência, agressões físicas ou insultos), pode representar um alívio para aquela sensação de vulnerabilidade e iminente caos no emocional infantil. E, quanto às hipóteses de violência pós-fragmentação, frequente é o abandono afetivo e material da prole, geralmente acompanhado do comportamento censurável do agressor de induzir os filhos, de forma direta ou velada, para cancelamento do outro cônjuge. É a chamada alienação parental, que, diversamente do que imaginamos, ocorre em todas as idades e sempre gera fissuras emocionais graves no grupo. Ambas as situações demandam apoio psicológico, admitem medidas de conciliação extrajudicial ou, em casos mais sérios, proposição de ações judiciais com pedido de indenização.
- **Desafios legais**: a dissolução de famílias gera questões legais complexas, como a guarda dos filhos e a divisão de bens. Aqui entra a disputa, tóxica e prejudicial à formação do emocional dos filhos, eis que não rara a desconstrução da imagem do outro genitor, como já referido. A violência patrimonial é outro aspecto a ser enfrentado, decorrente da ruptura da família, mas, com uma boa assessoria jurídica, os prejuízos e injustiças podem ser evitados ou minimizados.

Novos paradigmas no século XXI

As mudanças nas estruturas familiares exigem novos paradigmas para lidar com os desafios emergentes. Isso inclui a necessidade de revisões legislativas e a implementação de políticas que protejam os direitos de todos os membros da família. Destacamos a necessidade de reconhecimento da contribuição imaterial daquele que se dedica à família, aos cuidados dos filhos, em prejuízo de seu próprio crescimento profissional.

Revisões legislativas

Proteção dos direitos familiares: as leis devem evoluir para refletir as novas realidades familiares, garantindo proteção e igualdade para todos os membros.

- **Igualdade de gênero**: a legislação deve promover a igualdade de gênero, especialmente em questões de guarda e divisão de bens.

A experiência comum demonstra que, quando o desamor aflora, inúmeras são as desconsiderações e violência no campo da fragmentação da família. Bastante frequente é ocorrer violência psicológica, geralmente acompanhada da violência patrimonial, em regra, contra as mulheres. Há necessidade de buscar reparação dessas agressões sofridas no divórcio ou no rompimento da união estável, pois, se é direito de cada indivíduo manter ou não uma união familiar, o respeito deve ser obrigatório nessas tratativas que envolvem a fragmentação da família.

Como advogados, defendemos que as indenizações e a fixação de alimentos, quando do rompimento da união familiar, devem levar em consideração as limitações e características individuais dos membros da família, de forma a respeitar e valorizar o papel de cada integrante e, assim, minimizar prováveis injustiças. Muito além do dever de sustento e assistência, devido entre ex-cônjuges ou ex-companheiros, com duração temporária e valor nem sempre satisfatório, entendemos ser necessário também exigir respeito entre as partes e o exame pelo Poder Judiciário das potencialidades de cada parte se recolocar no mercado de trabalho, suas reais possibilidades de ganho.

Assim, para o futuro, temos uma construção a ser realizada perante o Judiciário quanto à perspectiva de gênero e mesmo um trabalho de conscientização da sociedade, bem como junto aos nossos legisladores, para defender as vítimas da violência psicológica e, em especial, da violência patrimonial que tantas vezes ocorre.

A indenização é direito daquele que foi ou está sendo injustiçado, por danos ou vedação do enriquecimento sem causa, bem como amparo – não apenas pelos alimentos chamados de naturais ou civis – pela fixação de alimentos compensatórios, como já temos precedentes aqui no Brasil, aliás, figura no projeto de mudança do Código Civil.

Há situações de flagrante injustiça, por exemplo, em que uma das partes detém o controle empresarial ou está no controle das rendas da família, deixando a outra parte ao desamparo, quando da fragmentação da família.

Temos por ideal em nossa advocacia defender aqueles que sofrem violência psicológica e patrimonial; e, nesta luta, o uso da inteligência artificial pode auxiliar na identificação de fatores de apoio emocional para as partes vulneráveis, bem como, quanto à violência patrimonial, auxiliar nas buscas para localização de bens ocultados ou desviados da partilha de direito.

Políticas de apoio – Serviços de mediação familiar: oferecer serviços de mediação pode ajudar a resolver conflitos de forma pacífica e eficaz

- **Suporte psicológico**: o acesso a serviços de saúde mental é fundamental para apoiar indivíduos durante a fragmentação familiar. Quando os sonhos de constituir uma família harmoniosa são substituídos pela busca de se conseguir aliados "a qualquer preço", dentre os membros da família fragmentada, todos perdem.
- **Políticas determinadas pelo Conselho Nacional de Justiça (CNJ) para proteção de gênero**: o protocolo para julgamento com perspectiva de gênero foi lançado em 2021, pelo CNJ, com o objetivo de alcançar a igualdade de gênero e o desenvolvimento sustentável n. 5, da agenda 2023, da ONU, dando origem à resolução n. 492, de março de 2023, do CNJ, que estabelece diretrizes para o Poder Judiciário enfrentar a violência contra mulheres, no sentido de que o julgamento se dê de forma a "concretizar um papel de não repetição de estereótipos, de não perpetuação de diferenças, constituindo-se um espaço de rompimento com culturas de discriminação e de preconceitos", especialmente enfrentando as variadas violências que cercam as mulheres em sua diversidade: violência sexual, física, psicológica, patrimonial, moral, institucional e política, impedindo a repetição de práticas opressoras, o que representa inegável avanço para uma melhor qualidade de vida. A resolução n. 492/23 tornou obrigatórias, para todo o Poder Judiciário nacional, as diretrizes do protocolo para julgamento com perspectiva de gênero, como norte para a adoção de postura ativa no reconhecimento das desigualdades.

A inteligência artificial no apoio à resolução de conflitos familiares

A inteligência artificial oferece novas oportunidades para abordar os desafios da fragmentação familiar. Por meio de ferramentas avançadas, a IA pode facilitar a resolução de conflitos, melhorar a comunicação e oferecer suporte personalizado.

Ferramentas de IA para resolução de conflitos

Mediação assistida por IA

Plataformas digitais podem usar IA para facilitar a comunicação entre as partes, oferecendo sugestões baseadas em dados para resolver conflitos.

- **Análise de dados**: a IA pode analisar grandes volumes de dados para identificar padrões e prever conflitos, permitindo intervenções preventivas.
- **Assistentes virtuais**: *chatbots* e assistentes virtuais podem fornecer suporte emocional e informações úteis para indivíduos em crise.

Exemplos de aplicações – plataformas de mediação on-line

Serviços como o Wevorce, plataforma que funciona nos Estados Unidos, utilizam IA para ajudar casais a navegar pelo processo de divórcio de forma colaborativa.

- **Aplicativos de suporte emocional**: aplicativos como o Replika oferecem suporte emocional por meio de interações baseadas em IA, ajudando indivíduos a lidar com o estresse e a ansiedade. Essa plataforma pode ser utilizada no Brasil, funcionando como um ouvinte e para dar conselhos, trazendo suporte emocional.
- **No Brasil**: já há plataformas que pretendem auxiliar na contratação de profissionais, porém encontram vulnerabilidades quanto à confiança que podem despertar nessas indicações, com nítida resistência às normas éticas aplicáveis aos profissionais do direito.

Conclusão

A fragmentação das estruturas familiares é um fenômeno complexo que requer abordagens inovadoras e eficazes. A inteligência artificial se apresenta como uma ferramenta que, se bem utilizada, pode ser útil na resolução de conflitos, oferecendo soluções personalizadas e promovendo um ambiente de diálogo. No entanto, é essencial que sua aplicação seja feita de forma ética e responsável, garantindo que os direitos e a dignidade de todos os membros da família sejam respeitados.

A utilização da IA na resolução de conflitos familiares não apenas facilita a comunicação e a mediação, como também contribui para a construção de uma sociedade mais justa e solidária. Ao integrar a tecnologia nas práticas de resolução de conflitos, podemos vislumbrar um futuro no qual as relações familiares sejam mais saudáveis e equilibradas, beneficiando não apenas os indivíduos, mas toda a coletividade.

Entende-se que o avanço da IA pode ser considerado uma ótima ferramenta para a advocacia, mas o trato interpessoal continua sendo fundamental, principalmente nas áreas de Direito de Família e das Sucessões, em que o advogado necessita ter escuta ativa para as angústias e expectativas dos clientes.

Até porque uma IA simula sensações baseadas em extenso banco de dados, mas não tem a capacidade de sentir empatia sincera com as dores de cada ser humano.

Assim, a IA constitui ferramenta que auxilia, mas não substitui as relações interpessoais.

Referência

MANZANO, F. R. B. *Fragmentação da família e suas consequências*: novos paradigmas. Dissertação (Mestrado em Direito) – Programa de Pós-Graduação em Direito, Faculdade de Direito, Universidade de São Paulo, São Paulo, 2020.

Acesse o QR Code para conhecer mais do meu trabalho:

11

ALIMENTAÇÃO CONSCIENTE E DIETA CURATIVA

Fran Cruz convida a se engajar em uma jornada de autoconhecimento e transformação. Ao adotar a alimentação consciente e dieta curativa, ela acredita que a pessoa não está apenas mudando sua alimentação, mas também a forma como se relaciona consigo mesma e com o mundo ao seu redor. Essa abordagem oferece um caminho para uma vida mais plena, em que a saúde se torna um reflexo do cuidado que se dedica a si mesmo. Neste capítulo, além de compartilhar conhecimentos e ferramentas práticas, a autora estará ao lado do leitor nessa jornada, guiando-o para que possa se reconectar com seu corpo e mente de maneira profunda e significativa, a fim de se preparar para descobrir novas possibilidades e abraçar uma abordagem que respeita sua individualidade, promovendo saúde, bem-estar e felicidade.

FRAN CRUZ

Fran Cruz

Nutricionista especializada em alimentação consciente e dieta curativa. A nutrição transformou o curso de sua vida de forma significativa. Formada em administração, ela utilizou essa expertise para gerenciar seu próprio negócio. Entretanto, sentia uma lacuna em algo que lhe proporcionasse uma realização mais profunda e genuína. Foi em meio à busca por maior bem-estar e qualidade de vida que ela decidiu embarcar em uma nova jornada e se formar em nutrição. Essa escolha foi um verdadeiro marco, trazendo uma nova perspectiva e valiosos aprendizados que a conectaram a uma visão mais ampla da saúde. Em um desses momentos de pesquisa, ela se deparou com o retiro 21 Dias para a Transformação, conduzido por Catia Simionato e inspirado nos ensinamentos do dr. Gabriel Cousens, um renomado médico norte-americano que promove a alimentação viva como pilar para a saúde. Desde 2015, ela vem se especializando em áreas como dieta curativa, alimentação consciente e nutrição comportamental. Seu trabalho é centrado na promoção da saúde por meio de uma nutrição personalizada, sempre respeitando a bioquímica de cada pessoa. Também ministra aulas práticas sobre alimentação *raw food vegan* e alimentação funcional, com foco em promover o equilíbrio nutricional e a saúde integrativa.

Contatos
www.onovoserhumano.com.br/fran-cruz
nutricaobalenceada@yahoo.com.br
Instagram: @francruznutricionista

Como a nutrição funcional mudou minha vida

Ao mergulhar no universo da alimentação consciente e funcional, descobri que cada pessoa carrega uma teia única de experiências, emoções e desafios que afetam diretamente sua saúde. Desde então, adotei uma abordagem profundamente individualizada, entendendo que não existe uma fórmula universal para uma alimentação saudável. Meu propósito é ajudar pessoas a se reconectarem com sua essência por meio da alimentação que nutre corpo, mente e espírito e encontrar o caminho que melhor se adapta à sua singularidade, levando em conta seu histórico, estilo de vida e necessidades emocionais. Essa visão tem moldado minha prática clínica, em que integro conhecimentos técnicos com uma compreensão holística do ser humano. Trabalho com protocolos personalizados de dieta curativa e alimentação consciente, além de incorporar terapias complementares, como fitoterapia e suplementação, sempre buscando as causas profundas dos desequilíbrios. Meu objetivo não é apenas tratar sintomas, mas também promover uma transformação real no estilo de vida das pessoas. Ao longo dos anos, os feedbacks positivos de meus pacientes reforçaram a eficácia dessa abordagem. A alimentação consciente vai além das escolhas alimentares: ela nos desperta para uma vida mais presente e equilibrada. Os resultados se refletem não só no corpo, mas também na mente e nas emoções, transformando vidas. Hoje, além dos atendimentos individuais, tenho o privilégio de compartilhar meu conhecimento por meio de aulas e *workshops* sobre alimentação *raw food vegan*, alimentação funcional e dieta curativa. Nessas experiências, consigo disseminar práticas que integram saúde, sustentabilidade e respeito ao meio ambiente. Acredito que podemos nutrir o corpo de forma saudável e, ao mesmo tempo, viver em harmonia com a natureza. Este é o legado que busco deixar: uma nutrição que promova saúde integral, respeitando a individualidade e o mundo ao nosso redor com uma vida mais plena, equilibrada e saudável.

"Estar" on-line e "ser" off-line

Entre "estar" on-line e "ser" off-line na era digital, a alimentação consciente e dieta curativa surge como uma técnica que transcende as demandas modernas. Mais do que uma simples prática alimentar, essa abordagem visa transformar profundamente a relação com o corpo e a mente, promovendo uma conexão mais saudável consigo mesmo e com o mundo ao redor. Essa técnica é voltada para aqueles que desejam se reconectar com sua bioquímica única, respeitando suas necessidades físicas e emocionais, em vez de seguir dietas restritivas ou modismos da internet. Não é só um método; é uma filosofia de vida, em que a nutrição vai além do ato de comer, integrando-se com o corpo de forma mais profunda. Indicada tanto para a prevenção de doenças quanto para o aumento da vitalidade e equilíbrio emocional, essa técnica é benéfica para quem busca saúde integral, seja lidando com problemas crônicos, seja apenas procurando melhorar o bem-estar geral e viver de forma mais consciente. Ao adotar essa prática, os benefícios são inúmeros: melhora da digestão, mais energia, imunidade fortalecida e estabilização do peso. Além dos aspectos práticos, convido você, leitor, a despertar para uma conexão mais autêntica consigo mesmo, cultivando uma atenção plena e usando a alimentação como ferramenta de autoconhecimento, algo especialmente relevante em um mundo digitalizado.

Desafios da era digital

Em um mundo saturado de informações, é fácil se perder entre dietas da moda, receitas virais e conselhos de bem-estar superficiais. O desafio é discernir o que realmente funciona e o que pode ser prejudicial. Ao buscar informações em fontes confiáveis e trabalhar com profissionais especializados, você poderá ter mais saúde, evitando armadilhas comuns e maximizando seus resultados.

Alimentação consciente e dieta curativa

É muito mais que uma dieta ou tendência passageira: é uma filosofia de vida integrada, ideal para quem busca transformação pessoal em meio à era digital. Essa técnica propõe uma reconexão com a bioquímica única de cada pessoa, oferecendo uma abordagem alimentar que respeita necessidades físicas e emocionais individuais. Destinada tanto para quem deseja prevenir doenças e aumentar a vitalidade e o equilíbrio emocional quanto para quem enfrenta problemas crônicos de saúde, essa técnica promove uma verdadeira saúde integral. A prática da alimentação consciente permite desenvolver uma relação mais profunda com o corpo, usando a alimentação como uma poderosa ferramenta de autoconhecimento e cultivando atenção plena em cada refeição. Essa técnica é resultado de anos de estudo e prática, combinando os avanços tecnológicos com terapias integrativas para oferecer uma abordagem holística à saúde emocional, espiritual, mental e física. É possível avaliar o estado nutricional e criar planos alimentares personalizados, adaptados às necessidades de cada pessoa. Vai muito além de escolher alimentos saudáveis: trata-se de desenvolver uma consciência plena em cada refeição, reconhecer as emoções que afetam nossas escolhas e entender como tudo isso afeta nosso bem-estar geral.

Nutricionista

Eu e profissionais qualificados podemos ajudar a guiar suas escolhas, fornecendo informações precisas e adaptadas à sua realidade. Somos capazes de realizar uma avaliação detalhada da sua saúde, histórico alimentar e necessidades específicas, criando um plano para a perda de peso, a saúde e o bem-estar a longo prazo.

Colocar em prática

Prestar atenção ao que você come, saborear cada mordida e reconhecer os sinais de fome e saciedade do seu corpo. Essa abordagem promove uma maior conexão com os alimentos e pode ajudar a reduzir episódios de compulsão alimentar, muitas vezes desencadeados por estresse ou emoções não resolvidas. Quando nos tornamos mais conscientes do que estamos ingerindo, podemos tomar decisões mais informadas e saudáveis.

Benefícios emocionais e psicológicos

A prática regular dessa filosofia pode levar à redução da ansiedade e do estresse, à melhora da autoestima e à construção de uma relação mais saudável com a comida. Ao aprender a ouvir seu corpo e respeitar suas necessidades, você pode promover um estado de bem-estar emocional que é essencial para a saúde integral.

Dieta – segredo do sucesso

Em vez de dietas restritivas ou modismos das *influencers* que não tratam as causas profundas dos desequilíbrios, é essencial criar um plano alimentar adaptado às necessidades personalizadas e únicas de cada corpo. Como mencionei anteriormente, cada pessoa possui uma bioquímica distinta, influenciada por fatores genéticos, ambientais e comportamentais, o que faz com que a resposta aos alimentos varie. Personalizar a dieta, considerando hábitos, preferências e necessidades individuais, promove uma relação mais harmoniosa com a comida e oferece resultados duradouros. Alimentos naturais, como frutas e vegetais, são fundamentais para a saúde, mas mesmo esses alimentos podem ser inflamatórios para algumas pessoas, como no caso de sensibilidade ao glúten, laticínios ou soja. Com a minha orientação ou de um nutricionista de sua confiança, se torna essencial avaliar minuciosamente sinais e sintomas e prescrever a dieta adequada, levando em consideração o metabolismo e a saúde emocional e física. Questões como compulsão alimentar, desequilíbrios hormonais e estresse também precisam ser abordadas. Para alcançar um emagrecimento saudável e equilibrado, é preciso respeitar o tempo do corpo e promover mudanças alimentares de forma gradual. Resultados sustentáveis não vêm de fórmulas mágicas, mas de um plano alimentar personalizado, que alinha saúde física e emocional.

Adotar uma alimentação consciente

É construir uma relação mais equilibrada e saudável com a comida, aprendendo a nutrir o corpo de acordo com suas verdadeiras necessidades. Além da perda de peso, contribui para a manutenção da saúde ao longo de toda a vida. O segredo do sucesso está na individualização. É essencial investir em um acompanhamento nutricional que leve em consideração sua biologia única, seu estilo de vida, seus hábitos e sua rotina. Essa abordagem é a melhor forma de garantir que você atinja seus objetivos de maneira saudável, sustentável e equilibrada. Acima de tudo, é importante lembrar: cada corpo tem seu próprio tempo, suas respostas e sua maneira única de alcançar o bem-estar. Respeite seu processo e confie no poder da personalização!

Prática do jejum

Tem ganhado destaque como uma estratégia de saúde e bem-estar, sendo reconhecido não apenas por suas implicações espirituais e culturais, mas também por seus benefícios físicos e metabólicos. O jejum é uma prática que envolve a abstinência de alimentos por um período determinado, e suas formas variam desde a restrição alimentar em dias específicos até o jejum intermitente.

- **Jejum intermitente (JI)**: consiste em alternar períodos de alimentação com períodos de jejum. Os métodos mais comuns incluem:

1. Método 16/8: jejuar por 16 horas e restringir a alimentação a uma janela de 8 horas diariamente.
2. Dieta 5:2: nesse método, a pessoa come normalmente por 5 dias da semana e limita a ingestão calórica a cerca de 500-600 calorias em 2 dias não consecutivos.
3. Jejum de 24 horas: esse método implica ficar em jejum durante um período de 24 horas, uma ou duas vezes por semana.
4. Jejum prolongado: consiste em abster-se de alimentos por um período superior a 24 horas, geralmente sob supervisão médica, e pode ter efeitos terapêuticos em condições específicas.

- **Benefícios**: entre os principais benefícios, destacam-se:

1. Desintoxicação: durante o jejum, o corpo tem a oportunidade de eliminar toxinas acumuladas, promovendo a desintoxicação celular.
2. Aumento da sensibilidade à insulina: o jejum pode melhorar a sensibilidade à insulina, ajudando a regular os níveis de açúcar no sangue e reduzindo o risco de diabetes tipo 2.
3. Redução da inflamação: estudos indicam que o jejum pode ajudar a reduzir marcadores inflamatórios, contribuindo para a desinflamação do corpo.
4. Aceleração do metabolismo: o jejum intermitente pode aumentar a taxa metabólica, promovendo a queima de gordura e auxiliando no controle do peso.
5. Autofagia: o jejum ativa processos celulares de autofagia, que envolvem a remoção de células danificadas e a regeneração celular, promovendo a saúde a longo prazo.

- **Precauções**: é essencial abordar o jejum com cautela e consciência, consultando um profissional de saúde antes de iniciar a prática que pode não ser adequada para todos, especialmente para pessoas com condições de saúde específicas, como diabetes tipo 1, distúrbios alimentares ou grávidas e lactantes.
- **Jejum na nutrição funcional**: na perspectiva da nutrição funcional, o jejum pode ser uma ferramenta poderosa para promover a saúde. Ao ser integrado de forma consciente e personalizada, pode potencializar os efeitos de uma alimentação nutritiva e anti-inflamatória, como uma oportunidade de reconectar-se com a própria relação com a comida e com o corpo. Além disso, o jejum pode ser integrado a outras práticas de autocuidado, como a meditação e a aromaterapia, que podem potencializar seus benefícios e promover um estado de bem-estar integrativo.

Inflamação

É classificada em dois tipos: aguda e crônica. A inflamação aguda é uma resposta rápida, natural do nosso sistema imunológico, a lesões ou infecções, é temporária a um agente agressor. Já a crônica persiste ao longo do tempo, podendo causar uma série de problemas de saúde, como doenças cardíacas, diabetes tipo 2, artrite e até mesmo algumas condições autoimunes, além de danificar os tecidos e contribuir para o desenvolvimento de doenças. Compreender essas diferenças é importante para abordarmos a desinflamação de maneira eficaz.

Desinflamação

É essencial para manter a saúde e o bem-estar. A nutrição funcional, por sua vez, é uma abordagem que considera a individualidade bioquímica de cada pessoa. O foco, além de tratar sintomas, promove a saúde a longo prazo.

Alimentos anti-inflamatórios

Revelo alimentos, nutrientes que podem ajudar a reduzir a inflamação no corpo. A escolha desempenha um papel primordial na modulação da inflamação. Alguns nutrientes e grupos alimentares têm propriedades anti-inflamatórias notáveis:

1. **Ácidos graxos ômega-3**: encontrados em peixes como salmão, sardinha e em sementes como chia e linhaça, os ômega-3 ajudam a reduzir a produção de substâncias inflamatórias no corpo.

2. **Antioxidantes**: frutas e vegetais são ricos em antioxidantes e fitonutrientes, que combatem o estresse oxidativo. Alimentos como *berries*, espinafre e brócolis são especialmente eficazes nesse papel.
3. **Especiarias**: a cúrcuma, que contém curcumina, e o gengibre são especiarias com propriedades anti-inflamatórias reconhecidas. Incorporá-las à dieta pode ser um passo simples, mas eficaz.
4. **Alimentos fermentados**: a saúde intestinal é fundamental para a regulação da inflamação. Alimentos como iogurte, chucrute e kefir são ricos em probióticos, que promovem uma microbiota saudável.

Estilo de vida

Além da alimentação, práticas de estilo de vida também influenciam a inflamação. A atividade física regular melhora a saúde cardiovascular, assim como ajuda a reduzir marcadores inflamatórios. O gerenciamento do estresse, por meio de técnicas como meditação e ioga, é igualmente importante. Não podemos esquecer da qualidade do sono, que também desempenha um papel essencial na regulação inflamatória.

Individualidade bioquímica

Na nutrição funcional, destaco a abordagem dietética, que respeita a individualidade bioquímica. Fatores como genética, microbiota intestinal e condições de saúde específicas devem ser levados em consideração. Testes e avaliações nutricionais podem ser úteis para identificar as necessidades específicas de cada indivíduo.

Terapias complementares

A integração com terapias complementares trata o ser humano de forma completa: **aromaterapia, florais, fitoterapia** e **óleos essenciais**, como o de lavanda e o de eucalipto, possuem propriedades anti-inflamatórias e podem ser utilizados em sinergia com a alimentação para potencializar os efeitos da desinflamação, promovendo calma, equilíbrio e resiliência ao longo do processo. Sugiro também profissionais especializados que possam apoiar na saúde emocional e mental dos pacientes, como os de acupuntura.

Hidratação na saúde

Na correria, muitas vezes negligenciamos necessidades básicas, e a hidratação é uma delas. Embora pareça simples, a água é um recurso vital, um elemento transformador que pode restaurar a vitalidade e promover a longevidade. Desempenha um papel importante na função celular e no equilíbrio do corpo, sendo uma base essencial para prevenir doenças e promover o bem-estar. Beber água regularmente é um dos hábitos mais poderosos que podemos adotar para garantir uma saúde duradoura. Minha prática como nutricionista reforça a importância de ações simples, como beber água conscientemente, para manter o organismo em harmonia. Incorporar a hidratação na sua rotina diária é um gesto de autocuidado, um passo vital para garantir a saúde física e mental com reflexos positivos em todos os aspectos da vida. Pequenas mudanças, como essa, são fundamentais para um estilo de vida equilibrado e saudável. Vamos juntos nessa jornada de transformação?

Acesse os QR Codes para conhecer mais do meu trabalho:

12

MUITO ALÉM DAS PINTAS

DERMATOLOGIA ONCOLÓGICA: O OLHAR DE GABRIELLA

A autora, dra. Gabriella, compartilha sua experiência como professora e treinadora em dermatologia oncológica, incluindo seu trabalho com dermatoscopia e mapeamento corporal total. Ela ressalta a importância do meio digital na disseminação de informações sobre câncer de pele, alcançando um público mais amplo e impactando vidas. Gabriella usa suas plataformas, como Instagram e o podcast *Café com Pintas*, no Spotify, para educar e inspirar as pessoas sobre a detecção e prevenção do melanoma. O texto também enfatiza a importância da autoavaliação utilizando a regra ABCDE para identificar sinais suspeitos de melanoma.

DRA. GABRIELLA CAMPOS, PHD

Dra. Gabriella Campos, PhD

CRM 52666963/RQE 10137

Dermatologista oncológica, MD, PhD em oncologia. É uma eterna e inquieta estudante, há 32 anos no Rio de Janeiro, para onde foi com o objetivo de fazer sua carreira médica, iniciada aos 18 anos de idade. Formada há 25 anos, atua, de forma exclusiva, há mais de 20 anos no diagnóstico precoce do câncer de pele, com a dermatoscopia digital e o mapeamento corporal total, ferramentas que utiliza para o acompanhamento dos pacientes de risco para melanoma, especialmente aqueles com múltiplos sinais pigmentados na pele, além de história pessoal e familiar prévia. Com um olhar especial às pintas e ao diagnóstico em sua profissão, mas especialmente com um olhar atento ao paciente, único em sua jornada, tem a empatia como a chave principal do seu trabalho, e ama ensinar aos médicos como alcançou tanto prestígio e confiança dos próprios colegas médicos e pacientes, com ética em primeiro lugar e um incansável amor ao aprendizado e ensino. Palestrante nacional e internacional, com doutorado em oncologia, contribui para o universo científico com inúmeros artigos, capítulos de livros e dois livros próprios relacionados ao diagnóstico do câncer de pele.

Contatos

www.onovoserhumano.com.br/dra-gabriella-campos
www.gabriellacampos.com.br
YouTube: www.youtube.com/@cafecompintas
Instagram: @dragabriellacampos

O início de tudo

Vim para o Rio de Janeiro para estudar Medicina na UFRJ aos 18 anos e nunca mais voltei. Na minha família, sou apenas a "Bia", a menina de família mineira que nasceu no Vale do Paraíba, em Piquete/SP. Morei em Lorena e aos 14 anos fui estudar em São José dos Campos, inicialmente na companhia do irmão, e depois da minha irmã. Sou a filha do meio. Beto é meu irmão, dois anos mais velho, e Déa, minha irmã um ano e meio mais nova. Meu marido carioca diz: "Você pensa que é paulista, mas é totalmente mineirinha".

"O olhar de Gabriella"

Desde minha adolescência, minha sensibilidade para a medicina era exaltada. No ensino médio, em São José dos Campos, meus colegas fizeram uma redação de tema livre, chamada: "O olhar da Gabriella". Mal eu sabia naquele momento que seria médica, já definindo minha futura profissão, aos 16 anos de idade. Sempre fui muito atenta aos detalhes e observadora. Eu gostava de gente, e essa característica foi decisiva na minha orientação vocacional para a escolha assertiva da medicina como profissão. Esse olhar, "O olhar de Gabriella", também influenciou minha escolha pela dermatologia como especialidade. É tudo muito visual, me inspira a desbravar um enigma, a fazer diagnóstico, a olhar para o sinal e usar de todas as lentes disponíveis e técnicas para saber se realmente preciso retirá-lo, se é um câncer de pele ou não.

Dermatologia oncológica

O encantamento pela dermatologia oncológica veio no meu rodízio no Instituto Nacional de Câncer – RJ (INCA) em 2002, durante minha residência em Dermatologia no Instituto de Assistência dos Servidores do Estado do Rio de Janeiro (IASERJ). Fiquei muito impactada ao ver uma jovem grávida morrer por causa de uma pinta, um melanoma. Já tinha me deparado com esse temido câncer na residência, diagnostiquei um melanoma acral (na sola do pé) em um idoso, que descobri pela minha curiosidade em examinar toda a pele do paciente, do couro cabeludo aos pés. Esse tipo de sinal é ainda hoje bastante importante na medicina, sendo praticamente temido por todos os profissionais médicos, pois pode ser encontrado em fases já avançadas e pode dar metástases e levar ao óbito. A partir daí, disse para mim: serei uma caçadora de pintas, uma "melanoma *hunter*", como me intitulo.

"Caçadora de pintas"

Dividia o apartamento com uma colega médica, ambas com residência em clínica médica, um pré-requisito para dermatologia na época. Trabalhava no INCA e estava ansiosa para usar um dermatoscópio trazido da Alemanha por meu irmão. Em casa, examinei minha amiga, muito branca e cheia de pintas, e logo descobri um melanoma nela. O objetivo era fazer um *screening* das pintas, e isso se concretizou. Outro caso marcante foi o de um jovem de 15 anos, levado pela mãe para tratar acne. Ao examiná-lo, encontrei um melanoma invasivo na coxa. Ele resistiu, achando que era um carrapato, mas consegui retirar o sinal a tempo. Hoje, ele está vivo e é pai. Também identifiquei um melanoma no rosto de um parente da minha sogra, o que exigiu uma abordagem delicada, mas a missão de salvar vidas prevaleceu. Em outra ocasião, vi um pai na creche com um sinal suspeito no rosto. Conversei com a esposa e, na segunda-feira, ele estava na minha clínica para retirar o melanoma invasivo. Hoje, graças ao diagnóstico precoce, ele está aposentado e vivo.

Pandemia

Durante a pandemia, dei uma guinada importante em minha carreira profissional. Era funcionária pública, apaixonada pelo meu propósito de vida, pelos meus pacientes e alunos no INCA. Recebi um não ao meu pedido de licença sem vencimento, pois precisava cuidar dos dois filhos: um deles tinha crises de asma, aumentadas no primeiro semestre de 2020. Essa situação me fez pedir exoneração do local onde tive toda a minha formação como dermatologista oncológica, o lugar onde fiz também meu doutorado em oncologia. Um lugar em que conheci pessoas incríveis, tive experiências com a doença em sua forma mais grave, tive contato com pacientes guerreiros, driblando a "Dona Morte", que me ensinaram que meu PhD na verdade era a ciência "**P**ara **h**onrar a **D**eus", e não só mais um título na parede.

Era digital: conexões na rede

Eu era totalmente contra redes sociais, mas por intermédio de amigos como Marco Flávio, meu primeiro coach, percebi a amplitude das conexões pela rede. Assisti a muitas lives e inclusive comecei um canal de comunicação no Instagram com meus queridos alunos que conheci através do INCA, mantendo viva minha missão de divulgadora de conhecimento e mestre por dom divino. Conheci em uma live em 2020 o querido Gustavo Hohendorff. Fiz com ele o programa de Reprogramação Comportamental Positiva (RCP). Esses encontros on-line foram um grande marco em minha vida, que contribuíram para a ressignificação dos sentimentos em relação às mudanças profissionais e ao momento da pandemia. Um encontro comigo e com a percepção dos ambientes ao meu redor, com a energia linda vinda da natureza, com o perdão àqueles que nos magoaram. Despertei a certeza de que podemos fazer sempre nosso melhor e de que tudo, mesmo o que nos causa tristeza em algum momento, pode ser na verdade um livramento divino, pois tudo, absolutamente TUDO, é dádiva e oportunidade. Gratidão a você, querido Gustavo! Feliz de hoje ter ainda a oportunidade de ser ajudada nas minhas redes sociais pela sua esposa Helaine, a querida amiga Lalá.

Liberdade de tempo e qualidade de vida

Minha qualidade de vida e bem-estar foram potencialmente impactados na pandemia, e a era digital me proporcionou encontros incríveis. Minha saúde mental melhorou, cercando-me de pessoas do bem, tendo mais tempo para meus filhos, marido, casa, para cuidar da minha saúde e de todos que precisam de mim. Com a liberdade de tempo alcançada com minha saída do meu emprego público, me tornei uma líder. Construí uma clínica que se expande a cada dia, que emprega colaboradores e médicos, ao mesmo tempo que mantenho minha missão de professora e gestora. Ainda conto com o apoio de minha irmã, que trabalha comigo e é meu braço direito, na tomada de decisões. Ela me ajuda a alcançar os sonhos profissionais.

Redes sociais

Eu sou uma médica que escolheu a pele como alvo de profissão, com um olhar especial às pintas dos pacientes, e não às rugas. Enxergo em cada pinta identificada uma história a ser contada, um ser humano único atrás dos seus sinais. Foi pelas redes sociais que também tive o grato encontro com a dra. Elizabeth Leocadia Fernandes, dermatologista-mestre e apaixonada pela dermatoscopia, como eu. Em 2023, lançamos uma obra que é um marco na história da dermatologia oncológica. O livro é o meu segundo "filho" impresso, *Dermatoscopia: uma visão global*, que muito me emociona no eterno aprendizado e na propagação do conhecimento a jovens dermatologistas, transmitindo um legado lindo na missão da "caça" ao câncer de pele.

A missão e o propósito de vida

Sempre explicar aos pacientes a necessidade de examinar toda a pele, o maior órgão do corpo, pois o câncer de pele pode estar também escondido ou ser algo indolor e imperceptível ao paciente. Quem desenvolve habilidade com os olhos, com seu olhar e com atenção especial às pintas, acaba passando por situações excêntricas. Todos nós temos algum sinal, seja adquirido, em sua maioria por genética, pelo sol ou de nascença. Então ter esse olhar e simplesmente ver alguém com algum sinal na rua em área exposta já chama minha atenção. Já escrevi três livros de dermatoscopia sobre os sinais. O primeiro em 2012, a segunda edição revisada e ampliada em 2016, e outro em 2023, um novo livro com outra autora querida, com a missão – que não pode parar – de divulgar o conhecimento aos médicos. A ideia do meu primeiro livro também surgiu de maneira especial.

Já tinha um filho e engravidei novamente. No começo da gestação dessa filha, em pleno Natal no ano de 2011, tive um sangramento e fui levada ao hospital. Recebi a notícia da gestação findada. Sempre é uma notícia muito difícil para quem gesta, especialmente nessa data. Naquela noite, um amigo padre querido me ligou para me desejar Feliz Natal sem saber ainda do que havia acontecido comigo… Contei onde estava e da situação e ele carinhosamente desviou o assunto falando: "Gabriella, você tem um lindo filho e ainda terá mais, Deus sabe de tudo, mas... e aquela história de escrever um livro?". Assim, o conteúdo do *Fundamentos de dermatoscopia* começava a ser escrito, logo no começo do ano de 2012. Quando finalizamos o livro, em agosto daquele ano, para ser lançado no Congresso Brasileiro de Dermatologia, descobri que estava grávida novamente. Esse livro é muito simbólico para mim, pois inspirou milhares de dermatologistas no Brasil; era um livro pré-requisito para a prova de título em dermatologia, que se esgotou rapidamente e, então, lançamos uma nova versão ampliada mais tarde.

A pinta do Léo

Extremamente marcante também foi o momento da cesárea desse meu segundo filho. É claro que, para uma boa caçadora de pintas, naquele olhar de Gabriella, um pouco antes de ser anestesiada, deitada na maca, vi um sinal suspeito na enfermeira, ao mesmo tempo que a instrumentadora também me mostrou alguns sinais. O pediatra entrou na sala e me falou que me encaminhou uma criança com um sinal muito preto no pé. O assunto do dia era pinta. Quando começou o parto do meu filho, o obstetra identificou um lindo sinal de nascença na testa do meu bebê e antes de me entregá-lo, naquele momento tão único de nossas vidas, me perguntou: – "Onde está o dermatoscópio? O Leonardo nasceu com um sinal na testa, com a mãe certa para cuidar dele", com um sorriso nos lábios. O sinal do Leo é pequeno e bem bonitinho, está sendo acompanhado e foi inserido na segunda edição do meu livro de pintas, pois nem toda pinta é maligna, felizmente.

Podcast – *Café com Pintas*

Leo, meu segundo filho, hoje tem 11 anos e, aos 9, já me incentivou a criar um podcast – o *Café com Pintas*. Na estreia dos episódios, foi a história da pinta dele que contei – de tanto que a mãe escrevia sobre pintas quando foi concebido, ele nasceu com uma para a mamãe cuidar. São tantas histórias, muitas com final feliz, com diagnósticos precoces, outras de pessoas que já chegaram com melanomas muito avançados, no couro cabeludo, face, braços, pernas, costas, pés e mucosas. Posso dizer que já vi melanoma em todos os locais do corpo. Hoje em dia vivemos um momento ímpar na oncologia e há muitos avanços em tratamento de melanoma em estágios mais avançados; de maneira incrível, há alguns pacientes com metástases em pulmão, fígado, que entram em remissão da doença após responderem à terapia-alvo e/ou à imunoterapia. É uma revolução que ainda precisa estar acessível no Sistema Único de Saúde (SUS) para mais e mais pessoas.

Pintas – um grande legado

Fiz um doutorado sobre melanoma inicial. Tenho muito orgulho de tantos anos dedicados aos estudos dos sinais, tantas aulas que ministrei e que continuo ministrando. Ressalto aqui a importância da família em nossa profissão, e agradeço ao meu querido marido, Eduardo, por tanta paciência e dedicação a nós. Já dei aula para centenas de alunos, fui professora de pós-graduação em dermatologia, professora convidada na UFRJ para ensinar dermatoscopia aos alunos. Treinei dezenas de profissionais em dermatologia oncológica no INCA e no meu próprio consultório. Atualmente tenho um curso de mapeamento corporal total com dermatoscopia digital. Sigo na missão da educação, ensino e transbordo o que aprendo diariamente com meus pacientes e suas pintas.

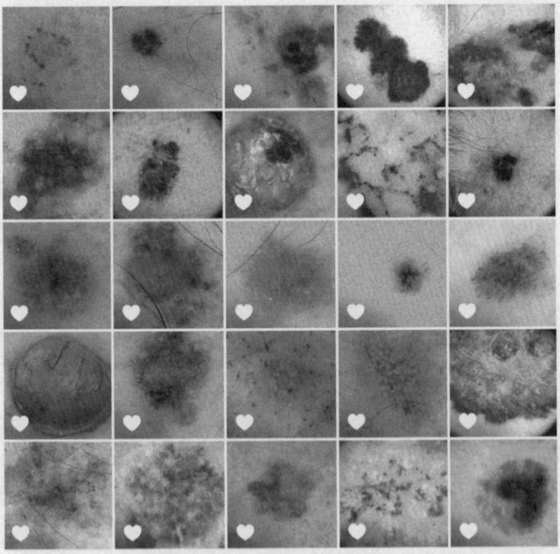

Reprodução de imagem do Instagram – canal dra. Gabriella Campos.

Meio digital

O que mais encanta "O olhar de Gabriella" agora é ver como o meio digital pode alavancar e fazer chegar a mais e mais pessoas o conhecimento que antes era reservado a pessoas do contato pessoal. Conhecimento para ler e se conectar com os canais de divulgação e aprendizagem que tenho hoje, com informações sobre o câncer de pele contadas com empatia e experiência. Quantas vidas o meio digital já impactou! No meu canal do Instagram @dragabriellacampos divulgo muita orientação. Não é um canal para consultas como a telemedicina, mas, sim, para transmissão de informação, com o objetivo de alertar pacientes e colegas sobre o melanoma e outros cânceres de pele. No podcast *Café com Pintas*, na plataforma Spotify, tem histórias que podem te inspirar, além de você, leitor, poder me ajudar a divulgá-las também!

Autocuidado

Você mesmo pode me ajudar nessa missão. Fique atento a sua pele, vá a um dermatologista que examine sua pele inteira uma vez ao ano e se cuide. E você, tem algum sinal ABCDE? Já ouviu falar dessa sigla? Ela ainda é bastante usada e significa: assimetria (A), bordas irregulares (B), cores diferentes (C), diâmetro acima de 6 mm (D), evolução, sinal mudando ou crescendo (E). Ao perceber sinais dinâmicos, especialmente com alguma dessas características, você deve buscar ajuda para que seja visto e examinado por um médico dermatologista.

Muito além das pintas

A missão com as pintas é linda, e desejo cada vez mais chegar a centenas e milhares de pessoas, pois o melanoma é um câncer que começa na pele, no maior órgão do corpo; e está ali, externamente, aguardando para ser descoberto.

Legado e evolução digital

Nada nessa vida é por acaso! Agradeço a Deus por tudo o que já vivi, experiências e aprendizados diários. Minha saída do hospital público foi motivada pela necessidade de cuidar dos filhos. Hoje tenho mais tempo e qualidade de vida com eles, para ainda aproveitar momentos que não voltam, como buscar em colégio, ou estar mais próxima aos meus maiores tesouros. A missão profissional, como a do ensino, é parte de mim, mas a missão no meu lar, do cuidado e assistência à família que Deus me deu, me mostra realmente que o único lugar onde nunca serei substituída é dentro de casa. Meu legado, com a evolução digital, pode chegar a muito mais pessoas. Essa realidade não tem como ser ignorada. Espero que você, assim como eu, consiga detectar seu dom, aquilo que ama fazer, ensinar ou simplesmente se realizar. Saiba que você pode inspirar muitas pessoas com seu dom. Não tenha preconceito em relação à vida conectada. Os meios digitais existem também para muita coisa boa e importante. Que você tenha liberdade de execução dos seus dons, que desapegue de pessoas e locais que não te deixam ser quem você é ou que não reconheçam seu potencial. Aproveite cada dia para agradecer o que deu certo e o que não deu; muitas vezes pode ser um livramento e você ganhando asas para voar rumo a algo mais extraordinário ainda.

Acesse os QR Codes para conhecer mais do meu trabalho:

13

O REIKI NOSSO DE TODO DIA

A autora traz uma apresentação do cenário atual da saúde e bem-estar na era digital e explora as implicações da conectividade digital na saúde mental e vida humana. Além dos tópicos principais, como ESTAR on-line *vs.* SER off-line, Gracce Dorta aborda reflexões sobre a dualidade entre a vida digital e a vida real e ainda sobre como encontrar equilíbrio e significado em ambas as esferas, discorrendo sobre como as terapias integrativas promovem o bem-estar integral.

GRACCE DORTA

Gracce Dorta

CRTH 11414

Comunicadora, empresária, terapeuta, master em reiki e ioga do riso. Atua em iniciativas em sustentabilidade humana, promovendo ações de saúde e bem-estar corporativo. É uma empresária plural, publicitária e especialista em marketing digital com mais de 15 anos de experiência. Estudiosa das práticas integrativas complementares, é facilitadora de meditações. Atua como embaixadora de ONGs, voluntária no Hospital São Paulo, diretora de contato da Associação Brasileira dos Terapeutas Holísticos (ABRATH) e mentora de terapeutas. Palestrante renomada congressista do 25º Congresso de Stress da International Stress Management Association no Brasil (ISMA-BR), 27º Fórum Internacional de Qualidade de Vida no Trabalho, 17º Encontro Nacional de Qualidade de Vida na Segurança Pública e 17º Encontro Nacional de Qualidade de Vida no Serviço Público em Porto Alegre, em 2025. Seu trabalho impactou mais de 15 mil vidas desde 2017. Sempre focada na saúde integral para inspirar pessoas a alcançarem seus sonhos com autonomia e longevidade. Também trabalha para transformar colaboradores em fãs, mostrando que práticas de saúde e bem-estar elevam o valor financeiro e emocional das empresas.

Contatos
www.onovoserhumano.com.br/gracce-dorta
gaiaslux@gmail.com
Facebook: www.facebook.com/gaiaslux
LinkedIn: www.linkedin.com/in/graccedorta/
Instagram: @gaiaslux
11 99914 0411

Saúde mental no século XXI

No momento planetário atual, a conectividade nos distancia da consciência sobre nossos propósitos e nos ilude com prazeres rápidos, como os *likes* e o apego ao verbo ter. Exercer o SER tem se tornado cada vez mais desafiador para todos nós. Cruzamos nas ruas com pessoas aparentemente exaustas, vivendo no "modo sobrevivência", no piloto automático, apenas cumprindo o mínimo para poupar energia, deixando o que não conseguem para amanhã. Parecemos uma legião de zumbis, fazendo apenas o esperado dentro da matrix, mas o custo mental e emocional desse comportamento tem sido alto quando ampliamos nossa visão para o coletivo. Se você chegou até aqui, provavelmente já percebeu isso. Vivemos uma endemia crescente de psicopatologias relacionadas ao estresse, com os índices de ansiedade e depressão disparando. A antiga estafa, agora intitulada burnout, já é considerada a doença ocupacional do século, e o aumento de suicídios nas comunidades reflete a crise da saúde mental global, com prejuízos trilionários (State..., 2024).

Como o reiki chegou na minha vida

Em 2010, o grande desafio era me reconectar. Passei por diversos processos terapêuticos convencionais e integrativos. Percebi que ainda insistia em viver situações que não faziam parte daquele momento. Entendo que viemos para aprender e quebrar ciclos repetitivos de nossa linhagem ancestral. Houve três momentos na minha linha do tempo em que eu quis desistir de absolutamente tudo. Despertar não foi um processo fácil; foi caótico, repleto de reviravoltas. Mal dava tempo de respirar, vinha outra onda e, entre um caldo e outro, foram quinze anos de estudos para me reconhecer dentro de mim.

Como muitas pessoas, cheguei na terapia do reiki imersa na dor. Me sentia oca porque estava desconectada do todo, minha espiritualidade era pobre. Precisei "perder tudo" e ver minha família se esfarelar para me reconectar com minha essência; porém, era o meu universo e, naquele momento, estava (quase) tudo bem!

Foi como aluna de reiki que comecei a desconstruir quem eu achava que era e como era certo viver para, só então, me permitir florescer em minhas novas versões. Como seres humanos, seguimos em processo contínuo, porque isso não acaba. Este é o caminho! Vivi etapas em que parecia reviver momentos marcantes de vida: aos 20 e poucos anos saímos para a vida e temos a arrogância de achar que sabemos de tudo, já mais maduros vamos relaxando e depois dos 40, tudo muda. Foi aí que eu percebi que tudo o que tinha visto nos livros era pouco e me fazia refém de rituais que não cabiam na dinâmica de um grande centro urbano.

Como boa "questionadora", comecei a perguntar sobre os propósitos de ter aprendido essa técnica. Afinal, no dia de meu despertar, pedi por ela como no dia em que declarei claramente à luz daquela lua cheia que retomaria meus dons quando tivesse acesso às ferramentas que me ajudassem a cuidar de muitas pessoas que vinham até mim com esse objetivo. Vivi a Jornada do Mestre quase numa linha reta, em que os primeiros níveis tiveram pouco espaço entre eles (três meses). Já para o mestrado, esse período foi de um ano e quatro meses, descompressivo, momentos que me ajudaram a manter a sanidade diante de grandes desafios vividos naquela época: terminei uma relação mais longa, fomos demitidos da empresa que representávamos em família e, aos poucos, uma grande dificuldade financeira se instalou em nosso núcleo familiar, que, em comunhão, havia escolhido empreender no setor em que já atuávamos. Vi nossos bens serem tomados um a um. Quando pensava que tinha acabado, surgia algo, até que sobramos somente nós, nosso trabalho e a vontade de reconstruir.

Eu tinha o bônus do reiki, era desafiador pegar a estrada a cada quinze dias para aprender; porém, era maravilhoso me deparar com a natureza, o mato, o lago, o colorido e os amigos que também estavam na busca de uma vida mais saudável, próspera e abundante. Vivemos muitos processos juntos, nos quais pudemos nos ver pelas reações ou letargias do outro. Foi visceral! E era aquilo: se eu estava disposta a pegar o carro quinzenalmente para me enfiar no meio do mato, deixando o celular desligado, tinha ouro ali! Resolvi agarrar aquele investimento de tempo, energia e vida com unhas e dentes. Quando nem percebi, estava vivendo minha formatura em dezembro de 2012. De lá para cá, não parei de estudar! Só comecei a atuar profissionalmente em 2017, pois precisei depurar muita coisa em mim até sentir no coração que poderia colocar essa energia em movimento.

Ainda tinha dúvidas sobre muitos "porquês", "como" e "o que", até que conheci Simon Sinek e a teoria do Golden Circle. Esbarrei em novas crenças acerca das práticas integrativas: era certo cobrar? Quanto cobrar? Atender em um espaço, domiciliar ou em casa? Quando sou eleita para mentorear meus alunos e demais terapeutas iniciantes, lembro-me de que a análise SWOT faz uma grande diferença no plano de voo de quem deseja empreender nas terapêuticas, e isso não é ensinado nos cursos livres das mais variadas técnicas integrativas disponíveis no Brasil e demais países.

Já me questionei muito por que cedi à pressão para cursar uma formação acadêmica e a própria vida se encarregou de me responder essa pergunta depois de eu querer rasgar meu diploma. Convivi com a frase das minhas avós: "Nenhum conhecimento é desperdiçado!". Com simplicidade, elas estavam cobertas de razão, e foi pensando assim que realizei mais especializações pelo caminho.

A pandemia e o reiki

Quando a pandemia chegou, mesmo eu, que sempre fui a vanguardista da turma, me vi ficando para trás porque era muito tímida. Vim de uma família em que as aparências por vezes falavam mais alto do que o modo como nos sentíamos, então me tornei mestre da dissimulação de tantas máscaras que já vesti. Em um almoço de família confidenciei minha fragilidade; só eu sabia das minhas dificuldades de falar em público sem vestir uma personagem. Na época, apps como Snapchat e TikTok começavam a fazer sucesso e eu era resistente a utilizá-los pois mensagens por vídeo engajavam mais a audiência do que posts técnicos mesclados com os inspiracionais. Eu não queria me expor dessa forma! Tentei segurar até que não deu mais: um aviso de despejo me fez tomar decisões definitivas. Nas duas formações completas que fiz do reiki, aprendi que as iniciações deveriam ser feitas presencialmente. E, desde 2018, estava iniciando novos reikianos desta forma. Lá fui eu quebrar mais um padrão novamente. Para quem estava habituada com o home office muito antes do lockdown, só precisava entender como alguns mestres estavam facilitando suas classes. Tudo aquilo que a gente deseja nos deseja também; à medida que fui conversando com outros colegas, me deparei com uma carta aberta do mestre Johnny De'Carli, tranquilizando os corações dos mestres quanto às iniciações remotas. Aquilo fez minha mente se acalmar. Finalmente, o mesmo conceito de chamadas VoIP estava sendo amplamente utilizado com o reiki. A sensação foi muito boa porque rapidamente movimentamos uma ação para reverter a iminência de ficar sem teto no meio de uma das maiores crises sanitárias e humanitárias do mundo, considerada a maior do Brasil por especialistas da Fiocruz.

Eu não estava preparada para esse evento mundial, pois tinha finalizado a transição de carreira às vésperas do fechamento das fronteiras e, assim como muitos, não imaginava que isso fosse se estender por tanto tempo. Certa vez, chorando no banho, perguntei: "Deus, me mostra o que preciso aprender com isso". Ele sibilou em meus ouvidos a resposta: "Precisa aprender a pedir ajuda, minha filha!". Maior prova de "Peça e receberás" ainda não vivi. Na minha percepção, falar de conexão estava atrelado aos meios digitais que aproximavam pessoas, encurtando distâncias, agilizando processos, tornando a vida ainda mais moderna ao fomentar relações mais rapidamente, e isso tudo sempre me encantou! Tinha me esquecido da proposta do reiki: a simplicidade e a verdade residem no coração. As pessoas estavam precisando de cuidados e não vinham ao meu encontro por medo de expor seus familiares à Covid-19. Eu também não ia porque não queria expor minha família. As pessoas ainda não estavam habituadas com o reiki remoto, tanto que era comum ouvir perguntas como: "Não é charlatanismo atender à distância?" Minha única alternativa era me adaptar à nova forma, me expor e surfar na era digital. Afinal, não valeria a pena entrar num embate científico sobre as características atômicas que ora são ondas, ora partículas, de acordo com o observador. Achei melhor seguir com toda parte científica já conhecida, que praticava nos envios a distância e agora, finalmente, tinha a bênção do "Papa do reiki" no Brasil e de outros colegas, que apenas disseram humildemente que se conectavam com muito amor com cada iniciado remoto e realizavam os procedimentos tal qual seria caso estivessem presencialmente. Era só isso que eu precisava para colocar meu plano em ação!

A superação

No final de 2019, como "eupresária", integrava uma comunidade global de networking profissional. Fiz minha estreia como palestrante em grandes eventos holísticos. Isso me ajudou a manter minha rede de contatos oxigenada durante a pandemia, bem como minha sanidade mental. Além de formar muitos reikianos, criei redes de apoio com a família, nos grupos de empresários e amigos mais próximos. Eram poucos e esporádicos os encontros para trocar calor humano, socializar entre nós e tornar aquele momento mais leve. Eu costumo dizer que o reiki também tem suas fases e, já mestre, vivi esses momentos de intensidade e relaxamento em que fui percebendo aos poucos onde e como essa energia poderia ser canalizada em minha rotina. Um dos mantras que traduz isso é "*Lokah samastah sukhino bhavantu*", num trecho do Shanti Mantra (mantra pela paz) em português: "Que todos os seres sejam livres e felizes" e no meio de tantos sinais, aprendizados e presentes, aceitei e me permiti fluir organicamente pela vida. Lembra que eu tinha uma inquietação em mim diante da utilização do reiki on-line? Decidi então unir textos e consciências à música clássica numa gravação que coloquei numa playlist e publiquei no Spotify. Assim, com o auxílio da gravação, ao iniciar a visualização dos símbolos, entoava os mantras, dava o comando mental para que a canalização do reiki se fizesse no aqui e agora, sendo possível sentir a energia fluir por onde eu desejasse que ela fosse aplicada: mãos, olhos, coração, meramente intencional ou digital, como gosto de perceber a energia. Imagine que podemos fazer nossa autoaplicação diária do reiki assistindo a um episódio da Netflix ou fazer a técnica do joelho para encurtar o tempo de aplicação e envio a distância. Pensar em rituais de 15 a 30 minutos pode parecer uma eternidade para muitos.

O corpo como captador de energia

Se o corpo já é um veículo captador e emissor de energia, da mesma forma que o celular recebe a cada micro, nanossegundos, milhares de informações, basta dar o comando para iniciar a captação do reiki. Portanto, mudando o comando, você pode mudar seu direcionamento a partir da consciência. Gosto de tirar da zona de conforto quem me escolhe para que pensem fora da caixa e apertem a tecla F5 na vida. Como uma provocadora nata, já me vi cercada de perguntas diversas feitas na intenção de tentar me constranger para verificar se eu sabia mesmo o que estava me propondo multiplicar. E é interessante perceber que o reiki, em sua simplicidade, ajuda o facilitador praticante a dizer mais "sim" do que "não" aos alunos igualmente inquietos. Digo que o reiki fica alojado no chacra cardíaco, fazendo uma analogia à sabedoria deste órgão, muito embora ele seja um injustiçado pelo senso comum e a ciência traga a cada dia mais luz sobre coração e intestino disporem de neurônios e serem tão importantes quanto nossa própria mente para o corpo humano. O coração estando no chacra central representa o ponteiro da bússola que nos guia para o norte e o reiki nos ajuda a aferir essa bússola (corpo). A captação das energias universais (*rei*) e as energias vitais provenientes da Terra e que nos mantêm vivos (*Chi* ou *Ki*) fazem uma "pororoca energética" que entra limpando, harmonizando e energizando os centros de energia (chacras) para uma melhor distribuição do *ki* por todo o corpo, assim como faz a concessionária responsável pela distribuidora de energia elétrica em sua região. Nosso corpo é um biocomputador; e, para seu bom funcionamento, o reiki contribui para regular a qualidade de nossas energias do denso ao sutil. Eu confio no reiki, eu permito que essa energia inteligente flua por mim. Aprender a respirar consciente, manter bom aporte hídrico, alimentar-se o suficiente e o mais natural possível, fazer exercícios físicos, praticar sexo (com qualidade), dormir bem e tantos outros exemplos que nos ajudam a movimentar a energia vital por nosso corpo em comunhão com o reiki; ampliando a sensação de bem-estar por ajudar a fortalecer o sistema imune, regular o sistema nervoso central para ajudar reduzir a carga de estresse, nos ajudando a lidar melhor com nossos pensamentos, sentimentos e emoções para atingirmos o equilíbrio. Isto é saúde integral: corpo físico, mental, emocional e espiritual integrados, até para que possamos passar mais tempo conectados na energia do reiki e não no wi-fi. A vida é justa, e o reiki auxilia para nos dar mais para a vida. Só com esse voto de confiança a vida olha para nós e "multiplica os pães". Cumprimos o protocolo de passar adiante o método, respeitando nossa linhagem. Como na Jornada do Mestre, eu vou descamando essa cebola até chegar ao núcleo onde o reiki é visto nu. E é nessa transparência que ele pode ser inserido na rotina do reikiano de forma mais leve. Mantenha o filtro crítico elevado para algumas promessas fáceis ou baratas demais, ou até mesmo que tentem te vender protocolos diversos para finalidades infinitas pela internet. A energia do reiki vai aonde tem que ir, fazendo o *bodyscan* da queixa que você tem ou que seu cliente trouxe, e não requer cognição demais.

***Faça o mesmo com a sua prática do reiki*:**

1. Blinde seu emocional da mente tagarela que adora criar dramas, dúvidas e resistências.
2. Saia do julgamento, competição e comparação. Estamos aqui para colaborar um com o outro, assim todo mundo ganha!

No ocidente não temos a mesma cultura oriental, que vive o aspecto dual atômico no cotidiano há mais tempo que nós. Isso não é motivo para desanimarmos ou deixarmos de experienciar essa possibilidade para aprender mais uma, duas ou infinitas possibilidades de acordo com nossas percepções diante da vida. Poderíamos passar horas conversando por aqui sobre como superei meus medos e deixei de ser asmática, como abandonei contusões, cólica renal e muitos outros milagres que o reiki me ajudou a manifestar. Atualmente, disruptiva, tenho alunos on-line no Brasil, Portugal, Angola e Estados Unidos. Sendo assim, sou grata por esse reencontro e te convido a continuar esse papo conectados pelos caminhos do metaverso.

Namastê!

Referência

STATE of global workplace report. *Gallup*, c2024. Disponível em: https://www.gallup.com/workplace/349484/state-of-the-global-workplace.aspx#ite-645944. Acesso em: 06 dez 2024.

Acesse o QR Code para conhecer mais do meu trabalho:

14

GESTÃO HUMANIZADA NA ÁREA DA SAÚDE

O QUE APRENDI PARA INICIAR MINHA MIGRAÇÃO DE CARREIRA

Neste capítulo, a autora compartilha sua trajetória pessoal e profissional, revelando desafios que moldaram sua carreira como gestora humanizada em um hospital. Ao longo dos anos, aprendeu a importância das relações humanas no ambiente de trabalho, a busca por equilíbrio em um mundo acelerado e a importância do autocuidado. Para a autora, a gastronomia serviu como uma forma de reconexão e escape emocional, ajudando-a a lidar com o estresse, promovendo uma gestão mais compassiva. A participação no programa MasterChef também trouxe uma nova perspectiva, reforçando seu foco na saúde, no bem-estar e na autorreflexão.

JULIANA NICOLI

Juliana Nicoli

Gestora na área da saúde em hospitais, chef formada pela Le Cordon Bleu Brasil. Participação memorável no programa MasterChef e palestrante. É enfermeira, com pós-graduação em Especialização em Enfermagem do Trabalho pela FGV e MBA em Gestão de Serviços. Profissional dedicada e com vasta experiência na área de gestão e gastronomia, possui competências sólidas em gerenciamento de pessoas e gestão de serviços e processos. Graduada pela Universidade Federal do Rio de Janeiro (Unirio - Outubro/2003 a Junho/2004. Estágio de Pesquisa em Análise de Óleos (CNPq) Pesquisas em Geral com Ênfase em Nutrição; Estudo da Polaridade dos Óleos Naturais e suas Aplicações; Graduação em Enfermagem pela Faculdades Integradas Tereza D'Ávila (FATEA - Lorena, SP; pós-graduação - Curso de Especialização em Enfermagem do Trabalho na Universidade São Camilo (São Paulo-SP); MBA em Gestão de Serviços pela FGV - Conexão, Taubaté (SP); Gastronomia - *Diplome de Cuisine* Completo; título de honraria (primeira brasileira a receber este título) por prato autoral - Mosaico de Peixes - que entrou para a grade de matérias do Curso Avançado de *Cuisine*, na Le Cordon Bleu São Paulo (SP).

Contatos
www.onovoserhumano.com.br/juliana-nicoli
juliana-nicoli.webnode.page
LinkedIn: www.linkedin.com/in/juliana-nicoli/
Instagram: @juliananicoli

Os obstáculos ultrapassados

Ao longo da minha vida, quando ainda criança, entendi que os obstáculos eram para serem ultrapassados; afinal, passei por alguns momentos decisivos! Não dizem que eles nos fortalecem e nos tornam encorajados? É a mais pura verdade! Tive hérnia de disco na cervical e quase fiquei paraplégica aos 12 anos. E essa não foi a única cirurgia; houve outras cirurgias importantes, no total 11, e uma delas poderia ser um câncer. Sim, poderia, graças a Deus não foi, mas descobri apenas no mês da operação que meu útero estaria salvo. Fiz uma miomectomia, retirada de um mioma que tinha tamanho de uma laranja Bahia, que em cinco meses apareceu e provocou grande medo na minha trajetória. Ultrapassar os medos é determinante, assim como encará-los ao longo da jornada. Aprenda que o medo paralisa e a coragem de enfrentar os desafios da vida, na repetição do dia a dia, te incentiva e, mais que isso, cria autoconfiança nos desafios. Mais um momento marcante foi o cuidado com a minha avó, diagnosticada com doença de Alzheimer. Talvez uma das maiores experiências de doação em minha vida, o que desencadeou muitas escolhas e desafios. Foque nos desafios que a vida impõe e nas superações, que nem sempre são escolhas nossas. Precisamos apenas vivenciá-los e, assim, experienciar os ensinamentos que futuramente serão essenciais. Foque no lado positivo de todas as experiências que viver, absolutamente tudo tem algo a te ensinar.

A escolha da enfermagem

Minha primeira escolha profissional foi nutrição, e comecei a estudar na Unirio. No entanto, após dois anos, voltei para casa e me mudei para cuidar da minha avó. Foi uma mudança silenciosa, que acabou me direcionando para a enfermagem. Minha avó faleceu em maio e eu me formei em junho. Durante esse período, minha família também empreendeu, abrindo um minimercado e, juntos, dividíamos as responsabilidades. Foi meu primeiro contato com processos administrativos, e aprendi que a gestão está em todos os aspectos da nossa vida, especialmente na gestão do tempo e na busca pela eficiência. Focar nos 20% que geram mais resultado é fundamental para otimizar o tempo e alcançar mais com menos esforço.

Ser enfermeira me trouxe muitos ensinamentos, e o mais valioso deles foi a escuta ativa. Escutar verdadeiramente vai muito além de simplesmente ouvir. Nos processos de gestão, no campo pessoal, profissional ou emocional, aprendi que ouvir envolve entender que há sempre três versões: a **minha,** a **sua** e a **verdade**, que quase nunca saberemos sem um viés. Para isso, é preciso se colocar no lugar do outro e praticar a escuta ativa, o que proporciona um entendimento mais claro e empático quanto às diferentes perspectivas.

Gestão de processos

Anos se passaram entre cuidados na assistência e em serviços muito diferentes, que me levaram à gestão sem que ao menos eu percebesse. Naturalmente, eu tinha a postura de liderar e/ou tomar para mim mais atividades nos processos em que ninguém queria estar. Este é um ponto de suma importância: processos que todos querem e disputam tornam o lugar de destaque mais distante das expectativas de cada profissional. Agora, processos que ninguém quer e lacunas deixadas são sempre locais de destaque, quando o trabalho é feito com foco, eficiência e atenção, trazendo soluções e aprimoramento para os processos. Diversificando os aprendizados, lembro-me que, quando ainda pequena, aprendi a vencer o medo, sendo esta a principal ferramenta ao longo dos anos para migrar e aprender cada vez mais sobre a assistência na saúde e processos de gestão. Eu sempre usei o medo como impulsionador para algo novo e, com isso, passei por diversas áreas, como: docente em saúde pública; enfermeira responsável pela vigilância sanitária e epidemiológica; enfermeira de saúde da família, auditora e enfermeira do trabalho de um plano de saúde e autogestão do Banco do

Brasil; enfermeira de plantões em uma Santa Casa sem Unidade de Terapia Intensiva com atendimento de pronto-socorro referenciado, até assumir a gerência de enfermagem. Fui diretora de saúde I na Secretaria do Estado da Saúde com 39 municípios; e ainda segui com consultorias em gestão de serviços de saúde. Essa trajetória abriu a oportunidade de atuar como gestora em um Hospital no Vale do Paraíba, com 500 funcionários. Toda passagem pela área da saúde foi importante demais e me transformou muito, me obrigando a ter um controle emocional e uma frieza peculiar; afinal, dava um aviso de óbito e, minutos depois, dava um aviso de nascimento. Momentos antagônicos e de grande aprendizado.

Cuidado holístico

Na minha trajetória na saúde, aprendi que o cuidado holístico é essencial para o bem-estar humano. Todos nós compreendemos as coisas de formas diferentes – alguns são auditivos, outros visuais, sinestésicos ou táteis. Por isso, como profissionais de saúde, é fundamental simplificar nossa linguagem para que todos possam entender, seja na assistência médica, seja em qualquer outra área.

Durante esses anos, a cozinha se tornou minha válvula de escape, uma forma de me reconectar comigo mesma. Meu amor pelos alimentos e pela gastronomia só cresceu ao longo do tempo, sempre me remetendo às memórias da infância, aos almoços de domingo em família e à ternura que minha avó trazia à mesa. Foi através da comida que consegui me reconectar com meu eu mais profundo, trazendo de volta a paixão e a leveza ao meu dia a dia.

Percebo que o cuidado com os outros está diretamente ligado ao cuidado conosco mesmos. Quando nos olhamos com atenção e carinho, naturalmente fortalecemos nossos sentimentos mais profundos. Isso se reflete também no papel de liderança. Um gestor pode ser um líder ou um chef, mas a verdadeira diferença está na forma como ele enxerga o outro, respeitando suas individualidades e conduzindo sua equipe para o crescimento e resultados como um todo.

Gestão de pessoas

Na época em que cursava enfermagem, cuidava da minha avó acamada e enfrentava um processo demencial, entendi que o cuidado verdadeiro está nas pessoas. Eu, como cuidadora, sofria com a doença mais do que ela, que era a diagnosticada. Aprendi que, seja na assistência, seja na gestão, é essencial olhar para o ser humano. Trabalhei seis anos na área assistencial e mais de quatro anos na gestão, um período de intenso aprendizado sobre as relações humanas.

A **gestão de pessoas é uma arte** que, embora possa ser estudada em escolas ou cursos, é realmente vivenciada no dia a dia. Enfrentei diversas situações desafiadoras como enfermeira, e uma delas foi durante uma enchente em que pessoas perderam tudo, incluindo familiares. Nos abrigos, elas dependiam de doações, mas, acima de tudo, do nosso apoio emocional. Foi quando compreendi a **importância da comunicação**. A **forma como falamos pode acolher ou ferir**, e nesses momentos a maneira de dizer as coisas é tão importante quanto o que se diz.

Mais tarde, como gerente de enfermagem, aprendi que cargos não definem pessoas, mas os KPIs, ou indicadores-chaves de desempenho, sim. Esses indicadores permitem ao gestor uma visão ampla da organização, focando no desenvolvimento dos profissionais para ajudar a gerenciar o sucesso das estratégias. São essenciais para otimizar recursos, identificar oportunidades e melhorar a eficiência em todos os níveis. Essas ferramentas mostram a eficácia de um profissional, além de ajudarem a alinhar os objetivos de toda a equipe ou empresa. Isso reforça o conceito dos 20% que geram 80% dos resultados, guiando-nos na busca por eficiência e aprimoramento contínuo.

O Papa no Brasil

Continuando minha jornada como gerente de enfermagem, vivenciei um momento essencial durante a elaboração do plano de ação para a chegada do Papa no Brasil. Com uma equipe multidisciplinar envolvida, não havia espaço para erros. O ponto mais marcante foi quando percebi que, apesar de não termos uma UTI na unidade em que eu trabalhava, tínhamos os equipamentos necessários para montar uma, caso fosse preciso. Foi aí que aprendi uma lição valiosa: a proatividade é essencial para qualquer profissional em ascensão.

Decidi ligar para os técnicos responsáveis pelos respiradores e outros equipamentos e, com a ajuda deles, montei os leitos de UTI. Sabia que, em uma emergência, talvez não tivéssemos tempo para transferir os pacientes. Esse gesto simples de antecipar cenários críticos e agir rapidamente refletiu minha convicção de que a gestão do tempo é fundamental. No meio desse processo, enfrentei um obstáculo: derrubei a rede de ar comprimido do hospital. Mas, como sempre, é nas soluções mais simples que encontramos grandes aprendizados. Utilizamos cilindros para os respiradores e, assim, conseguimos montar quatro leitos de UTI e dois de semi-intensiva. Felizmente, no dia do evento, não foi necessário utilizá-los, mas esses leitos estão hoje em pleno funcionamento na unidade.

Esse episódio me ensinou sobre a importância de prever obstáculos, assim como inspirou outros profissionais a se interessarem por como gerir grandes eventos e situações críticas. Trabalhar com pessoas é uma verdadeira arte e, ao longo do tempo, aprendi que, como gestora, precisava enxergar além das entrelinhas. A alocação correta dos profissionais, respeitando suas vocações, é essencial para o sucesso do trabalho. Sempre valorizei um ambiente tranquilo, em que cada pessoa soubesse exatamente qual era seu papel e o impacto de suas ações.

Para atuar na gestão, o aprimoramento contínuo é indispensável. Fiz MBA em gestão, aprofundando ainda mais meu conhecimento nessa área fascinante. Cada experiência na saúde moldou minha visão de mundo e reforçou a importância de uma assistência humanizada. Trabalhar com pessoas em momentos de vulnerabilidade exige um olhar sensível, focado em oferecer o melhor cuidado possível.

Meu aprendizado

Conquistei inúmeras lições, embora todos tenham uma paixão! A minha sempre esteve na gastronomia, nos alimentos e no prazer de cozinhar. Minha primeira escolha acadêmica foi nutrição, mas precisei interromper os estudos para cuidar da minha querida vó Cândida. No entanto, a cozinha se tornou meu refúgio. Era onde eu encontrava paz e me conectava comigo mesma. Passava horas preparando pratos, e esse amor pela culinária só crescia com o tempo.

Como uma mulher estratégica, sempre gostei de planejar o futuro. Em 2017, durante um curso de marketing digital que, na época, não tinha nada a ver com meu trabalho, escrevi uma estratégia de vida. Decidi que em 2020 eu mudaria de profissão, dando início a um novo capítulo, focado na gastronomia. Esse planejamento era, na verdade, a retomada de um sonho antigo. No entanto, a vida é cheia de surpresas. Em 2018, enfrentei um ano de muitas mudanças, tanto pessoais quanto profissionais. Estava no meio de um grande desafio: migrar todo o atendimento SUS do hospital onde trabalhava para outra unidade, enquanto a instituição passava a atender apenas pacientes particulares e de convênios. Além disso, minha vida pessoal também exigia muito de mim, com inúmeros encontros e eventos familiares, nos quais, naturalmente, eu assumia a cozinha e me reconectava com minha paixão pela gastronomia.

Com essa vontade de mudar cada vez mais forte, arrisquei. Na virada de 2018 para 2019, me inscrevi para o MasterChef Brasil Amadores. Com mais de 33 mil inscritos, fiquei surpresa ao ser chamada para o teste apenas 27 minutos após enviar minha ficha. Passei pelas fases de seleção e, entre 19 participantes, segui firme até chegar ao top-4 da competição. Foi uma experiência incrível, um verdadeiro sonho realizado. Essa jornada me mostrou que seguir nossas paixões pode ser desafiador, mas é também transformador. A gastronomia, para mim, não era apenas uma escolha de carreira, mas uma forma de vida, uma maneira de me expressar e de me reconectar com o que realmente amo.

MasterChef

Participar do MasterChef foi, sem dúvida, uma experiência desafiadora. Enfrentar a pressão, cozinhar o desconhecido e lidar com as expectativas *versus* a realidade de um reality-show foi intenso. Quando saí do programa, tive que tomar uma das maiores decisões da minha vida: continuar na gestão ou seguir o sonho da gastronomia. Decidi me entregar à paixão e fiz a migração de carreira. Para mim, qualquer profissão exige embasamento técnico e estudo; por isso, optei por estudar na Le Cordon Bleu em São Paulo. Fiz o *Diplome de Cuisine* enquanto estagiava e participava de eventos, aproveitando ao máximo cada oportunidade de aprendizado.

Sempre acreditei na importância de planejamento e aprimoramento, mas o MasterChef antecipou esse processo para mim. Durante o programa, aprendi na prática o que é gestão de crises. A internet é um território vasto e imprevisível, e enquanto muitos viam em mim uma mulher empoderada nas telinhas e mídias sociais, outros me rotulavam como vilã. Foi uma lição valiosa sentir na pele o impacto dessa dualidade. No entanto, o tempo mostrou quem eu sou, e hoje recebo o carinho de muitas pessoas que se identificaram com minha trajetória.

Após concluir meus estudos, tive que recomeçar. Sim, tudo o que vivi na área da saúde parecia "resetado" com a migração de carreira. Trabalhar na gastronomia foi uma experiência rica, que me levou a diferentes áreas: televisão, eventos, conteúdos digitais, consultorias e chef de cozinha. Cada uma dessas experiências reforçou minha essência como gestora, algo que nunca deixei para trás.

Atualmente, trabalho na Wessel, uma marca de carnes nobres, onde estou à frente do *go-to-market* (GTM), um processo estratégico de reposicionamento da marca no mercado. Nesse ponto, a Juliana gestora e a Juliana da gastronomia se encontram, criando uma sinergia poderosa entre minhas habilidades de gestão e minha paixão pela gastronomia e saúde. Este é um momento único, em que todas as experiências adquiridas ao longo dos anos se unem e se tornam a base para o meu sucesso atual. O equilíbrio entre estas duas esferas – gestão e gastronomia – é o que me fortalece e me impulsiona a continuar crescendo profissionalmente.

Realização de sonhos

E sabe do que mais? Sempre digo: "Todo mundo é capaz de realizar sonhos e de conquistar objetivos!". Cada ser humano tem seu propósito e sua jornada, diante dos desafios diários somos convidados a crescer, evoluir e amadurecer nosso olhar para universo e pessoas que aqui estão; e quando falamos de processos e gestão, usamos não somente no lado profissional de cada um de nós, mas 24 horas do nosso dia. A partir do momento em que tratamos tudo como aprendizagem e evolução, a perspectiva muda e entendemos que o crescimento é contínuo e progressivo.

A era digital trouxe velocidade de informação e de formas de aprendizado e comunicação, mas não exclui em nada a necessidade de troca presencial e um café para discussões ricas e entender o outro, olhando olho no olho e aprendendo a absorver o que as entrelinhas falam por cada um.

O "novo ser humano" precisa encontrar o equilíbrio entre o avanço tecnológico e as necessidades de assistência presencial a fim de conquistar uma vida com mais saúde e felicidade na era digital.

Acesse o QR Code para conhecer mais sobre a minha trajetória:

15

ANÁLISE QUÂNTICA EM MEDICINA INTEGRATIVA

O capítulo apresenta as contribuições de dois renomados especialistas, dr. Konstantin Korotkov, PhD e MSc; e dr. Godofredo Pignataro Neto, PhD e MSc, que compartilham seus conhecimentos sobre ciência e saúde integrativa, explorando o impacto da energia humana e suas interações com o ambiente. Os autores oferecem uma visão profunda sobre como a ciência contemporânea está integrando conceitos antigos e modernos para proporcionar mais saúde, equilíbrio e evolução pessoal, como a técnica de imagem eletrofotônica, Bio-Well.

DR. GODOFREDO NETO PIGNATARO, PHD, E DR. KONSTANTIN KOROTKOV, PHD

Dr. Godofredo Neto Pignataro, PhD

CROSP 29638

Cirurgião-dentista com mais de 40 anos de experiência clínica, mestre e doutor em fisiologia oral. Foi professor auxiliar em Oclusão e Prótese Fixa no Centro Universitário Hermínio Ometto (1990-1999) e é membro fundador da Associação Brasileira Pedro Planas (ABPP-RNO). É presidente da Bio-Well do Brasil, sócio-proprietário da clínica Centro Salutares, em Araras-SP, e idealizador do Simpósio Resonance (2023).

Contatos
www.onovoserhumano.com.br/dr-godofredo-neto-pignataro
www.biowellbrasil.com.br/
www.centrosalutares.com.br/
Instagram: @neto_pignataro

Dr. Konstantin Korotkov, PhD

Cientista russo de renome internacional em bioenergética humana, é professor de Física na Universidade Estadual de São Petersburgo e Pesquisador Sênior no Instituto de Pesquisa de Cultura Física e Esporte. Presidente da Bio-Well Company, já apresentou palestras em 56 países e mais de 100 conferências globais. Foi destaque no Simpósio Resonance em São Paulo, celebrando os dez anos da Bio-Well no Brasil.

Contatos
www.onovoserhumano.com.br/dr-konstantin-korotkov
LinkedIn: www.linkedin.com/in/kvkorotkov/

Introdução

Dispositivos baseados em princípios quânticos têm sido empregados cada vez mais como auxiliares de diagnósticos médicos. Desde o início do século XX, as máquinas de raios-X revolucionaram a medicina ao fornecer a primeira visualização interna do corpo humano. Em meados do século, métodos de endoscopia, como colonoscopia e gastroscopia, foram difundidos, permitindo a inspeção visual da mucosa de esôfago, estômago e duodeno por meio de um endoscópio óptico. A endoscopia passou, então, a ser amplamente utilizada em cirurgias minimamente invasivas.

Finalmente, no final do século XX, introduziu-se a tomografia computadorizada (TC), exame não invasivo que analisa a estrutura interna de objetos, incluindo o corpo humano, em camadas. Um feixe de raios-X examina o corpo, sendo absorvido de maneira desigual por tecidos de diferentes densidades. A máquina captura imagens de seções transversais, enquanto o software converte os dados em imagens tridimensionais, permitindo ao médico visualizar as características de órgãos e partes do corpo.

Em seguida, foi desenvolvido o método de geração de imagens por ressonância magnética, fundamentado nas propriedades de um campo magnético de alta potência (ressonância nuclear magnética), que provoca movimentação dos átomos de hidrogênio no corpo humano. O aparelho emite pulsos eletromagnéticos, cuja resposta é registrada e convertida em imagens tridimensionais.

A tomografia por emissão de pósitrons (PET) é uma técnica da medicina nuclear que registra raios gama gerados pela colisão de pósitrons, liberados após a administração de um medicamento radioativo, com elétrons. Os fótons resultantes são capturados por sensores e processados por software, gerando imagens. Tecidos patológicos, como tumores malignos, acumulam radionuclídeos de forma mais intensa que os saudáveis, facilitando o diagnóstico. Os métodos tomográficos são amplamente usados na medicina, fornecendo dados exclusivos sobre a estrutura de tecidos e órgãos, inclusive neoplasias. Simultaneamente, cresce a disponibilidade de dispositivos acessíveis e de fácil uso, baseados em princípios quânticos, para pequenos centros de medicina integrativa (Korotkov, 2023). Centenas de métodos utilizam a análise da radiação corporal em diversas faixas espectrais (Korotkov, 2023), alguns dos quais serão discutidos brevemente.

1. **Técnica de imagem eletrofotônica (EPI)**: o aumento do estresse e da ansiedade na sociedade moderna afeta diversas atividades, prejudica o sono e contribui para a síndrome da fadiga crônica, já reconhecida como doença crônica em muitos países. Há um método para identificar a causa subjacente desses problemas e promover a saúde das pessoas. A técnica de imagem eletrofotônica possibilita a análise detalhada das condições fisiológicas e psicológicas de um indivíduo. No dispositivo Bio-Well, impulsos eletromagnéticos curtos são aplicados às pontas dos dedos, estimulando a emissão de fótons e elétrons da pele. Esses fótons são amplificados no plasma frio de uma descarga gasosa de baixa corrente e capturados por uma câmera óptica sensível, gerando uma imagem de luz ao redor da ponta do dedo (Figura 1). Um software dedicado (www.bio-well.com) utiliza algoritmos não lineares para produzir parâmetros e imagens que revelam a condição do indivíduo.

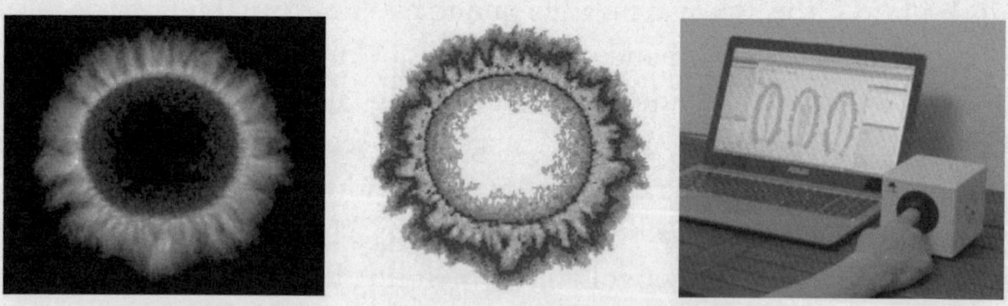

Figura 1. a) imagem original do brilho gerado ao redor do dedo; b) após o processamento pelo computador; c) fase do registro pelo dispositivo Bio-Well.

Fonte: acervo da bio-well.com.

O método EPI tem se difundido amplamente, com dados significativos coletados nas áreas de medicina, psicologia e esportes profissionais (Korotkov, 2018a; Korobka *et al.*, 2018; Shiva *et al.*, 2016; Bhat *et al.*, 2016; Dobson *et al.*, 2005; Rgeusskaja *et al.*, 2009; Korotkov, 2017; Korotkov, 2018b; Kostyuk *et al.*, 2011; Sankhala *et al.*, 2020; Yakovleva *et al.*, 2021; Drozdovski *et al.*, 2012). Artigos sobre diversas aplicações estão disponíveis no site www.iumab.club e em repositórios acadêmicos. No Brasil, várias universidades adotam o método para pesquisas, resultando em diversas teses de doutorado defendidas. A análise é quase instantânea, e o sistema Bio-Well de registro e processamento de imagens eletrofotônicas mede o nível de energia (em Joules), o nível de estresse (em uma escala de 0 a 10) e o equilíbrio simpático-parassimpático.

O nível de estresse integral (fisiológico) é avaliado em unidades de 0 a 10, com 10 indicando o máximo de estresse.

- **0-2** – Uma pessoa completamente relaxada, o que pode ser devido a vários motivos: meditação profunda, paz interior total; influência de substâncias psicodélicas; sono profundo em uma fase calma; depressão crônica etc. Esse pode ser tanto um estado natural para certas pessoas raras quanto um indicador de estagnação e patologia.
- **2-3** – Um estado normal de calma.
- **3-4** – Um estado de ansiedade. Na fase crônica, pode ser a causa de muitos distúrbios funcionais.
- **4-6** – Estado de excitação, típico de trabalho ativo, excitação emocional, atividade estressante. Um estado típico de executivos, militares e funcionários com grandes responsabilidades.
- **5-8** – Pelo menos cinco situações possíveis: 1. Reação a uma situação estressante anterior (conversa desagradável, doença, dirigir em condições estressantes etc.). Nesse caso, o paciente deve ser tranquilizado e a medição deve ser repetida em meia hora. 2. Nervosismo excessivo, estresse acumulado por um longo período, tensão emocional, distúrbios vegetativos. 3. Pessoas com um tipo especial de mentalidade, capazes de mudar rapidamente de um estado de extrema excitação, nervosismo, para um estado calmo. 4. Crianças em um estado de excitação nervosa. 5. Alta temperatura ambiental.
- **8-10** – Nível de estresse muito alto, pico de excitação emocional.

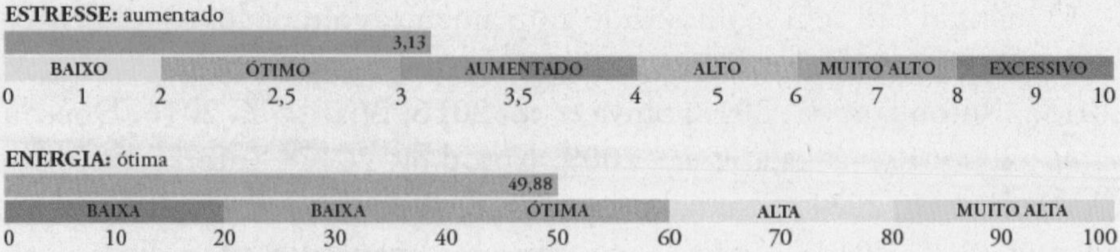

Figura 2. Medição dos níveis de estresse e energia no sistema Bio-Well.

O software fornece informações por meio de gráficos, diagramas e imagens do biocampo ou campo de energia ao redor do corpo, um conceito amplamente adotado na medicina integrativa. Esse conceito fundamenta a compreensão de diversos métodos de tratamento (Wisneski, 2017 & Mills, 2010). Após anos de prática, foi desenvolvida uma classificação dos biocampos com base nas medições do Bio-Well.

O primeiro nível indica uma pessoa aparentemente saudável, caracterizada por alegria ao acordar e apreciação pela vida. Com base na medição do brilho dos dedos no campo eletromagnético, o software Bio-Well gera uma imagem do campo de energia humana, refletindo seu estado físico e emocional (Figura 3), baseada no conceito de pontos de acupuntura e corroborada por mais de 20 anos de pesquisa clínica. O campo de uma pessoa saudável apresenta-se plano, denso e sem lacunas ou surtos significativos, assemelhando-se a uma concha que envolve o corpo físico. Esse tipo de campo sugere que a pessoa não enfrenta problemas físicos nem estresse, mantendo um bom humor. Além disso, a imagem (Figura 3) representa a realidade física, pois todos emitimos ondas eletromagnéticas geradas por células do cérebro, coração, músculos – são todas as células do nosso corpo. Assim como é feito em medições como o cardiograma e o encefalograma, que decorrem dos princípios da física, se há potenciais elétricos na superfície do corpo, eles geram um campo no espaço.

Essa é a lei da física. Nós emitimos fótons, quanta de luz. Somos criaturas de luz! Isso é um fato científico comprovado. Mas os fótons são partículas e ondas, portanto, emitimos ondas em uma ampla faixa de espectro. Além disso, emitimos moléculas, sentimos cheiros, e cada pessoa tem um cheiro diferente. Isso também faz parte do campo biológico. Portanto, não há nada de místico no biocampo, e ele agora é oficialmente reconhecido no mundo científico (Wisneski, 2017 & Mills, 2010; Rubik's, 2002).

Com o Bio-Well, mensuramos a energia de fótons estimulados emitidos pelos dedos.

Característica da energia fisiológica do corpo e, a partir da experiência empírica com milhares de pacientes em diferentes partes do mundo, conseguimos obter os níveis de energia e estresse ideais para uma pessoa. Uma pessoa na Figura 3 tem um nível de energia ideal de 62 J ($\times10^{-2}$) ou 62 pJ e o nível de estresse integral é de 2,5, o que é ideal dentro dos parâmetros de normalidade do sistema.

De acordo com as teorias metafísicas orientais e os princípios da medicina ayurvédica, há sete “chacras” ou centros de energia integrados que afetam o bem-estar físico, mental, emocional e espiritual. Esses “discos” de energia estão localizados na coluna vertebral do cóccix até o topo da cabeça, ressoando em diferentes frequências. O software Bio-Well quantifica a energia dos chacras, exibe seu nível de ativação e indica se esse nível de ativação está acima ou abaixo dos valores médios encontrados em muitos controles saudáveis. A distribuição e o alinhamento dos chacras ao longo do Sushumna – a linha central da medula espinhal – são considerados essenciais para o equilíbrio energético (Figura 3).

Chacras centrais estão associados à estabilidade psicológica. Frequentemente, a linha ideal dos chacras é observada em indivíduos após a meditação. Normalmente, em pessoas calmas com níveis de estresse, os chacras podem estar ligeiramente desequilibrados ou desviados da linha central, refletindo seu estado psicológico. Por exemplo, na Figura 4, um chacra do coração (Anahata) maior sugere que a pessoa está experienciando emoções em relação a alguém próximo.

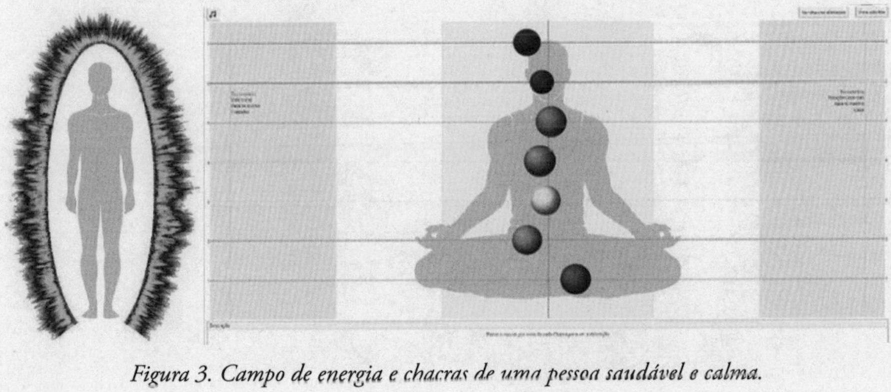

Figura 3. Campo de energia e chacras de uma pessoa saudável e calma.
Fonte: acervo da bio-well.com.

O próximo nível de homeostase caracteriza pessoas com problemas de saúde, mas sem doenças agudas, que levam uma vida normal. A maioria das pessoas se enquadra nessa categoria. A condição dessas pessoas varia conforme o estado atual, a hora do dia, a fadiga e, especialmente, o nível de estresse, refletindo-se na imagem do campo biológico. A Figura 4 ilustra um exemplo desse tipo de campo.

O campo tem lacunas, heterogeneidade e é assimétrico, embora seja suficientemente forte. O nível de estresse de 3,79 é elevado, típico de pessoas com ansiedade crônica. Sua condição e, portanto, a imagem do campo, podem variar muito, dependendo do humor psicológico. Um especialista experiente pode identificar áreas de atenção e recomendar quais exames devem ser feitos e quais medidas devem ser tomadas para prevenir doenças. O nível de energia é de 51 J ($\times 10^{-2}$) ou 51 pJ, que é o ideal.

Na Figura 4, observa-se um biocampo humano sem lacunas, mas com emissões e irregularidades acentuadas, cada uma refletindo o estado de diferentes sistemas e órgãos, permitindo que um médico experiente avalie o risco à saúde. Doenças provocam um aumento na energia corporal, manifestando-se em elevações de temperatura, pressão arterial e atividade do sistema imunológico, todos dependentes de oxigênio. O coração responde a esses sinais redistribuindo sangue e oxigênio, conforme necessário. As emissões na imagem do biocampo ilustram esse processo, indicando que a pessoa apresenta um nível de estresse de 4,27, caracterizando ansiedade e estresse moderado. No entanto, a energia na faixa ideal é de 63 J ($\times 10^{-2}$) ou 63 pJ, o que é um bom indicador.

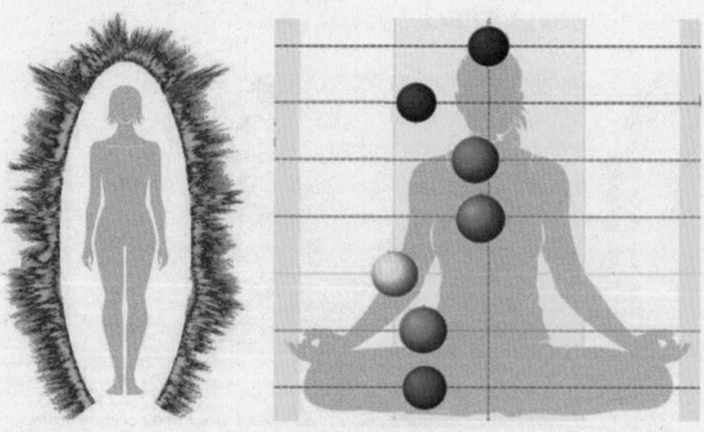

Figura 4. Campo de energia e chacras de pessoas com nível mais baixo de homeostase. Fonte: acervo da bio-well.com.

Na Figura 4, observa-se que os chacras estão deslocados para a esquerda, o que sugere problemas interpessoais. O deslocamento do 6º chacra (Ajna) indica dependência da opinião de terceiros, falta de autoconfiança e ansiedade. Além disso, as alterações nos três chacras inferiores sugerem que os problemas estão associados a situações externas, como questões relacionadas ao emprego ou estresse com amigos e pessoas próximas, comprovando o papel do estresse em nossas vidas.

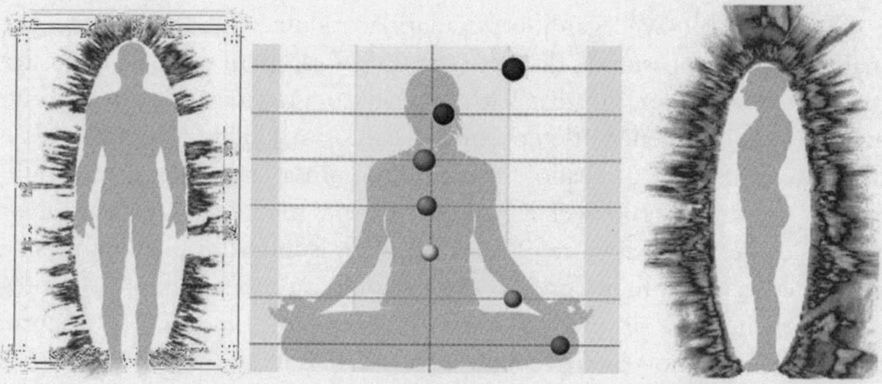

Figura 5. Campo de energia e chacras de uma pessoa em estresse e em estado alterado de consciência.

Fonte: acervo da bio-well.com.

A Figura 5 ilustra o biocampo humano sob estresse, apresentando um nível de estresse de 7,6 e uma energia de 33 J $(\times 10^{-2})$, indicando estresse elevado e baixa energia. Os chacras são significativamente menores em comparação com casos anteriores, com os chacras superiores e dois inferiores deslocados para a direita, refletindo intensos sentimentos emocionais relacionados a perda de sentido da vida e dificuldades pessoais. É importante notar que um campo de energia grande não necessariamente indica boa saúde, pois existe uma faixa de normalidade que pode variar entre indivíduos. Para facilitar essa avaliação, está sendo desenvolvida uma ferramenta on-line que substituiria a necessidade de consulta a um especialista qualificado.

O estado alterado de consciência (ASC) é uma condição específica que pode resultar de diversas situações, incluindo meditação profunda, oração intensa, criatividade artística, hipnose, privação de sono ou oxigênio, trauma, infecção grave, uso de drogas psicodélicas e epilepsia do lobo temporal. Geralmente, um ASC influencia de maneira particular o biocampo, como demonstrado na Figura 5.

Essa imagem foi obtida durante um ritual *Ajurvasco* com música rítmica induzindo a um estado de transe. Embora a imagem esteja muito distorcida, os lados esquerdo e direito não estão equilibrados e há grandes lacunas. Essa condição é especialmente relevante para neurologistas, psiquiatras e pesquisadores que investigam a natureza da consciência.

Conclusão

O método Bio-Well ganhou popularidade global, sendo utilizado por mais de 3 mil profissionais de saúde em 65 países. Além da análise, o sistema oferece o BioCor, um dispositivo exclusivo que auxilia na correção do estado e equilíbrio energético por meio de música e altas frequências. Esse dispositivo deve ser utilizado em conjunto com a configuração de áudio Chakra do software Bio-Well. Com base em suas frequências, gera arquivos de música personalizados enviados ao BioCor e aplicados por de fones de ouvido especiais, juntamente com alta frequência modulada por sua própria frequência. O sistema Bio-Well está em contínuo desenvolvimento, proporcionando novos programas e dispositivos para promover a saúde dos usuários e ajudá-los a beneficiar outras pessoas.

Referências

BHAT, R. K. *et al.* Correlation of electrophotonic imaging parameters with fasting blood sugar in normal, prediabetic, and diabetic study participants. *Journal of Evidence-Based Complementary & Alternative Medicine*. v. 22, n. 3, p. 441-448, 2016. doi: 10.1177/2156587216674314.

DOBSON, P; O'KEEFFE, E. The efficacy of the gas discharge visualization technique as a measure of physical and mental health. *In*: IEEE SYMPOSIUM ON COMPUTER-BASED MEDICAL SYSTEMS, 18., 2005, Dublin. *Proceedings*... Dublin: IEEE, 2005.

DROZDOVSKI, A. *et al.* Express-evaluation of the psycho-physiological condition of Paralympic athletes. *Open Access Journal of Sports*, n. 3, p. 215-222, 2012.

KOROBKA, I. E. *et al.* Electrophotonic imaging technology in the diagnosis of autonomic nervous system in patients with arterial hypertension. *Journal of Applied Biotechnology and Bioengineering*, n. 5, p. 112-118, 2018.

KOROTKOV, K. G. *The energy of health*. 1. ed. Amazon.com Publishing, 2017.

KOROTKOV, K. G. *A energia da saúde*. Amazon.com Publishing. 2018a.

KOROTKOV, K. Review of EPI papers on medicine and psychophysiology published in 2008-2018. *International Journal of Complementary and Alternative Medicine*, v. 11, n. 5, p. 311-315, 2018b. doi:10.15406/ijcam.2018.11.00417.

KOROTKOV, K. *The principles and practice of the integrative medicine*. Amazon.com Publishing, 2023.

KOSTYUK, N. *et al.* Gas discharge visualization: an Imaging and Modelling Tool for Medical Bometrics. *International Journal of Biomedical Imaging*, 2011:196460, 2011. doi:10.1155/2011/196460.

MILLS, P. J.; JAIN, S. Biofield therapies and psychoneuroimmunology. *Brain, Behavior, and Immunity*, v. 24, n. 8, p. 1229-1230, 2010. doi: 10.1016/j.bbi.2010.07.246.

RGEUSSKAJA, G. V.; LISTOPADOV, U. I. Medical technology of electrophotonics – Gas discharge visualization in evaluation of cognitive functions. *Journal of Science of Healing Outcome*, v. 2, n. 5, p. 15-17, 2009.

RUBIK'S, B. The biofield hypothesis: its biophysical basis and role in medicine. *Journal of Alternative and Complementary Medicine,* v. 8, n. 6, p. 703-717, 2002. doi: 10.1089/10755530260511711.

SANKHALA, S. S. *et al.* Determining bioenergy field of autistic and normal healthy children: an electrophotonic imaging study. *International Journal of Community Medicine and Public Health,* v. 7, p. 1547-1554, 2020.

SHIVA, K. K. *et al.* Electrophotonic imaging based analysis of diabetes. *International Journal of Alternative and Complementary Medicine*, v. 4, n. 5, p. 134-139, 2016.

WISNESKI, L. A. *The scientific basis of integrative health*. Boca Raton: CRC Press, 2017.

YAKOVLEVA E. G. *et al.* Results of research on identifying patients with colon neoplasias with gas discharge visualization technique. *Research Trends and Challenges in Medical Science*, v. 9, n. 5, p. 16-27, 2021.

Acesse o QR Code para conhecer mais do nosso trabalho:

16

SABOTADORES INTERNOS

ENTENDENDO COMO ELES TE IMPEDEM DE ALCANÇAR O MELHOR DE SI

No capítulo, a autora explora a metáfora da tigresa branca Mohini, que, mesmo liberta de sua jaula física, permaneceu presa em uma jaula mental e emocional. Letícia Linton conecta essa história aos nossos "sabotadores internos", padrões de pensamento limitantes que nos impedem de alcançar nosso potencial; ela menciona sua própria jornada de autotransformação. Inspirando-se no conceito de inteligência positiva de Shirzad Chamine, ela mostra como esses sabotadores moldam nossas crenças e comportamentos, restringindo nossa liberdade e crescimento pessoal. Ao desafiar essas limitações e romper nossas próprias barreiras, podemos alcançar uma vida mais plena e autêntica.

LETÍCIA LINTON

Letícia Linton

Empresária e designer de joias, palestrante e facilitadora de imersões de autoconhecimento e desenvolvimento pessoal. Empresária há mais de 20 anos no ramo da joalheria na LBL Design. É uma *self-made woman* que iniciou sua carreira como designer de joias estudando gemologia, design e cristaloterapia e hoje é um ícone do ramo, reconhecida no Brasil e internacionalmente. Suas joias *one of a kind* já desfilaram em renomadas celebridades nas principais premiações e *red carpets* de Los Angeles. Também se dedica a inspirar pessoas com seus conhecimentos de psicologia positiva, ciência do bem-estar, autorrealização e respirações, adquiridos em suas formações de ioga, meditação e ayurveda em Nosara, na Costa Rica, vivências no Esalen Institute, considerado a meca da Nova Era, na Califórnia/EUA, e formações em Coaching pelo IBC (Instituto Brasileiro de Coaching) e pelo maior programa de treinamentos dos EUA, o CTI Co-Active, já presidido por Shirzad Chamine, referência no estudo dos sabotadores e autor do livro *Inteligência positiva*.

Contatos
www.onovoserhumano.com.br/leticia-linton
www.joybyleticia.com/
www.leticialinton.com/
Instagram: @joybyleticia

A história da tigresa branca Mohini: sobre jaulas mentais e emocionais

O que você pensa quando ouve "tigresa branca"? Eu penso em beleza, poder, liberdade, criaturas ferozes e perigosas. Quando me deparo com tamanha beleza e majestade, sempre fico admirada. Tigres brancos são, de fato, animais muito raros, preciosos e magníficos.

A jornada da tigresa branca Mohini é assim: nos anos 1960, o presidente dos Estados Unidos, Eisenhower, recebeu como presente uma tigresa branca chamada Mohini. Ela foi enviada para viver no zoológico de Washington. Naquela época, as jaulas eram de três metros quadrados e feitas de concreto e barras de ferro. As pessoas sempre a viam andando nervosamente, de um lado para o outro, ano após ano. O zoológico só conseguiu dinheiro para um espaço novo e muito maior para a tigresa quando um patrocinador finalmente decidiu que o investimento para acabar com o terrível sofrimento de Mohini valia a pena. A nova área tinha cerca de 5.000 metros quadrados, com colinas, árvores, água e uma variedade de vegetação. Todos estavam ansiosos para ver como Mohini reagiria ao seu novo e lindo ambiente. No entanto, a tigresa procurou o canto mais afastado do novo lar, onde começou a andar de um lado para o outro em uma área de três metros quadrados, e continuou andando até que a grama desapareceu. Mohini fez isso até sua morte.

A experiência vivida pela tigresa Mohini é profundamente comovente. Uma criatura bela e magnífica, condicionada a caminhar para sempre em uma jaula pequena e desconfortável. Além disso, é uma metáfora muito perturbadora para aqueles de nós, humanos, que não estão dispostos ou não conseguem se libertar de nossas jaulas imaginárias. Infelizmente, muitos de nós tendemos a agir como Mohini, como se estivéssemos condicionados a criar constantemente jaulas invisíveis, mentais e emocionais, limitando-nos dentro dessas jaulas.

O que perdemos ao ficar na jaula?

A maioria das pessoas sente falta das coisas que nunca fez, das experiências que nunca teve.

Rompendo barreiras

Como alguém que quebrou várias barreiras, eu teria perdido um mundo de oportunidades que, no final das contas, me permitiram viver a vida ao máximo. Para mim, quebrar barreiras sempre me atraiu. Quando decidi ir "quarentenar" para visitar minha filha, que estava estudando nos Estados Unidos, em 2020, fui parar na Costa Rica. Nunca tinha sido uma rota de turismo conhecida para mim, mas pensei: "Está aí – conhecer um lugar que é uma das cinco *blue zones* do mundo, a meca da ioga e do surf, por que não?"

La fui eu sozinha me aventurar; e como eu adoro aprender e me desafiar, me inscrevi para uma formação de ioga, meditação e ayurveda que foi um *turning point* na minha vida! Estendi minha estada por lá.

Depois de 30 dias eu não queria mais ir embora daquele lugar e com certeza a Letícia já não era mais a mesma, pois a minha expansão da consciência foi gigante. Eu desafiei minha mente, meu corpo, aprendi a surfar, acordava às 4h45 com os macacos como meu despertador natural. Conheci meninas do mundo inteiro com realidades diversas. Voltei ao meu relógio biológico, estava uma menina livre, leve e solta, totalmente conectada com minha verdadeira essência!

Quantas vezes nos vemos presos em jaulas que criamos para nós mesmos, limitados por pensamentos e crenças que nos impedem de alcançar nosso potencial?

Esses pensamentos que nos bloqueiam são o que Shirzad Chamine[1] chama de "sabotadores internos" em seu livro *Inteligência positiva*. Eles são responsáveis por nos afastar de nossos objetivos, nos impedindo de crescer e evoluir.

O que é inteligência positiva?

1 Shirzad Chamine é autor de *Inteligência positiva* e criador do conceito de quociente de inteligência positiva (PQ), que mede a força mental para enfrentar desafios positivamente. Seu trabalho combina neurociência e psicologia positiva, ajudando líderes a superarem pensamentos sabotadores. Ele também foi presidente de um programa de coaches da Universidade Stanford.

Segundo Chamine, a inteligência positiva é a capacidade da nossa mente de agir a nosso favor, em vez de contra nós mesmos. Quando nossa inteligência positiva é alta, conseguimos encarar desafios de forma mais leve, buscando soluções em vez de focar nos problemas. Por outro lado, quando ela é baixa, somos dominados pelos nossos sabotadores, os pensamentos destrutivos que limitam nosso crescimento.

Esses sabotadores são como uma extensão da história de Mohini que mencionei anteriormente. Mesmo quando temos todas as condições externas para prosperar, nossas próprias crenças nos mantêm limitados, dentro de uma zona de conforto que muitas vezes é apenas uma ilusão de segurança.

Quem são os sabotadores?

Desde o momento em que nascemos, somos "domesticados" pela sociedade, pela família e pela cultura. Somos ensinados a seguir regras, buscar aceitação, amor, aprovação, e a temer o fracasso. Esse processo, que podemos chamar de doutrinação, molda nossas crenças, comportamentos e até a forma como nos vemos e nos relacionamos com o mundo.

No entanto, muitas dessas crenças são limitantes. Elas nos impedem de alcançar a felicidade plena e a liberdade pessoal. Criamos uma disparidade entre o que acreditamos e o que experimentamos como realidade.

Somos compostos por 50 trilhões de células, e o verdadeiro governante dessa vasta estrutura é nossa mente. A cada dia, temos cerca de 60 mil pensamentos, 80% deles desencorajadores e 90% repetitivos.

Esses pensamentos são influenciados pelos sabotadores internos, vozes interiores que tentam nos proteger do que interpretam como ameaças, mas que, na verdade, acabam nos limitando.

Os sabotadores são padrões de pensamento negativos que atuam de forma sutil, mas impactante. São diferentes formas de autossabotagem, que nos impedem de progredir.

A seguir estão os dez principais sabotadores:

1. **Crítico**: sempre atento ao que está errado, ele julga implacavelmente a si e aos outros, tornando difícil celebrar qualquer conquista.
2. **Insistente**: o perfeccionista que precisa fazer tudo "do jeito certo". Exige controle absoluto e não aceita falhas, tornando difícil delegar e confiar nos outros.

3. **Prestativo**: busca agradar os outros constantemente para ser aceito e amado. Coloca as necessidades alheias acima das suas, muitas vezes se esquecendo de si.
4. **Hiper-realizador**: valoriza as conquistas acima de tudo. Medir o próprio valor por metas atingidas, ignorando a conexão emocional e pessoal, é sua principal característica.
5. **Hiper-racional**: focado exclusivamente na lógica, despreza as emoções, acreditando que apenas a razão tem valor. Dificilmente se conecta com os sentimentos ou as pessoas ao seu redor.
6. **Controlador**: precisa que tudo esteja sob seu domínio. Acredita que, sem sua intervenção direta, as coisas vão desmoronar. Ansiedade e tensão são suas marcas.
7. **Inquieto**: está sempre em busca de novas experiências, atividades e desafios, mas tem dificuldade em aproveitar o presente. Sente-se insatisfeito e desconfortável com a rotina.
8. **Vítima**: enxerga-se como alguém sempre prejudicado ou injustiçado. Busca a compaixão dos outros, mas, ao mesmo tempo, se aprisiona em um ciclo de impotência e lamúria.
9. **Esquivo**: evita responsabilidades e decisões difíceis. Procrastina e foge dos problemas em vez de enfrentá-los, o que acaba causando ainda mais complicações.
10. **Hipervigilante**: está sempre em alerta, buscando evitar qualquer risco ou ameaça. Vive em constante estado de ansiedade, o que o impede de relaxar ou confiar nos outros.

Como identificar e enfraquecer os sabotadores

O primeiro passo é reconhecer esses padrões, para criar coerência entre nossas crenças e nossa realidade. Assim como Mohini não conseguiu se libertar da jaula mental que criou para si, nós também podemos ficar presos em nossas próprias crenças. A chave está em identificar quando estamos sendo sabotados.

Pergunte-se: “Eu realmente preciso ser perfeito para ser aceito?”.

“Preciso estar no controle o tempo todo?”.

A partir dessa reflexão, começamos a enfraquecer os sabotadores. Eles são moldados pela domesticação pela qual passamos ao longo da vida, mas não precisam controlar nosso destino.

Ao criar coerência entre nossas crenças e a realidade, podemos transformar nossos pensamentos repetitivos e desencorajadores em oportunidades para crescimento e liberdade pessoal.

Fortalecer a "mente sábia", a parte da nossa mente que busca equilíbrio e solução, é um processo contínuo. Práticas como atenção plena, autocompaixão e questionamento das crenças limitantes nos ajudam a sair dessa jaula.

Do mesmo modo que a tigresa Mohini, nós também nos condicionamos a viver dentro de jaulas. Mas, ao contrário dela, temos o poder de quebrar essas barreiras e buscar a verdadeira liberdade. Quando decidi sair da minha zona de conforto e embarcar em uma aventura pessoal para a Costa Rica, a fim de fazer uma formação de ioga, meditação e ayurveda em uma das cinco *blue zones* do mundo, acredito que o que me ajudou foi ser curiosa e ter uma enorme sede de aprender, crescer e ter sucesso.

Chegar a um lugar desconhecido e me desafiar, tanto mental quanto fisicamente, foi transformador. Eu poderia ter escolhido ficar na segurança da minha rotina, mas, ao me abrir para o novo, expandi minha consciência de formas que nunca imaginei.

A conexão com minha essência foi profunda, e essa experiência me mostrou que, ao desafiar nossos limites, ganhamos uma liberdade verdadeira.

A história de Mohini nos ensina uma lição valiosa: nossas maiores prisões são aquelas que construímos em nossas mentes.

A boa notícia é que, ao reconhecermos isso, podemos começar a trilhar o caminho para nos libertarmos dessas limitações e viver de maneira mais plena, com coragem para explorar o mundo além das jaulas imaginárias.

E você, já rompeu suas próprias barreiras?

O que te ajudou?

Acesse os QR Codes para conhecer mais do meu trabalho:

17

ESPIRAL ANCESTRAL

TEM UM PODER DENTRO DE TI QUE VOCÊ NEM IMAGINA

Neste capítulo transformador, a autora Letícia Taveira guiará o leitor em uma jornada profunda de reconexão com suas raízes, ajudando-o a resgatar o poder ancestral que habita em seu ser. Quando se abre para se conectar com sua verdadeira natureza e resgatar seu poder ancestral, você liberta uma força transformadora que tem impactos em todas as áreas da sua vida. O que você vai descobrir? Reconexão ancestral, poder do DNA, libertação de traumas e acesso às potências ancestrais. Para quem é o resgate? Para quem deseja autoconhecimento, identidade familiar, reconciliação, relacionamentos familiares e reforçar sua história pessoal.

LETÍCIA TAVEIRA

Letícia Taveira

Formada em Psicologia, é "terapeuta" desde criança; era a conselheira de todos os amigos ao seu redor, mas foi no autoconhecimento e nas terapias holísticas que encontrou a liberdade de SER, unindo todo seu conhecimento, estudos e experiências para ajudar as pessoas a saírem do caos e trazer clareza. Em 2020, canalizou a ferramenta "espiral ancestral", que permite acessar todas as informações necessárias para a limpeza de traumas e confusões e, principalmente, descobrir as potências herdadas que nem sabíamos que possuíamos; e é essa ferramenta que dá luz a este retiro no qual você está prestes a mergulhar! É professora de meditação e respiração há 15 anos, terapeuta holística há 11 anos e instrutora de *Thetahealing* há 8 anos.

Contatos
www.onovoserhumano.com.br/leticia-taveira
www.leticiataveira.com.br/
LinkedIn: https://www.linkedin.com/in/leticiataveira/
YouTube: www.youtube.com/leticiataveiraterapeuta
Instagram: @leticiataveiraterapeuta

Convido você para uma jornada sem volta. A partir desta leitura, você tem duas opções: tomar consciência e usar seu DNA a seu favor ou seguir inconsciente e/ou rejeitando e usar seu DNA para lhe trazer sofrimento. Você vem comigo nessa jornada de transformação?

A base

Você já parou para pensar o que precisou acontecer e o que milhares de pessoas viveram para que você pudesse estar aqui, agora? Para além da questão genérica de quantas pessoas foram necessárias para construir o edifício em que você está, para plantar, cultivar, transportar e preparar seus alimentos, roupas, objetos e tudo mais, quero focar na história por trás do seu DNA.

Um pai e uma mãe (ainda) são necessários para que um óvulo e um espermatozoide possam se transformar em zigoto, embrião, feto e que se transforma em **você**! Seu pai e sua mãe precisaram de um pai e uma mãe, que precisaram de um pai e uma mãe, e assim por diante. Quando você pensa em DNA, o que passa pela sua cabeça?

Pode ser que você pense em genética ou venha a sua mente o formato do corpo, do rosto (e vamos falar mais sobre isso mais tarde) e talvez consiga até mesmo pensar em algumas "doenças genéticas", que muita gente acaba vendo quase como uma sina. E quando você pensa em **herança**? O que vem a sua mente? Muito provavelmente pensa em dinheiro, objetos, propriedades ou até dívidas que são passadas de um membro da família para outro, em geral após a morte. Talvez você esteja dentre as poucas pessoas que têm uma consciência mais expandida sobre esses dois assuntos e a percepção de que isso tudo está conectado de uma forma muito maior e mais intensa.

Nosso DNA é nossa maior herança e é uma herança que você não tem a opção de não querer. Ela está aí, desde o momento que você é concebido e, se você rejeita (pois você tem essa opção, e muitos de nós o fazemos por vários motivos), sofre. Enxergo muita gente sofrendo sem nem sequer perceber que é porque de alguma forma, consciente ou inconscientemente, está rejeitando esse DNA. E eu quero te contar um pouco mais como isso pode estar acontecendo e como isso te influencia e pode se agravar pelas mídias e redes sociais. Desde a faculdade de psicologia me intriga a ideia das influências genéticas e da epigenética em nós, mas ainda ali tive pouco conteúdo sobre isso; então, depois de formada, mergulhei em um mundo novo de consciências e terapias integrativas que foram me encantando cada vez mais e me levaram a fazer inúmeras viagens a lugares históricos, como Índia, Egito, Peru e outros, que nutriram e aumentaram meu encantamento e curiosidade por nossa história e como chegamos até aqui.

Foi em meados de 2020 que a encruzilhada entre "estar" on-line e "ser" off-line na Era Digital se escancarou para mim; e ali surgiu quase intuitivamente uma técnica que não apenas acompanha essa dualidade, mas a transcende: a **espiral ancestral**. Meses depois, trouxe uma maior consciência para o que se tornou também a **Jornada de Resgate Seu Poder Ancestral**. Projetada para quem quer se libertar de traumas e padrões ancestrais e reconhecer toda a potência e as virtudes que podem ser herdadas deles, ela oferece não apenas um método, mas também uma filosofia transformadora.

Este capítulo explora os benefícios práticos dessa abordagem, assim como tem a intenção de desafiar o leitor ao despertar para um novo momento de conexão consigo mesmo, no sentido de ter mais consciência e autenticidade no mundo digital. Uma das grandes necessidades de sobrevivência de qualquer ser humano é o senso de **pertencimento**. Desde que nascemos, buscamos pertencer a um grupo para que possamos sobreviver; e o primeiro grupo ao qual pertencemos e que deve ser o que nos traz o senso de segurança é a família.

Por inúmeros motivos, esse senso de pertencimento e de segurança pode não acontecer efetivamente com nossa família de origem (pai e mãe), e é aí que as coisas começam a se complicar. Se eu preciso pertencer para sobreviver e não me sinto pertencente nem segura na minha família, entro no modo sobrevivência e, de alguma forma, projeto uma rejeição aos meus ancestrais e vou buscar esse pertencimento (consciente ou inconscientemente) "fora". Quando, de alguma forma, rejeito meus ancestrais e carrego dentro de mim a soma do DNA deles, rejeito a mim mesma(o). Quando me rejeito, é (quase) impossível que eu me ame. Quando não me amo, é muito mais desafiador que eu possa me sentir amada, e então fico em busca de ser uma outra pessoa para, quem sabe assim, poder ser amada e pertencer.

As mídias sociais

Aqui, a internet entra com força total. Ela amplia as comparações e as necessidades de procurar sua turma, em paralelo à política do cancelamento, que reforça ainda mais essa sensação de não pertencimento e necessidade de ser quem você não é para ser aceito. Sugiro ao leitor que faz pesquisas na internet tomar cuidado com a qualidade e origem das informações que busca, pois o conteúdo disponível pode ser tanto criado por especialistas como por pessoas que dizem e escrevem o que acreditam que vocês gostariam de ler e ouvir para serem vistos, aceitos e se tornarem famosos. Buscar as informações corretas com profissionais creditados e de sua confiança se faz cada vez mais essencial.

A ilusão

A ilusão criada é a de que você, não sendo você, será aceito. Tentamos ser iguais a outras pessoas, ou melhor, ao que percebemos dessas outras pessoas e, enquanto fazemos isso, deixamos "nosso local" vago, vazio, oco, sem nada. Só que, se você nasceu neste mundo, uma coisa eu posso te garantir: o mundo precisa de **você**! Exatamente como **você é** e não como achou que tinha que ser. Você não é igual a eles, nem a um nem ao outro. Você é **a soma dos seus ancestrais**! Assim como 2 + 3 = 5 e o 5 é diferente do 2 e diferente do 3, mas contém os dois, você é um novo ser, diferente, mas pertencente. Independentemente do que tenha acontecido na sua família, mesmo que você tenha sido deixado numa lata de lixo, você pertence a sua ancestralidade. Você pode gostar disso ou não, mas todas as informações de todos os seus ancestrais estão dentro de cada uma das células do seu corpo. A boa notícia é que, por pior ou melhor que julgue ser sua ancestralidade, você pode usar isso a seu favor. A espiral ancestral e a Jornada de Resgate Seu Poder Ancestral surgiram para suprir a necessidade de transmutarmos o que julgamos negativo ou nocivo e assumirmos a potência da nossa herança genética.

A chave

Absolutamente tudo o que acontece em nossas vidas está ali para nosso aprendizado. Quando aprendemos verdadeiramente o aprendizado mais elevado e positivo, em geral, não precisamos mais repetir aquela situação e passamos para uma nova etapa de desafios. Em oposição a quando passamos por uma situação e não integramos os aprendizados positivos, nos deixando ficar como vítimas da situação, e então precisaremos passar mais uma e outra vez até que esse aprendizado seja integrado.

Então, quando não aprendemos, a necessidade do aprendizado segue com nossos filhos e, portanto, eles seguem repetindo nossos padrões até aprenderem e integrarem todos os aprendizados positivos da situação. Isso pode até parecer ruim, mas temos aqui duas boas notícias: primeiro, que podemos nos responsabilizar por integrar esses aprendizados positivos e quebrar efetivamente ciclos e padrões que se repetem há dezenas de gerações; e, segundo, que podemos saber que nossos ancestrais estavam ali já desenvolvendo essas habilidades e aprendizados para nós, e com isso, estamos em um nível em que, se escolhermos realmente aprender, o aprendizado será muito mais fácil.

Gosto de dar o exemplo do violão. Você só pode pegar um violão e tocar hoje porque alguém lá atrás teve a ideia de tocar uma corda e perceber que saía um som, tocar na outra e perceber que saía outro som, e aos poucos tudo foi se unindo de diferentes formas até chegarmos hoje a poder ir a uma loja e comprar um violão pronto. Agora você pode aprender a tocar violão muito mais facilmente do que há centenas de anos, quando ele nem existia.

Você tem ideia do que seus ancestrais passaram para desenvolver as habilidades e virtudes que eles desenvolveram para você poder chegar aqui até este livro? Eles certamente desenvolveram no mínimo a habilidade de leitura ou pelo menos de perceber que a leitura é importante para que pudessem facilitar seu aprendizado. Essas habilidades podem e devem ser percebidas, valorizadas e reconhecidas como potências. Temos muito mais potências dentro de nós do que imaginamos – e o ponto onde colocamos foco, cresce. Então, coloque foco em suas potências, pois elas que vão crescer.

Quando rejeitamos nossos ancestrais de qualquer forma, com mais ou menos sutileza, estamos aumentando nossos desafios e negando nossas potências. Somente quando os aceitamos por inteiro, da forma exata que são e que foram, é que podemos realmente usufruir da nossa herança. Os casos mais sutis que digo são aqueles julgamentos que fazemos dos nossos pais e avós, quando acreditamos que somos melhores do que eles e que sabemos como eles deveriam agir, pensar, fazer etc. Não estamos na pele deles. Não sabemos o que eles viveram para chegar aqui da forma que chegaram. Qualquer julgamento aqui nos afasta, nos separa deles, e o próprio pensamento "eu não quero ser igual a minha mãe/meu pai" já nos afasta tanto deles como de nós mesmos, pois se há o DNA deles dentro de mim e eu os julgo, estou julgando a mim mesma. Os casos menos sutis eu diria que são as pessoas que chegam a fazer cirurgias plásticas (estéticas). São informações ainda mais profundas e inconscientes de negação das heranças genéticas visíveis. Este nariz que eu herdei tem toda uma história: ele representa a soma das minhas famílias e não é por acaso. Quando, por "estética", você julga seu nariz feio e precisa de um novo, "mais bonito", está novamente se excluindo de sua própria herança e negando seus ancestrais. Só que, ao negar seus ancestrais, novamente, você se nega.

Você se lembra que comentei, no início, sobre a necessidade de pertencimento? Quando você faz por estética uma cirurgia plástica para mudar uma característica dos seus ancestrais em si, você mesma(o) está se excluindo da família; e o senso de pertencimento é ainda mais afetado. Não por acaso, é comum que pessoas que fazem uma cirurgia plástica optem por fazer várias outras depois. É como se seguissem inconscientemente buscando um ideal de perfeição para pertencerem a um grupo perfeito, ilusório. Compartilho alguns estudos de casos que atendi em sessões terapêuticas com a ferramenta espiral ancestral para que você possa identificar padrões similares.

Estudos de caso

Caso 1 – Janaína (nome fictício para preservação do anonimato da cliente) chegou à sessão já sabendo exatamente o que queria trabalhar. Ela havia acabado de ser abandonada pelo terceiro namorado e não aguentava mais esse padrão. Afirmou que sabia que isso era ancestral, pois sua mãe foi muito abandonada, sua avó e sua bisavó também, e ela só conhecia a história até ali. Já tinha feito outras terapias, mas nada resolvia. Demos início à sessão e, por meio de uma meditação guiada específica, abrimos o campo da espiral ancestral dela, no qual poderíamos encontrar a raiz daquele padrão, onde tudo começou. Ela entra em um estado quase hipnótico e pode perceber, sentir ou ouvir coisas que sua consciência não sabia.

Pergunto para ela há quantas gerações esse padrão se repete. Ela logo responde: "23". E o que aconteceu quando isso começou? "Vejo uma bebê, recém-nascida, sendo abandonada. Acabou de nascer e a mãe está dando ela para outra pessoa. É muito triste." Começa a chorar levemente; e eu pergunto se ela conseguia ver qual era a situação que essa mãe estava vivendo para que precisasse dar a criança para outra pessoa. E logo ela responde: "Meu Deus! Ela era uma freira. Engravidou em um convento de um padre; e como isso era proibido, mas acontecia com frequência, o costume era matar os bebês assim que nasciam. Me mostram até um cemitério de bebês atrás do convento. Meu Deus, todo esse tempo, o que parecia abandono era na verdade um salvamento!". Consenti e logo ela mesma chegou à conclusão: "Letícia, faz todo o sentido. Tudo o que eu chamei de abandono até hoje foi na verdade salvamento. Esses meus ex-namorados, se eu estivesse ainda com eles, meu Deus, eles não tinham nada a ver comigo. Minha mãe também, nossa, meu pai que a abandonou, batia nela, era um alcoólatra. Se estivessem juntos, quem sabe o que teria acontecido? Meu Deus, parece que tudo mudou, minha percepção da vida toda!". Sorri. O aprendizado positivo havia sido integrado. Ela não precisaria mais se sentir ou mesmo ser abandonada. Há 23 gerações, esse aprendizado tentava chegar e não conseguia. Chegou! Seguimos com alguns outros assuntos e finalizamos a sessão, integrando tudo o que foi trazido – e ela relatou que estava se sentindo leve e feliz como nunca. Alguma coisa realmente tinha mudado dentro dela.

Caso 2 – João chegou à sessão com a intenção de trabalhar sua insegurança. Sabia que tinha potencial para muito mais do que estava fazendo, mas tinha medo de tudo. Assim que abrimos sua espiral ancestral, ele se conectou com uma história do que parecia ser seu bisavô. Trouxe a percepção exata de que ele havia vindo da Espanha para o Brasil com o intuito de trabalhar e deixado sua esposa e seus filhos lá com a promessa de que voltaria para buscá-los. Ele via aquele homem com muita garra e coragem, trabalhando na construção civil com muito afinco para juntar dinheiro e poder trazer sua família, até que, em um acidente de trabalho, veio a falecer. O que ele não esperava é que ninguém conseguiu avisar sua família, que pensou que ele os tivesse abandonado e se casado com outra mulher no Brasil.

De alguma forma, para João, aquilo foi um resgate daquela potência de seu avô. Ele sentia uma força e uma confiança que nunca sentira antes e sentia isso em todas as suas células. Viu que, depois de anos, a família veio para o Brasil procurá-lo e descobriu que ele havia falecido. Apesar de ter ainda seu avô vivo quando criança, ele não sabia muito da história do seu bisavô. Após a sessão, foi conversar com sua mãe, que confirmou perfeitamente a história de que seu avô tinha falecido em um acidente de trabalho no Rio de Janeiro e que só depois sua família veio ao Brasil.

Aquilo me encantava cada vez mais. Depois disso, João começou a se arriscar muito mais e seguiu a vida realmente de uma forma diferente.

Vamos recapitular?

Espero que você tenha percebido que sua herança é muito maior do que você sempre imaginou e que você pode estar desperdiçando a parte boa dela e aumentando a parte que te incomoda, simplesmente por rejeitá-la. Quando você rejeita qualquer parte sua ou de algum ancestral seu, você se distancia do amor-próprio e do senso de pertencimento e tende a ficar buscando ser amado, admirado e reconhecido a qualquer custo. Todas essas questões podem ser transformadas e não é tão difícil quanto parece quebrar padrões ancestrais, desde que tenha uma boa guiança e consiga perceber os aprendizados positivos que estão ali disfarçados. Está disposto(a) a tomar consciência e usar seu DNA a seu favor? Será um prazer ser sua guia nesta jornada!

Tenho um presente especial para você!
Acesse o QR Code e saiba mais.

Acesse os QR Codes para conhecer mais do meu trabalho:

18

Y² LIFE
YOU YOUR LIFE
(VOCÊ SUA VIDA)

No capítulo de Liandra Boschiero, ela apresenta o Programa *Y² LIFE*, um inovador sistema de inteligência pessoal. Esse programa é projetado para ser aplicado tanto no ambiente corporativo quanto na vida pessoal, promovendo uma abordagem mais leve e equilibrada para o dia a dia. Com uma metodologia que mergulha profundamente nos pilares do corpo, mente e espírito, a autora guia os participantes na jornada de autoconhecimento e na identificação de áreas que precisam de desenvolvimento. O objetivo do *Y² LIFE* é ajudar as pessoas a se libertarem de crenças limitantes, terem iniciativa sendo protagonistas das suas vidas, promovendo relacionamentos mais profundos e significativos, tanto no trabalho quanto na vida pessoal.

LIANDRA BOSCHIERO

Liandra Boschiero

Idealizadora do Programa *Y² LIFE* sobre inteligência pessoal. Formada em terapias integrativas, administradora de empresas, atua como diretora operacional de locação da Osten GO. Aos 51 anos, é casada com David. Juntos, têm a alegria de serem pais dos gêmeos Henrico e Henzo, de 19 anos. A família inclui ainda os buldogues franceses Spike e Polo. É apaixonada pela vida, fã de chocolate e café, adora conhecer novos lugares, praticar meditação, colecionar pedras e velas. Além disso, ler livros e escrever são atividades que trazem grande satisfação. Sua jornada acadêmica começou com a gestão de negócios, mas foi a especialização em gestão de pessoas que realmente moldou sua carreira. Atua há mais de 25 anos no setor de locação de veículos, uma área com muitos desafios e aprendizados. Com seu propósito de vida de ser uma pessoa melhor a cada dia, ajudar e inspirar as outras pessoas para serem melhores também, adora inovação e busca de novos desafios.

Contatos
www.onovoserhumano.com.br/liandra-boschiero
LinkedIn: www.linkedin.com/in/liandramoys%C3%A9s
Instagram: @lianbosch

Introdução

Na era digital, vivemos em busca de algo, uma busca incessante por autoconhecimento, e o aprimoramento pessoal no sentido de SER uma pessoa melhor a cada dia se torna uma jornada significativa. Neste cenário, despertamos comportamentos e espiritualidade que se conectam em uma dança harmoniosa, guiando-nos na direção por caminhos de uma vida mais equilibrada e realizada.

Como mãe de gêmeos, Henrico e Henzo, esposa do David e profissional desde os 13 anos, aprendi que a gestão da mente e do comportamento é fundamental para manter o equilíbrio em todas as áreas da vida. No caminho contínuo de crescimento pessoal e profissional, meu propósito de vida é ser uma pessoa melhor a cada dia e me tornar uma referência para ajudar as pessoas a terem uma vida com mais leveza.

Utilizo como ferramentas as terapias integrativas, a prática da meditação e a conexão com elementos naturais e energéticos, como pedras e velas, para alinhar minha energia e renovar minhas forças. As pedras são associadas ao elemento Terra, representando estabilidade, solidez e conexão com o físico. Já as velas são ligadas ao elemento Fogo, simbolizando transformação, energia e purificação. Esses elementos poderosos são frequentemente utilizados em práticas terapêuticas e espirituais para equilibrar e alinhar as energias.

Conceito

Figura 1. Conexão digital.
Fonte: elaborada por Matheus Mendes.

Os desafios que enfrentamos diariamente na gestão de negócios e de pessoas me ensinaram a importância da resiliência e da empatia.

Resiliência é a capacidade de uma pessoa ou sistema de se adaptar e se recuperar diante de adversidades, estresse, desafios ou situações de crise. É a habilidade de enfrentar dificuldades, aprender com elas e continuar em frente, muitas vezes saindo mais forte ou mais preparado para lidar com problemas futuros.

No contexto pessoal, a resiliência envolve aspectos emocionais, psicológicos e comportamentais, como manter a calma sob pressão, encontrar soluções alternativas, persistir em situações difíceis e ter flexibilidade para ajustar comportamentos e expectativas.

Já uma pessoa empática é alguém que possui a capacidade de se colocar no lugar do outro, compreendendo e sentindo as emoções e perspectivas alheias. A empatia envolve não apenas entender o que o outro está passando, mas também oferecer apoio e mostrar sensibilidade e respeito às suas experiências. Pessoas empáticas tendem a ser boas ouvintes, atentas às necessidades dos outros e capazes de responder de forma compassiva e solidária, contribuindo para relacionamentos mais profundos e significativos.

Cada interação é uma oportunidade de aprendizado, uma possibilidade de contribuir para a felicidade e o bem-estar de quem está ao nosso redor. Acredito firmemente que, ao ajudar os outros a viverem de maneira mais leve e feliz, também cultivamos nossa própria felicidade.

Espiritualidade

Nossos comportamentos refletem nossas escolhas diárias em interações com o mundo ao redor e as atitudes que cultivamos ao nosso redor, em nosso interior.

A espiritualidade é a essência que alimenta nossa alma, proporcionando sentido e propósito em nossas **vidas**. Cada dia, cada momento, é uma nova oportunidade de aprimorar nossas ações e pensamentos, buscando a leveza e a felicidade.

A espiritualidade conecta-nos profundamente com o universo e com nosso Eu interior. É por meio dela que podemos encontrar paz e clareza, mesmo nos momentos mais turbulentos.

Ao explorar os detalhes da vida, novos lugares e culturas, é possível apreciar a simplicidade e, ao mesmo tempo, perceber a grandiosidade de uma vida, além da diversidade de perspectivas que enriquecem nosso entendimento sobre o universo e sobre nós mesmos.

Desafios do comportamento consciente

Gosto muito da minha vida e sou grata por cada experiência que ela me proporciona. A cada desafio superado, a cada nova descoberta, me sinto mais próxima de me tornar a melhor versão de mim. Pequenos momentos de prazer e conforto, como conhecer algo novo, curtir meu café da manhã agradecendo pelo dia e pela vida, o prazer de comer chocolate, são meus companheiros fiéis. A atenção aos detalhes, saindo do automático, é uma prática natural que cultiva minha felicidade.

E você, leitor, quais são seus pequenos momentos de prazer? Você consegue descrever?

Integração do comportamento consciente e espiritualidade

A integração do comportamento consciente (CC) com a espiritualidade profunda (EP) cria uma base sólida para uma vida plena e significativa (VPS):

CC + EP = + VPS

É uma dança contínua de autoaperfeiçoamento, em que cada passo dado com intenção e amor nos aproxima da realização de nossos propósitos e sonhos.

Desejo que este conceito de vida e estas palavras simples inspirem e tragam reflexão sobre seus valores e motivem você a continuar trilhando sua jornada e seu caminho de autoconhecimento e crescimento espiritual.

***Y^2 LIFE: YOU YOUR LIFE* (VOCÊ SUA VIDA)**

Propósito de vida

Meu propósito de vida sempre foi ser uma pessoa melhor, ajudar as pessoas e o universo, vivendo de maneira leve e feliz.

Nós somos a soma das nossas escolhas, ações e experiências:

EU = SOMA (Escolhas + Ações + Experiências)

Gestão de pessoas

Em minha trajetória pessoal e profissional, identifiquei que a gestão de pessoas e comportamentos é uma das ferramentas mais importantes para cumprir meu propósito. A partir dessa percepção, comecei a me aprofundar cada vez mais em estudos sobre comportamentos e ações. Analisei comportamentos e ações, primeiramente os meus, posteriormente os das outras pessoas, obtendo resultados diferenciados e especiais para desenvolver o conceito IP (inteligência pessoal).

Esse programa é projetado para ser aplicado tanto no ambiente corporativo quanto na vida pessoal, promovendo uma abordagem mais leve e equilibrada para o dia a dia.

Inteligência pessoal (IP)

Assim como o endereço IP exclusivo identifica um dispositivo eletrônico, a inteligência pessoal (IP), na minha teoria, é composta pelos macro e micropilares de nossas vidas, que precisam ser equilibrados para uma vida leve e feliz, sendo uma identificação única e exclusiva com o propósito de cada um.

A essência de cada indivíduo é nossa verdade interna; nossas características, valores, crenças e paixões nos definem na forma mais pura e única. Essa conexão é fundamental para vivermos uma vida mais significativa, de acordo com quem realmente somos.

Macropilares

Os pilares macro são: corpo, mente e espírito. A definição integrativa de **corpo, mente e espírito** considera esses três aspectos como partes interconectadas e essenciais do ser humano, que precisam ser equilibradas para alcançar bem-estar e saúde plena. Cada um desempenha um papel fundamental e influencia os outros, formando uma visão holística do indivíduo.

1. **Corpo**: refere-se ao aspecto físico e material do ser, incluindo o funcionamento dos órgãos, sistemas e estruturas que compõem o organismo. Na abordagem integrativa, cuidar do corpo envolve não só a saúde física (como nutrição, exercício e tratamentos médicos), mas também práticas que promovam harmonia e vitalidade, como alimentação consciente e terapias naturais.
2. **Mente**: envolve os processos cognitivos, emocionais e psicológicos. É o centro das percepções, pensamentos, emoções e decisões. A saúde mental é considerada fundamental para o bem-estar geral, e práticas como meditação, autoconhecimento e técnicas de gestão do estresse são usadas para equilibrar a mente, promovendo clareza, foco e equilíbrio emocional.
3. **Espírito**: refere-se à dimensão mais profunda e transcendente do ser, relacionada ao propósito, à essência e à conexão com algo maior (que pode ser espiritualidade, natureza ou valores pessoais). O espírito está ligado ao sentido da vida, à intuição e à capacidade de encontrar significado e paz interior. Práticas como a meditação, a oração, a contemplação e o envolvimento com a natureza são formas de nutrir e conectar o espírito.

Esses aspectos devem ser tratados de forma conjunta, pois o desequilíbrio em um pode afetar os outros. O objetivo é promover harmonia e equilíbrio, de modo que corpo, mente e espírito trabalhem juntos para o bem-estar global.

Micropilares

Os micropilares como qualidade de vida, pessoal, profissional, financeiro, relacionamentos, e ainda suas subdivisões, estão ligados a cada um dos macropilares.

Com a consciência ativa, identificamos os pontos de melhoria e aplicamos ferramentas de ajuda, desenvolvimento de novos hábitos e comportamentos necessários que nos levam a um estado de entendimento para compreendermos a importância dessa transmutação para nossa evolução.

Dessa forma, aproveitaremos as experiências vividas sendo felizes e conquistando o equilíbrio.

Destaco que somos autores e responsáveis pela nossa trajetória e por decisões que moldam nosso destino.

Nossas atitudes

Essa perspectiva incentiva o controle sobre nossas atitudes e a busca pelo que desejamos, sem deixar que nossa vida seja levada ao acaso pelas circunstâncias, sem saber em que lugar queremos chegar.

Para maior clareza e alinhamento mental, trago aqui os três pontos fundamentais para o desenvolvimento da inteligência pessoal (IP):

1. **Autoconhecimento**: explorar e entender nossos valores, paixões, forças e fraquezas.
2. **Autenticidade**: viver de maneira que nossos pensamentos, palavras e ações estejam alinhados com nossa verdadeira identidade.
3. **Consistência**: manter-se fiel à nossa essência, mesmo diante de desafios ou mudanças externas.

Com a mente e o coração abertos, respire fundo, de forma consciente, olhe para as palavras a seguir e escolha algumas delas para iniciar sua melhoria e o desenvolvimento de sua inteligência pessoal:

- Autonomia.
- Responsabilidade.
- Autoconsciência.
- Protagonismo.
- Empoderamento.
- Autodeterminação.
- Escolhas.
- Autoavaliação.
- Crescimento pessoal.
- Autossuficiência.
- Liberdade.
- Decisões.
- Propósito.
- Motivação.
- Controle.

Amor incondicional

Figura 2. Amor.
Fonte: elaborada por Matheus Mendes.

Agradeço ao Matheus Mendes que, com sua arte, expressou a base do *Y² LIFE*.

Para finalizar, compartilho este texto sobre o **amor incondicional**, que escrevi e considero uma ferramenta muito importante para o desenvolvimento do IP. Leia com atenção plena e coração aberto.

Eu sou o amor incondicional e venho te convidar a me experimentar, me sentir.

O amor em sua mais pura essência.

Sentimento grande sem igual, amor puro e infinito, não impõe condições ou limites.

Não espera nada em troca nem atitudes iguais às que tem.

Respeita a evolução e a história de cada um.

A sua razão não é por um fato, um gesto, uma diferença de pensamento ou comportamento. E sim baseada no amor, na história completa, no todo, com visão ampla, aceitando que que não existe certo ou errado, e sim o diferente.

Entende que muitas vezes as pessoas têm reações porque amam, querem estar perto, querem dominar situações, têm necessidades, vivências e bases de vida diferentes.

Um dos meus principais inimigos é o orgulho e o ego, que escurece a visão macro e se torna egoísta, com julgamentos, prepotente sem ter reconhecimento das nossas fraquezas.

A falta de protagonismo também é um ponto que não deixa transparentes e esclarecidas as situações, muitas vezes sem olhar por todos os ângulos, focando só no momento atual.

Entender o outro é um caminho para termos uma vida mais leve.

Cuidar da nossa mente e controlar nossos pensamentos é fundamental para experimentar e sentir o amor incondicional.

Os pensamentos mostram cenas que não existem, trabalham com suposições, deixando as reações serem baseadas nesse cenário, muitas vezes por impulso.

O relacionamento com pessoas tem sido o maior desafio: aceitar a opinião diferente do outro, a forma de amar, reações baseadas em traumas e vivências.

O amor incondicional nos leva a ter entendimento e leveza com propósito do bem, da paz, da felicidade e do amor como base sem impor condições e retribuições.

Acesse o QR Code para conhecer mais do meu trabalho:

19

O NOVO SER HUMANO E O PAPEL DA EDUCAÇÃO FINANCEIRA

O autor Lucas Naffá compartilha sua trajetória pessoal e profissional, desde os desafios financeiros de sua infância no Rio de Janeiro até se tornar um *financial advisor* reconhecido internacionalmente. O capítulo vai além das finanças tradicionais e busca despertar um novo olhar para o equilíbrio entre saúde mental, prosperidade e consciência financeira. Em meio a uma era em que promessas de riqueza rápida proliferam na internet, Lucas oferece insights valiosos para uma vida mais estável e próspera, desmistificando o imediatismo e incentivando um mindset focado no crescimento sustentável.

LUCAS NAFFÁ

Lucas Naffá

Mentor e educador financeiro, palestrante e especialista em finanças pessoais com uma trajetória profissional que começou em 2011. CEO e fundador da S2I Partners & Co., um *hub* financeiro que oferece um portfólio diversificado de produtos financeiros nacionais e internacionais. Também é sócio-fundador da LN Consultoria e Soluções, além de ter fundado a LN Seguros e Previdência, ambas atuando com foco em soluções financeiras e empresariais. Ajuda seus clientes a desenvolverem uma relação saudável com o dinheiro e a entenderem as melhores práticas de investimento. Utiliza metodologias de relacionamento 3R e planejamento 360, atendendo diversos segmentos no mercado, incluindo assessoria financeira, investimentos e *wealth management*. Graduado em Master of Business Administration (MBA) e marketing pela Fundação Getulio Vargas (FGV), também possui um diploma em administração de empresas pela UNIFESO. Premiado internacionalmente, conquistou primeiro lugar mundial duas vezes, ocupou pódios em rankings globais e foi eleito Agente Revelação em 2015, com reconhecimento na Austrália, nos Estados Unidos, na África do Sul e na Croácia.

Contatos

www.onovoserhumano.com.br/lucas-naffa
www.s2ipartnersco.com/
Facebook: www.facebook.com/naffaeducacao/
LinkedIn: www.linkedin.com/in/lucasnaffa/
Instagram: @lucasnaffa

Introdução

A educação financeira desempenha um papel crucial no desenvolvimento do novo ser humano. Em um tempo de constante transformação, entender como gerenciar recursos é fundamental para tomar decisões informadas, alcançar nossos objetivos e viver uma vida plena. Essa educação vai além de simplesmente saber administrar dinheiro; ela nos empodera a tomar decisões que têm impactos em nossa vida e na de outras pessoas, utilizando generosidade, inteligência tributária e promovendo a essência da gestão empresarial. Falar de finanças é um tema polêmico, um grande paradigma, pois dinheiro é emocional

Minha trajetória é repleta de desafios e superações. Cresci em uma família com dificuldades financeiras, e essa realidade moldou minha percepção sobre dinheiro e identidade. Recordo com clareza o impacto emocional de viver em ambientes de contrastes sociais. Apesar das dificuldades, minha mãe sempre lutou para proporcionar o melhor para mim e minha irmã, e essa luta se tornou uma inspiração. A figura do meu pai também teve grande influência em minha jornada. Seus altos e baixos financeiros me ensinaram que a verdadeira prosperidade vai além da riqueza material. Ao refletir sobre minhas experiências, como o início da minha própria grife de roupas e as interações com pessoas do mercado financeiro, percebo que a chave para o sucesso está em encontrar equilíbrio em todas as áreas da vida e agir com propósito. A preparação emocional e financeira é fundamental para evitar armadilhas do passado. A autoconfiança deve ser aliada à clareza de objetivos. Entendi que, para alcançar o sucesso, é essencial compreender e aceitar minha história, transformando experiências desafiadoras em aprendizado e crescimento. Pedir orientação divina e buscar autoconhecimento são passos fundamentais para evitar erros comuns que podem prejudicar a vida tanto financeira quanto pessoal. Com essa reflexão, convido você a explorar a verdadeira identidade e propósito, elementos essenciais para a prosperidade.

Minha jornada no mercado financeiro

Em um, momento de promessas de enriquecimento rápido e soluções milagrosas, muitos se sentem tentados a buscar fórmulas mágicas que prometem transformar suas vidas da noite para o dia. Ao compartilhar minha história e os conhecimentos valiosos que adquiri ao longo de minha jornada, ofereço um guia autêntico e fundamentado para o verdadeiro sucesso.

Iniciei minha jornada no mercado financeiro de maneira tímida, pois já tinha uma boa renda em outros negócios. Os dois primeiros anos foram de intenso aprendizado, desenvolvendo habilidades e me adaptando a uma nova realidade ao entrar em um ambiente corporativo. O conflito veio à tona: meu CPF estava ótimo, mas meu RG não. Quando perguntavam sobre meu trabalho, ninguém sabia exatamente o que dizer. Foi nesse momento que decidi parar tudo e viver exclusivamente do mercado financeiro. Em 2015, fui reconhecido e já recebi diversos prêmios internacionais entre os melhores *financial advisors* do mundo.

O papel do *financial advisor* é essencial, pois somos profissionais completos que auxiliam famílias a gerenciar suas finanças. Lidamos com questões como gestão de risco, avaliação do perfil do investidor e o ambiente econômico. Muitos fazem sua parte ao longo da vida, poupando e investindo, mas não conseguem alcançar seus objetivos, e é aí que nossa orientação se torna vital. Em minha jornada, busquei ajuda de uma coach, que me ajudou a perceber que era um acumulador iludido, que o que eu realizava não correspondia ao meu verdadeiro fazer. Aprendi que não bastava apenas agir; era necessário fazer o que realmente nasci para fazer. Com isso, tomei a decisão de me dedicar exclusivamente ao mercado financeiro. Minha experiência internacional no mesmo ano na Austrália me abriu portas e me conectou a grandes profissionais da área. Passei a me aprofundar em gestão de risco, blindagem patrimonial e planejamento sucessório, e comecei a formar sucessores bem-sucedidos. No entanto, enfrentei um paradigma na sociedade brasileira: a crença de que investir no exterior era ilegal. Durante as consultorias, desmistifiquei essa ideia, e atualmente somos reconhecidos como influentes no mercado de produtos financeiros internacionais. Me tornei um especialista em Inteligência Financeira Comportamental e quero contribuir com você explicando que o dinheiro é emocional, que a prosperidade é uma questão de energia e que está em nossas mãos tomar essa decisão.

A reflexão sobre CPF e RG

Você deve estar familiarizado com o CPF e o RG. Por incrível que pareça, quando consultam nosso nome, a consulta normalmente é feita pelo CPF. Isso pode gerar constrangimento e questionamentos sobre nosso valor pessoal. Mas lembre-se: seu CPF não define quem você é. Os números refletem sua realidade financeira, mas não sua identidade. Você não é seu CPF, pois o CPF é só um status momentâneo: o que define você é sua identidade. O que realmente importa é onde e quando você nasceu, quem são seus pais e as histórias que os moldaram. É uma escolha sua: se basear no seu CPF ou no seu RG. Finanças não são apenas números; são também histórias de vida. A riqueza de uma pessoa não é medida pelo que ela possui, e sim pelo que ela realmente constrói e pelos frutos que gera. Até o ano de 2023 achava que meu resultado financeiro era excelente, mas ao refletir sobre o que estou plantando, percebi que existem aspectos espirituais, emocionais e comportamentais envolvidos na vida financeira. Se você deseja ser abundante, convido-o a caminhar comigo nesse processo de autoconhecimento e reflexão. Vamos explorar juntos o que significa conhecer sua identidade e como isso pode afetar sua vida financeira.

Conhecendo sua identidade

Pergunte-se: quem é você? Não o que você faz, mas quem você realmente é. Como foram seus pais e a forma como lidaram com o dinheiro? Você gostaria de ter os mesmos resultados que eles? A vida financeira é mais do que números; é uma questão de comportamento e emoções. Podemos nos surpreender ao descobrir que repetimos padrões dos nossos pais e que a verdadeira felicidade não depende da quantidade de dinheiro que temos. Se você deseja fortalecer sua identidade, vamos desapegar do que temos. Pense sobre o que você faz hoje: se dinheiro não fosse um problema, você ainda faria o que faz? Você merece a vida que leva? Se a resposta for não, é hora de refletir sobre suas escolhas e se reconectar com o que realmente importa.

O poder da generosidade

É a chave para a prosperidade. Quando entendemos o dinheiro, usamos nossos recursos de forma mais consciente, permitindo-nos ser mais generosos e ajudar os que nos cercam. Dar o dízimo ou fazer doações deve ser visto como uma forma de reconhecer nossas bênçãos e contribuir para a comunidade. Devemos cumprir nossas obrigações como cidadãos, pagando impostos, mesmo quando sentimos que os recursos não são bem geridos. Agir com autoridade e legalidade é fundamental. Em Mateus 22:21, Jesus nos ensina a dar a César o que é de César e a Deus o que é de Deus, o que implica devolver 10% do dízimo como um ato de generosidade e compromisso. Para aqueles que querem romper barreiras e alcançar a liberdade financeira, a generosidade é libertadora. Muitas famílias enfrentam problemas financeiros, mesmo com todos ganhando dinheiro. Se você se identifica com isso, encontrou a chave para abrir as portas da prosperidade em sua vida financeira e em outras áreas.

Inteligência tributária

Embora eu não seja advogado nem contador, acredito que não precisamos ser especialistas para ter noções básicas que nos ajudem a evitar desperdícios com impostos desnecessários. Um exemplo é a compra e venda de imóveis: ao vender um imóvel por um valor maior, pagamos imposto sobre o ganho de capital. No entanto, se usarmos o dinheiro para comprar outra casa, podemos evitar esse imposto se adquirirmos um imóvel de valor superior em menos de seis meses. Além disso, muitos que possuem imóveis registrados em nome da pessoa física acabam pagando impostos altos ao alugá-los. Uma solução é abrir uma administradora de bens próprios, o que pode resultar em um imposto menor e na formalização das relações com os inquilinos, reduzindo problemas como inadimplência e danos aos imóveis. Essa abordagem é mais adequada para quem possui mais de dois imóveis ou um único imóvel com rendimento superior a cinco salários-mínimos. Vale lembrar que transferir imóveis para uma administradora de bens próprios implica custos, como a abertura da empresa, manutenção com contador e impostos de transmissão. O imposto de transmissão (ITBI) varia conforme a cidade, mas o seguro de vida pode oferecer uma solução estratégica. É comum que famílias sem um plano sucessório enfrentem dificuldades quando o provedor da família falece, deixando cônjuges e filhos sem capacidade de gerenciar os bens. Nesses casos, propriedades que deveriam garantir segurança financeira podem se tornar fardos, gerando estresse e conflitos familiares. O seguro de vida, neste contexto, pode facilitar a sucessão e a continuidade dos negócios, evitando a apreensão dos bens em razão de tributos altos.

Essência da gestão empresarial

A gestão de uma empresa vai muito além do simples cumprimento de obrigações fiscais e administrativas. Embora o CNPJ seja a identificação legal, a verdadeira alma do negócio reside em seu DNA e na essência que ele carrega. Cada empresa tem sua história, valores e propósitos que devem ser respeitados e cultivados.

Gerenciamento e propósito

A responsabilidade sobre a gestão é fundamental. É o responsável legal – o "RG" – que precisa ter uma visão clara e uma conexão profunda com o que a empresa representa. Se você tem um chamado, não resista: cumpra sua missão com determinação e paixão. A prosperidade não vem apenas da análise fria de números, mas da capacidade de canalizar recursos com sabedoria, entregando seu coração ao que faz.

O próspero

Sabe onde canalizar seus recursos: financeiros, humanos e emocionais, e se entrega plenamente a essa tarefa. Ele compreende que o sucesso não é apenas um resultado financeiro, mas também um reflexo de como impactamos positivamente as vidas ao nosso redor. O próspero é aquele que, ao administrar sua empresa, busca um propósito maior, que transcende o lucro imediato e contribui para a comunidade e o mundo. Essa conexão íntima com o propósito da empresa é o que realmente faz a diferença na jornada empreendedora.

O caminho para um novo ser humano

Entendo que a prosperidade vai além da acumulação de riquezas, pois está intrinsecamente ligada à saúde mental e ao bem-estar. É um despertar consciente, em que cada passo é tomado com reflexão e propósito. Cultive uma mentalidade saudável em relação ao dinheiro, promovendo segurança financeira e um sentido de realização e plenitude. Ao priorizar a educação financeira e o desenvolvimento pessoal, busco inspirar o novo ser humano a trilhar um caminho de consciência, focando na construção de um futuro sustentável. Em vez de buscar soluções rápidas, ensino a abraçar a jornada, aprender com os desafios e celebrar cada conquista, por menor que seja. Assim, ao seguir essas orientações, podemos nos libertar das armadilhas do consumismo e do desespero financeiro, encontrando uma maneira mais equilibrada e gratificante de viver. É nesse espaço de clareza e autoconhecimento que o novo ser humano pode florescer, alcançando uma vida rica em experiências significativas e relacionamentos autênticos.

Desenvolvimento pessoal

Entender nossas emoções e crenças em relação ao dinheiro é um passo importante na educação financeira. Muitas vezes, as crenças limitantes podem nos impedir de alcançar nosso pleno potencial. O novo ser humano deve buscar uma autoavaliação, reconhecendo suas habilidades e talentos. Essa consciência contribui não apenas para a gestão financeira, mas também para o fortalecimento da autoestima e do amor-próprio.

Ferramentas e recursos

Aprender a utilizar essas ferramentas pode facilitar a tomada de decisões mais assertivas e promover uma vida financeira mais saudável. Assim, irei contribuir com você significativamente para uma vida com mais segurança. Neste momento em que muitos na internet vendem cursos e programas para ficar rico da noite para o dia, meu objetivo é que você desperte com mais consciência e mais saúde mental e financeira para ter mais prosperidade.

Histórias de transformação

As pessoas que se educam financeiramente mudam suas realidades. Ao aprender sobre investimentos, planejamento orçamentário e gestão de dívidas, conseguem pagar suas contas e até mesmo realizar sonhos como a compra de uma casa ou a abertura de um negócio próprio. Essas histórias inspiram e mostram que a mudança é possível para todos nós. Apresento uma reflexão profunda que pode ser um exercício diário com a família sobre crenças limitantes relacionadas ao dinheiro e como essas crenças podem afetar a prosperidade financeira.

1. **Relação com o dinheiro sob a perspectiva positiva**: desmistificar a crença limitante de que "dinheiro é o mal", pois o dinheiro é uma ferramenta que potencializa o que já existe dentro da pessoa (boas ou más intenções).
2. **Liberdade financeira**: pense em como conquistar a liberdade financeira e o respeito que vem com essa atitude.
3. **Práticas para desenvolver uma mentalidade abundante**: quais são as ações concretas a serem implementadas em sua vida para cultivar uma mentalidade de abundância, como manter dinheiro visível e ter reservas financeiras?
4. **Importância da generosidade**: discuta com a família como a generosidade e o apoio a causas podem mudar a forma como vemos o dinheiro.
5. **A conexão entre emoções e finanças**: reflita como emoções não resolvidas podem afetar a tomada de decisões financeiras, criando um ciclo de consumo descontrolado e insegurança. Como ter domínio emocional e disciplina pode ser fundamental para a prosperidade?
6. **O papel da generosidade na liberdade financeira**: pense na importância de honrar obrigações fiscais como parte da generosidade e em como isso se relaciona com uma vida próspera.

A nova definição de sucesso

Ser próspero vai além do aspecto financeiro; envolve também satisfação pessoal, relacionamentos saudáveis e contribuições significativas para a comunidade. O novo ser humano reconhece que o sucesso deve ser definido de maneira integrativa, considerando não apenas o lucro, mas também o impacto positivo que podemos ter na vida das pessoas ao nosso redor. Construir uma nova mentalidade em relação às finanças e à educação é um convite à transformação pessoal e coletiva. Permita-se sonhar, aprender e viver esses sonhos, tornando-se protagonista de sua história financeira. Reforço a ideia de que o verdadeiro valor está em quem somos, não no que temos. E, se precisar de ajuda para conectar os conceitos financeiros com a transformação pessoal e emocional, para sermos seres melhores, me procure e terei muita satisfação em ajudá-lo, pois o que define você não é seu CPF, e sim sua identidade.

Acesse o QR Code para conhecer mais do meu trabalho:

20

ARTETERAPIA E INTELIGÊNCIA ARTIFICIAL

COMO LIDAR COM OS DESAFIOS DO NOVO MUNDO DIGITAL?

Inteligência artificial como possível materialidade da expressão humana criativa. A autora apresenta uma reflexão sobre a integração entre arte e ciência na compreensão e no enfrentamento das mudanças do mundo atual. Maristela Ferreira compartilha sua trajetória pessoal, começando com o fascínio pela arte expressiva desde a infância e a busca por entender o desenvolvimento humano, passando por estudos em comunicação e uma carreira inicial que a envolveu na preparação ao ensino de arte. Também enfatiza a necessidade do autocuidado e a prática contínua da criatividade como formas de enfrentamento às constantes mudanças e aos desafios atuais, incluindo aqueles trazidos pela era digital e pela inteligência artificial.

MARISTELA FERREIRA

Maristela Ferreira

Docente em Arteterapia no curso de pós-graduação em Bases da Saúde Integrativa no Albert Einstein Instituto Israelita de Ensino e Pesquisa, hoje também atua em EaD. Criadora do Saúde Criativa, um ateliê terapêutico que atende na clínica Gertel em São Paulo. Arteterapia na saúde é uma prática mente-corpo que utiliza o processo criativo na materialidade da arte como recurso natural para gestão emocional em fases de desenvolvimento e sofrimentos. A inquietação sobre os motivos de a arte fazer bem sempre trilhou o caminho de seus estudos. Graduada em comunicação social – publicidade e propaganda – pela FAAP, onde sentiu a necessidade de utilizar a criatividade de forma terapêutica sem se dar conta de onde esse caminho a levaria. Pós-graduada em Arteterapia com base na Psicoterapia Junguiana – FAMOSP, seu trabalho na arte começou em ateliê, de professora a terapeuta. Foi na pós-graduação em Saúde Integrativa no Instituto de Ensino Albert Einstein, integrando a docência do curso, que a soma de arte e saúde aconteceu.

Contatos
www.onovoserhumano.com.br/maristela-ferreira
www.centir.com.br/
Instagram: @saudecriativa

Nuances do trajeto da existência

> [...] toda arte envolve órgãos físicos, como o olho e a mão, o ouvido e a voz e, no entanto, ela ultrapassa as meras competências técnicas que estes órgãos exigem. Ela envolve uma ideia, um pensamento, uma interpretação espiritual das coisas e, no entanto, apesar disto é mais do que qualquer uma destas ideias por si só. Consiste numa união entre o pensamento e o instrumento de expressão (Dewey, 2002, p. 76).

Olhar a vida com arte e ciência sempre foi um meio de entender as constantes nuances do trajeto da existência e experiência que é viver. Quando nova, me lembro de ter fascínio pela arte expressiva sendo meu principal tipo de comunicação e me interessava por todo assunto que envolvia o desenvolvimento humano e teorias de como funcionam mente, corpo e sensações. Conhecimento traz expansão, portanto a arte me leva a lugares de minha total expressão, me faz transcender.

Iniciei meus estudos pela faculdade de comunicação em publicidade e propaganda (FAAP). Foi viver um sonho estudar em um ambiente que respira arte e movimento; ali pude entender sobre a criatividade humana – desde muito jovem sentia que a criatividade não poderia ser apenas um meio em paralelo a ser utilizado para uso de venda de produtos. Na época desses questionamentos, trabalhei em um ateliê artístico familiar; minha função era preparar materiais de arte e receber os alunos. Sempre que me recordo dessa época, penso: a vida te prepara. E te leva a lugares onde você pode não entender no momento presente, mas é uma oportunidade de construção de uma vida próxima ao que se almeja. Após um tempo nessa função, comecei também a ministrar aulas de arte e minha primeira aluna foi uma menina de 5 anos que tinha muita dificuldade em se expressar – a ferramenta que tinha em mãos era fazer **arte**. Nossa terapêutica durou por volta de 10 anos. Por muitos momentos o fazer arte foi seu apoio de desenvolvimento e ela superou, se expressando, comunicando o que acontecia dentro de si, incapaz de, em um primeiro momento, ser organizado em palavras. Naquele tempo, já fazia oficinas, conquistei diversos alunos e o olhar de uma vida com arte me levou a mais uma reflexão: **por que a arte faz as pessoas se sentirem bem**? Acredito que o estudo auxilia na obtenção de respostas e no encontro de caminhos onde o seu melhor será exercido.

O encontro das respostas – arteterapia

Foi na pós-graduação em arteterapia (FAMOSP) que encontrei respostas iniciais para o fazer bem em arte e foi o momento de aprimorar o uso da arte como ferramenta terapêutica. Como estruturar tanto conhecimento? Transições se fizeram necessárias para isso. Dentre tantos cursos para iniciar a arte de ser terapeuta, me dei conta de que já possuía esse espaço dentro de mim. Precisei seguir o coração como dizem, olhar minhas questões e reflexões com a seriedade de um caminho a se construir pelo propósito que se cultiva ainda hoje, com a atenção às mudanças da humanidade. O ser humano passa por mudanças constantes de crescimento e desenvolvimento perante as modificações sociais em âmbito de informações mundiais e atualizações praticamente em tempo real. Foi preciso coragem, adaptações, esperas e atenção aos sinais que os caminhos indicam.

Confesso que ter meu filho nessa passagem de tempo me fez entender o quanto precisava exercer todo meu sentir pela profissão, o quanto praticar e estimular a inteligência criativa gera bem-estar. Um tipo de inteligência fluida capaz de possibilitar ao corpo e à mente um equilíbrio e bem-estar que buscamos quase diariamente. Ao meu filho é para quem mais quero ensinar sobre uma vida de comunicação, arte, expressão, movimento e autocuidado. Esta última prática – autocuidado – realmente me fez entender a necessidade de cuidar de mim, para cuidar do outro e, assim, cuidar do todo.

Arte e saúde sob um novo olhar

Como em diversos capítulos de minha vida, o estudo foi essencial para unir a arte e a saúde como alicerces da profissão que faz parte da minha existência. Fiz mais uma pós-graduação em Saúde Integrativa ministrada no Instituto de Ensino Albert Einstein, onde, com muita gratidão, também faço parte do corpo docente. A sensação de algo que sempre senti, mas ainda não tinha conhecimento – de que havia instituições, comunidades, profissionais que buscavam essa forma de olhar e cuidar – foi transformadora.

Você deve estar se perguntando: que termo é esse que uniu as partes? O nome dele é integração. Integrar as partes complexas, brilhantes de capacidades e habilidades que têm o humano unido em mente-corpo, é o trabalho integrativo. O fazer em arteterapia agora tem como nome saúde criativa e me apresento como terapeuta integrativa em arteterapia. Parecia instantaneamente um momento propício e produtivo, e me formei apenas um mês antes de dias inimagináveis vividos: uma pandemia.

Pandemia – a reconstrução social

O período de pandemia trouxe uma série de desafios imprevistos, para a saúde tanto física quanto mental, deixando um rastro de impactos duradouros. A Organização Mundial da Saúde já alertava, desde 2007, sobre a importância do planejamento antecipado para enfrentar crises inesperadas, como foi o caso da Covid-19. No entanto, fomos pegos de surpresa, e o mundo todo teve que se adaptar rapidamente. Um dos maiores aprendizados desse período foi entender que os cuidados com a saúde mental são tão fundamentais quanto os cuidados físicos. Como Eckhart Tolle sabiamente disse em *O poder do silêncio*, precisamos aprender a "ficar bem, seguir bem", mesmo diante de desafios diários.

Após a pandemia, não somos mais os mesmos. Estudos indicam que estamos em um processo de reconstrução social, e enquanto algumas rotinas já foram retomadas, muitas consequências emocionais e sociais ainda demandam tempo para serem revertidas. O chamado *Covid blues*, como nomeado por estudiosos, trouxe à tona questões profundas de ansiedade e desconforto emocional. Passamos por tempos de isolamento e medo, enfrentando profundas incertezas. A sobrecarga emocional foi intensa, com sentimentos como tristeza, angústia e medo se acumulando ao longo dos meses.

No entanto, encontramos uma fonte de resiliência em nossa criatividade. Atividades criativas durante o isolamento se mostraram essenciais para nosso bem-estar, nos ajudando a lidar com o caos mundial de forma mais saudável e equilibrada. Além disso, a inteligência artificial (IA) ganhou destaque nesse cenário. Com a necessidade de novas formas de conexão e interação, nos vimos forçados a nos adaptar rapidamente ao ambiente digital. A IA, que já estava presente em diversas áreas da nossa vida, se tornou uma ferramenta essencial para continuarmos conectados, trabalhando e interagindo, mesmo à distância.

Reflexões sobre esse novo tempo digital nos mostram que a IA não é apenas uma tecnologia de suporte, mas uma ponte entre o ser humano e o mundo virtual. Ela nos ajudou a enfrentar os desafios de um mundo em transformação, criando novas oportunidades de conexão e mantendo nosso bem-estar social e emocional. A pandemia pode ter acelerado o uso da IA, mas ela já vinha se desenvolvendo há décadas. Desde sua concepção, na década de 1950, e seu renascimento com o *deep learning*, a IA passou a fazer parte do nosso cotidiano de formas cada vez mais integradas e sofisticadas. Hoje, interagimos com assistentes virtuais como a Alexa, e a IA está presente em setores como saúde, finanças e até nas artes. Mais do que uma tecnologia, a IA se tornou uma expressão da nossa capacidade de adaptação e inovação, ajudando a moldar o futuro de nossas interações humanas e digitais.

Convido você a refletir sobre esse novo cenário. Como podemos equilibrar o mundo on-line e off-line? Como a IA pode nos ajudar a viver melhor, sem perder nossa essência humana? O avanço da tecnologia é inevitável, mas cabe a nós usá-la de forma consciente e equilibrada, garantindo que nossas conexões – tanto digitais quanto humanas – permaneçam saudáveis e autênticas.

Limitações e eficiências

A IA cresceu em importância, mostrando-se uma aliada em áreas como saúde, educação, arte, e até mesmo na nossa comunicação diária. No entanto, essa crescente dependência da IA nos trouxe novas reflexões sobre o que nos diferencia dessas máquinas avançadas.

A IA se desenvolveu a passos largos, especialmente com a criação do *deep learning*, forma de pensar baseada em redes neurais artificiais. Isso a tornou mais presente em nossa vida cotidiana, mas, apesar de sua eficiência, ainda há limites. Os seres humanos têm algo que a IA não possui: a capacidade de reflexão, a habilidade de usar a memória emocional e o aprendizado para crescer, expandir e adaptar-se. Nossos cérebros são incrivelmente maleáveis, graças à neuroplasticidade, o que significa que, ao longo da vida, somos capazes de mudar e nos adaptar conforme enfrentamos novos desafios e adquirimos novas experiências.

A IA, por outro lado, ainda não possui essa flexibilidade. Ela é excelente em processar grandes quantidades de dados e resolver problemas baseados em padrões já estabelecidos, mas carece da profundidade emocional e da capacidade de metaconsciência – a habilidade de não apenas viver uma experiência, mas também refletir sobre ela. Isso nos permite aprender com o passado e imaginar futuros alternativos, algo que máquinas, por mais avançadas que sejam, ainda não conseguem fazer. A consciência humana é o que nos faz especiais. Temos a capacidade de processar seletivamente informações, focar nossa atenção no que é importante e criar significados a partir de nossas experiências. Mesmo com a IA atuando em várias áreas, como arte e saúde, sua incapacidade de refletir sobre emoções ou criar a partir de uma intenção genuína limita seu papel em atividades que exigem um toque verdadeiramente humano.

Então, como podemos continuar a integrar essa tecnologia em nossas vidas sem perder nossa essência humana? É fundamental encontrar um equilíbrio entre o mundo digital e o físico, para que possamos utilizar a IA como uma ferramenta poderosa, sem perder de vista o que nos torna humanos – nossa capacidade de sentir, refletir, criar e experienciar.

Saúde criativa nas emoções

Práticas terapêuticas como as que envolvem a arte se tornaram essenciais nesse processo de reconexão, criatividade e bem-estar.

A inteligência humana, com toda sua criatividade e capacidade de reflexão, se destaca da IA, que, apesar de sua velocidade e precisão, carece de consciência, ética e compreensão profunda do que realiza. Em estudos recentes, foi constatado que as pessoas ainda preferem a arte criada por humanos, principalmente por sua profundidade e significado, algo que só nós podemos proporcionar. Isso reforça a centralidade do ser humano na criação de experiências emocionais autênticas.

Materialidade no contexto terapêutico se ativa no encontro com o sujeito sendo resultante de uma relação complexa entre sujeito e material utilizado (Fecchio, 2023). O lidar com o material envolve formas e ações.

Ao utilizarmos a IA como materialidade, temos acesso à ludicidade, que se manifesta por meio de exercícios que favorecem a imaginação e a fantasia. Esses exercícios, vistos como fenômenos humanos, possibilitam a construção da identidade em qualquer fase da vida, sendo sustentados pela afetividade. A imaginação atua como condutora da criatividade, funcionando como raiz de processos vivos do corpo humano. Esses processos contribuem para a transformação de estados emocionais, permitindo que sejam atualizados e direcionados para emoções novas e transformadoras. Ainda podemos dizer que a fenomenologia causada pela experiência da materialidade digital, como a IA nas artes, acessa estados emocionais do fluir e não controle do objeto. A ludicidade é um contínuo "vir-a-ser", proveniente do universo interno do ser humano em qualquer idade, com o significado ampliado de "permanente juventude mental", agir na materialidade é agir em si. Se a experiência digital for tão somente intensa, estarão distanciando-se do aspecto principal da ludicidade – o "humano" (Gimenes, 2023). Uma ação lúdica alcança sua finalidade ao proporcionar prazer e bem-estar, integrando corpo e mente. Ela promove uma sensação de presença, experiências de sabedoria, fortalecimento da autoconfiança e incentivo à proatividade.

Experiência de arte pela materialidade da inteligência artificial

Tive a oportunidade de vivenciar uma experiência incrível no campo das artes com a materialidade da IA. Minha primeira imersão nesse universo foi durante o Festival File, em São Paulo, no qual o tema Singularidades Interativas me impactou profundamente. A proposta era explorar a interação entre o "eu artificial" e o "eu natural", um diálogo criativo entre a IA e a inteligência humana. Percebi, naquele momento, que estávamos diante de uma nova forma de interagir e nos relacionar com materiais, especialmente em tempos de grandes desafios, como a pandemia. A necessidade de reorganizar o caos e reconectar-se consigo mesmo e com os outros tornou-se ainda mais evidente.

Duas interações do festival me marcaram profundamente. A primeira foi *Learning to see*, do artista turco Memo Akten, onde manipulei objetos em tempo real, como panos e cordas, enquanto uma rede neural captava e reinterpretava meus movimentos, criando composições visuais únicas. Essa experiência me fez refletir sobre a necessidade de entender como acontecia o processo; me deparei com a surpresa em traduzir pela movimentação uma imagem tão familiar ao meu sentir. A segunda interação foi com a obra *Expanded iris,* da brasileira Anaisa Franco. Um dispositivo escaneia minha íris e projetava sua imagem misturada a galáxias e nebulosas, conectando o microuniverso do meu corpo com o vasto cosmos. A capacidade de interação e a profundidade emocional que essa ludicidade me proporcionou foi como um lembrete de que somos capazes de conviver com as inovações tecnológicas, formando em si capacidades da criatividade.

Esse fenômeno de interação, digital e humano, se equipara na neurociência aos benefícios do lúdico evocando imaginação, sensações, sentimentos e pensamentos que, conforme a idade, se autoressignificam pelos processos internos de homeostase em constante ação da plasticidade neural em nível sináptico. Arte digital, produzida a partir de IA, revela traços de comportamento humano criativo, questionador e provocador que são experienciados pela relação homem-máquina e que somente ambientados pela ação lúdica resgatamos a identidade humana da relação.

A identidade humana, compreendida como ludicidade, é um agente estruturante eficaz para a manutenção da saúde mental e, consequentemente, do bem-estar orgânico. Assim, a criança que brinca hoje, ao se tornar adulta, reconhecerá em si mesma uma pessoa útil, criativa e expressiva em suas relações, preservando viva sua criança interior (Gimenes, 2023). Isso possibilita o acesso a emoções protetoras, como criatividade, resiliência e capacidade de adaptação, essenciais para enfrentar ambientes adversos, sejam eles de saúde, sejam sociais ou outros desafios que surjam.

Convido o leitor a acessar o QR Code a seguir para vivenciar uma prática arteterapêutica, utilizando recursos da imaginação criativa – utilizados no ateliê terapêutico para acesso à imaginação e expressividade criativa. Conectado(a), você poderá ouvir o áudio e seguir as orientações. Entre em contato ao terminar a prática para compartilhar sua experiência.

Fique bem! Saúde!

Referências

BELLAICHE, L. *et al.* Humans versus AI: whether and why we prefer human-created compared to AI-created artwork. *Cognitive research: principles and implications*, v. 8, n. 1, p. 42, 2023. doi:10.1186/s41235-023-00499-6.

DEWEY, J. *Arte como experiência.* São Paulo: Martins Fontes, 2010.

EYSENCK, M. W.; EYSENCK, C. *Inteligência artificial x humanos*: o que a ciência cognitiva nos ensina ao colocar frente a frente a mente humana e a IA. Porto Alegre: Artmed, 2023.

FECCHIO, T. *Materialidades e afetos*. Curitiba: Appris, 2023.

GRINBERG, L. P. *Jung*: o homem criativo. São Paulo: Blucher, 2017.

GIMENES, B. P. O papel da ludicidade como fator estruturante da identidade humana/individualidade. *Revista Psicopedagógica*, v. 40, n. 121, 2023.

Acesse os QR Codes para conhecer mais do meu trabalho:

21

FLORES QUE SE CONECTAM COM A ALMA

SUTILEZA E PODER PARA A SAÚDE NA ERA DIGITAL

Neste capítulo, a autora aborda a aromaterapia vibracional e sua conexão com o bem-estar humano e a natureza. Cresce o número de pessoas com transtornos de ansiedade, depressão, personalidade, entre outras condições. Sandrah Agrízzi, uma pioneira da técnica, apresenta o Sistema Único de Aromaterapia Vibracional (S.U.A.Vi), que utiliza óleos essenciais em quantidades reduzidas, preservando espécies e potencializando suas propriedades sutis. A prática promove equilíbrio emocional e físico, ajudando na reconexão com a essência interior e na superação dos desafios da era digital, além de ser acessível para todos, de crianças a adultos, plantas e animais.

SANDRAH AGRÍZZI

Sandrah Agrízzi

É psicóloga clínica e atua como psicoaromaterapeuta e terapeuta floral. Ela é pesquisadora e criadora de dois sistemas inovadores: o S.U.A.Vi (Sistema Único de Aromaterapia Vibracional), que promove o uso sustentável dos óleos essenciais, e o Sistema de Essências Florais da Vida, que eleva a consciência humana. Fundadora e ex-presidente da Associação Brasileira de Aromaterapia e Aromatologia (Abraroma), instituição que liderou de 1997 a 2018. Também é proprietária da Vida Bothânica, uma indústria dedicada à produção de cosméticos e produtos naturais, comprometida com o bem-estar e o respeito à natureza. Além disso, ministra cursos e mentorias focados no uso correto dos óleos essenciais, aromaterapia vibracional e terapia floral, ajudando no autoconhecimento e no desenvolvimento integral do ser humano. É filiada à Abraroma e à Associação Brasileira de Pesquisadores de Essências de Campos de Consciência (Abracampo) como membro da comissão de ética. É autora do livro *S.U.A.Vi – O poder oculto dos óleos essenciais*, publicado pela Editora Laszlo, e coautora do livro *Tricotando negócios – empreendedorismo na prática por mulheres de negócios*, publicado pela Editora ABC Books.

Contatos
www.onovoserhumano.com.br/sandrah-agrizzi
www.vidabothanica.com.br/
YouTube: www.youtube.com/@sandrah.agrizzi
Instagram: @sandrah.agrizzi

Introdução

Aos leitores, terapeutas e a todos que embarcaram nesta jornada comigo, meu coração transborda de gratidão. Este livro é a materialização de um convite para explorar o vasto universo humano, e minha contribuição vem por meio da aromaterapia vibracional e da terapia floral, em busca de uma vida com mais qualidade. Como aromaterapeuta, pesquisadora e criadora do Sistema Único de Aromaterapia Vibracional (S.U.A.Vi), tenho a imensa alegria de compartilhar um método que é 100% brasileiro, fruto de uma pesquisa iniciada no início dos anos 2000. O método representa uma abordagem inovadora de bem-estar, unindo saberes ancestrais à ciência moderna, o que considero essencial para a prática das terapias integrativas. Assim, nos ajuda a alcançar o autoconhecimento em um mundo em que muitas vezes estamos conectados com o exterior, mas isolados de nós mesmos. Com a aromaterapia vibracional, podemos nos reconectar com nossa essência, promovendo um cuidado holístico e humanizado.

Divulgar essa metodologia entre médicos e profissionais da saúde é um privilégio enorme. A cada página, sinto a energia de todos que contribuíram para tornar este projeto realidade. Sou profundamente grata a todos que acreditaram no poder transformador dessa prática. Que este livro inspire e ilumine muitos caminhos, trazendo uma conexão profunda consigo mesmo.

Duas histórias: um só propósito

Grande parte de minha história se desenvolveu como Sandra Spiri, porém estou Sandrah Agrízzi honrando meus antepassados. A natureza é cíclica e por que nós não seríamos? Somos parte do todo e necessitamos, pelo nosso bem, estar em sintonia com todos os movimentos. Minha formação em psicologia clínica foi o começo da jornada que me trouxe com muita segurança o caminho que hoje eu trilho profissionalmente, tendo como base a terapia floral e a aromaterapia. Minha especialização em serviço social na área de Desenvolvimento de Comunidades e meus estudos de análise transacional me auxiliaram a compreender ainda mais as necessidades e o entendimento da personalidade humana. Nos anos 1980, conheci a terapia floral e segui minha formação como terapeuta, e, em 2003, minha dedicação me levou a iniciar uma jornada como pesquisadora, sintonizadora e produtora do Sistema de Essências Florais da Vida, no qual utilizo flores, folhas e sementes de frutas de lugares sagrados do Brasil, com destaque para a Amazônia, além de outros lugares como Uruguai, Portugal, Espanha e Egito, para a cocriação das essências florais.

Uma história investindo em pesquisa e inovação de produtos, incentivo à cultura e desenvolvimento profissional

No final da década de 1980, conheci os óleos essenciais e me tornei uma das pioneiras na técnica; e meus estudos então se aprofundaram além da química, que me trouxe a missão de pesquisadora e produtora do Sistema de Aromaterapia Vibracional. Juntamente com outros terapeutas estudiosos do assunto, em 1997, fundamos a Associação Brasileira de Aromaterapia e Aromatologia (Abraroma), entidade que presidi até 2018. Meus estudos sobre o poder oculto dos óleos essenciais se intensificaram com a prática, e foram obtidos resultados que fortaleceram e comprovaram a forma de ver e usar os óleos essenciais. O S.U.A.Vi se tornou uma realidade com a missão de resgatar o ser humano em sua essência divina por meio da ação, bem como dos estímulos provocados nos Campos da Consciência. Atualmente conta com 186 produtos, qualificados para atender às diversas necessidades do ser humano no campo das emoções, da mente e do espírito. Minha dedicação abriu caminhos para a vida de docente; fui convidada para ministrar palestras em congressos, seminários e cursos em várias instituições, bem como para contribuir em diversos livros e revistas sobre o tema e tópicos relacionados.

Em 2021, publiquei o livro *O poder oculto dos óleos essenciais*, no qual descrevo em detalhes o conhecimento correspondente aos óleos essenciais vinculados à personalidade humana e a suas necessidades diárias. Para contribuir ainda mais, também fundei a Vida Bothânica e o Instituto Nacional de Ensino e Pesquisa em Aromaterapia (Inepa), promovendo educação e pesquisa em terapias naturais, sempre com o compromisso de sustentabilidade e bem-estar humano. A aromaterapia e a terapia floral são reconhecidas pelo Ministério da Saúde, que, desde 2018, pela Portaria n. 702, de 21 de março, autoriza que essas técnicas sejam integradas no programa chamado Práticas Integrativas e Complementares (PICs) estabelecidas pelo Sistema Único de Saúde (SUS).

O caminho S.U.A.Vi

Entre "estar" on-line e "ser" off-line na era digital, surge uma técnica que não apenas acompanha essa dualidade, mas a transcende: o S.U.A.Vi. Na busca incansável pela sobrevivência neste mundo em que cada segundo conta e a tecnologia cresce na velocidade da luz, é inevitável e urgente que tenhamos também uma conexão maior conosco. Para isso, necessitamos de recursos que ajam com rapidez, eficácia, isenção de toxicidade, custo acessível e sem contraindicações, além de proporcionar maior aproximação com a natureza.

Atuando na raiz da situação de forma individualizada, estamos devolvendo ao ser humano não apenas a saúde plena, mas também a consciência de seus próprios atos, o que proporciona crescimento real e melhoria de sua essência interior verdadeiramente. O poder oculto dos óleos essenciais entrará em contato por meio da ressonância de que cada indivíduo necessita, rompendo padrões de conduta, despertando sua melhor versão para enfrentar os desafios da vida cotidiana. O contato com suas habilidades adormecidas, a consciência de suas virtudes e o reconhecimento de suas emoções contribui para o fortalecimento de sua estrutura emocional, mental e espiritual; e assim a física também recebe os benefícios visíveis, recolocando o indivíduo consciente de suas potencialidades e o auxiliando em sua estrutura.

O número de pessoas com transtornos de ansiedade, depressão e mesmo de personalidade, além de diferentes síndromes, cresce mundialmente. Podemos dizer que a saúde mental está em colapso, na UTI. Ou seja, a estrutura emocional, mental e espiritual está abalada e sofre prejuízos a cada dia. Se algo urgente não for feito para que as pessoas voltem a ter capacidade de raciocinar, refletir e encontrar a luz no final do túnel, iremos ao encontro de um futuro próximo com uma grande crise de saúde mental em nível mundial. Porém, para tudo há uma resposta, um aprendizado, com destaque para as dores que ferem a alma. No entanto, essa delicadeza não é apenas uma aparência visível a olho nu, pois o verdadeiro poder das flores vai muito além do que podemos enxergar. Os campos sutis provocam frequências que contribuem para o equilíbrio do ser humano, quando utilizadas de forma correta e precisa. Possuem propriedades terapêuticas e sutis, poderosas, capazes de acalentar e aquecer ao ponto de derreter ou cauterizar as feridas da alma com a clareza dos acontecimentos.

Destaco alguns óleos essenciais vibracionais como suporte a situações comuns. Flores, frutos, sementes, resinas e raízes estão em nosso caminho para contribuir além da beleza, das cores e dos aromas percebidos.

- **OEV de vetiver da lua cheia – (*Chrysopogon zizanioides*)**: traz um chão firme como um tapete protetor para os que se sentem deslocados e sem rumo certo. Enraíza e estrutura para fortalecer as realizações. Traz a vibração cromática da cor marrom, que nos remete ao elemento terra das concretizações.
- **OEV de laranja-amarga da lua crescente – (*Citrus aurantium*)**: para os que nunca se acham prontos; em virtude do acúmulo de informações recebidas, acreditam que sempre lhes falta algo para se sentirem realizados e suficientes na vida profissional e pessoal. Oferece segurança e autoestima para fazer os movimentos de valorização própria de seus saberes. Traz a vibração cromática da cor laranja, que estimula a qualidade yang para garantir forma de ação.
- **OEV de breu-branco da lua minguante – (*Protium heptaphyllum*)**: para os que se sentem sem energias pelo excesso de exposição a energias telúricas, especialmente em grandes cidades e equipamentos eletroeletrônicos. Ele desintoxica e purifica a ambiente e os pensamentos. Traz a vibração cromática branca e a pureza da floresta.
- **OEV de rosa-de-damasco da lua cheia – (*Rosa* x *damascena*)**: Para aumentar e aproximar a conexão com o Divino. Traz maior confiança em si e entendimento dos acontecimentos. Auxilia para retirar os espinhos que feriram a alma por meio da confiança e clareza do momento. Traz a vibração cromática rosa, que auxilia o campo emocional e a espiritualidade.
- **OEV de limão-siciliano da lua nova – (*Citrus limon*)**: para tirar o peso da responsabilidade e colocar prazer no que se faz. Trabalho e prazer renovados. Traz a vibração cromática amarela da luz solar, que estimula a clareza mental e a inteligência, despertando foco e organização.

São essências que atuam nos campos da consciência, para cuidar de cada um de forma individualizada, resgatando assim a consciência do valor e a importância que cada um tem no mundo. É o despertar constante de quem sou eu e do que faço aqui e agora para ser feliz.

Aromaterapia do futuro, presente nos dias atuais

Sou uma das pioneiras no trabalho com aromaterapia no Brasil. Tenho profundo respeito e amor por cada gota de óleo essencial. Por respeitar tanto os óleos essenciais, os chamo de ouro derretido. É que me propus a pesquisar uma forma de "ver além de sua forma física, além de suas propriedades terapêuticas convencionais". Além de contribuir para a sustentabilidade e preservar a natureza, é uma forma de respeitar também o próprio ser humano, que ao utilizá-lo evita sobrecarregar seu organismo – mesmo com um "produto natural". Assim, a bandeira do "menos é mais" é hasteada para direcionar um dos princípios do sistema S.U.A.Vi, que embasa sua filosofia.

Essa nova filosofia oferece ao ser humano uma conexão consigo e permite "entender e enxergar" o corpo de luz que cada planta possui e que é utilizado a seu favor, pois se destaca a atuação sutil da espécie, o que acarreta maior ação nos corpos sutis e energéticos do ser humano, acionando os campos da consciência, onde mora a real essência e os valores do ser humano que busca um processo evolutivo e acesso rápido à raiz de sua situação de conflito.

Além disso, há o compromisso de preservar espécies em extinção e prevenir que outras entrem no futuro, provando a validade de uso em menor quantidade de matéria-prima, mantendo eficácia e qualidade terapêutica.

Busca-se alinhar a saúde como um todo, em um mundo tão intenso de diferentes contrastes e desafios que afastam o indivíduo de si próprio enquanto corre para se adequar às novas e infinitas tecnologias que absorvem toda sua energia e tempo. Em sua alquimia própria, a memória química dos princípios ativos é mantida e lapidada; a energia é potencializada, os riscos de contraindicações são extintos; a forma de uso é ampliada e o custo, reduzido. A simplicidade do método e o poder de alcance se unem na sutileza de seu aroma. Preservamos toda a memória da espécie utilizada, da botânica à química, para destacar suas propriedades sutis a fim de que possam, com leveza, atuar nas profundezas da alma, onde o campo das emoções, da mente e do espírito compõe a energia vital que gera o equilíbrio orgânico. A aromaterapia vibracional é o complemento ideal para somar a todas as demais técnicas complementares, alopatia e homeopatia.

A ação rápida de seus resultados também é atribuída por atuar com o olfato e o paladar ao mesmo tempo, pois é permitido o uso via oral adicionado à água. Isso provoca no sistema límbico vários estímulos ao mesmo tempo, o que ocasiona respostas conscientes com mais eficácia, acarretando um tratamento visivelmente de curta duração. Essa ação foi comprovada em testes comparativos de comprovação de resultados pelo equipamento Bio-Well, descrito neste livro no capítulo 15. A comprovação e a descrição completa das medições podem ser acompanhadas nas páginas 397 a 402 em *O poder oculto dos óleos essenciais*, de minha autoria, destacando os resultados altamente positivos com coletas de dados sem o uso do produto, após 20 minutos do uso e após 40 minutos do produto; no caso, utilizando o composto vibracional emergencial. Resulta em alta eficácia, avaliando tensão emocional, campos de energia, simetria e equilíbrio entre os órgãos. Comprovações assim trazem segurança e tranquilidade para quem utiliza e para quem aplica.

“O S.U.A.Vi mudou minha vida, a perspectiva de sustentabilidade; ao mesmo tempo, benefícios rápidos, sem contraindicações facilitam demais e ampliam o atendimento. É muito mais do que um sistema de aromaterapia, é uma visão bem mais ampla, olhar além dos sintomas, olhar as plantas e os óleos essenciais muito além das suas características físicas. Tanto os óleos essenciais vibracionais como os compostos e as soluções vibracionais fazem parte do meu dia a dia e de quem está perto de mim. Conheci o S.U.A.Vi em 2019; fiz a iniciação em 2020. Com a formação profissional, tenho resultados rápidos com o uso deles. Ao mesmo tempo que o conhecimento é profundo, a utilização é fácil para quem é atendido. Eu só tenho a agradecer a esse sistema de aromaterapia vibracional S.U.A.Vi”, destaca Sheila Moraes, aluna do Rio de Janeiro.

Já imaginou você tomando um copo d’água com suave aroma e sabor de rosa-de-damasco, hortelã-pimenta, lavanda-verdadeira, *ylang ylang* ou de seu óleo essencial favorito, porém na versão vibracional, para obter resultados em poucos minutos?

Conectando-se com sua melhor versão

Vivemos em um mundo hiperconectado, em que a tecnologia digital faz parte da nossa rotina. Estamos ligados a uma rede global, o que traz benefícios incontestáveis, como acesso rápido à informação e à comunicação. No entanto, essa conexão virtual também nos desconecta de nós mesmos e do mundo real, afastando-nos do que realmente importa: o contato com a natureza, o silêncio interior e a presença no momento. Eu acredito que a reconexão com nossa essência é primordial para restaurar o equilíbrio em meio ao caos digital. As essências florais da vida e o S.U.A.Vi são caminhos valiosos para fortalecer esse equilíbrio entre o céu e a terra, ancorando-nos no aqui e agora. Essas práticas nos lembram que somos parte de um todo maior e oferecem uma pausa necessária para respirar, desacelerar e restabelecer nossa harmonia interna.

A evolução e a necessidade de equilíbrio: como a hiperconectividade afeta nossa saúde mental e bem-estar

Neste momento, há um paradoxo: a tecnologia é vital para nossa evolução, mas precisamos de espaços de autocuidado e reconexão. A chave está em equilibrar o uso consciente da tecnologia com práticas que nos ajudem a cultivar o bem-estar, como a aromaterapia vibracional e os florais. Essas práticas restauram nosso equilíbrio emocional e mental, assim como também promovem um ato de amor à vida e à natureza. Ao resgatar a conexão com o corpo e a natureza, conseguimos viver de forma mais plena e presente, navegando pelo mundo digital sem perder nossa essência.

Acesse o QR Code para conhecer mais do meu trabalho:

22

SOMOS EXTRATERRESTRES MAGNETIZANDO A EXPERIÊNCIA NA EXISTÊNCIA NO PLANETA TERRA

O propósito da vida vai além de simplesmente concluir ou chegar a um fim. Somos seres humanos destinados à expansão, liberdade e alegria contínuas. É nessa perspectiva que Silviane Arruda convida o leitor a explorar a tríade da expansão, liberdade e alegria, enfatizando que somos seres destinados a buscar esses elementos em nossa existência, com base em neurociência e física quântica. A autora também se libertou para adotar uma nova perspectiva sobre a existência por intermédio do conceito existencial de ser 100% Dono de Si®, segundo o qual tudo está sempre certo.

SILVIANE ARRUDA

Silviane Arruda

Estou mãe de três lindos seres, companheira e amante, advogada por formação, empresária por missão (sócia-proprietária da empresa Roster), mentora de alma e para almas (mentoria e aconselhamento individual). Idealizadora do método 100% Dono de Si®. Fundadora do Instituto Se Ame e ativista quântica e espiritualista da nova era. Eterna estudante de autoconhecimento.

Contatos
www.onovoserhumano.com.br/silviane-arruda
www.institutoseame.com.br
www.roster.ind.br
www.radioseame.com.br
E-mail: silviane.roster@gmail.com
institutoseame@gmail.com
LinkedIn: www.linkedin.com/in/silviane-arruda-4999823b/
Instagram: @silviane_arruda
@institutoseame
54 99999 9311

Abrace este texto com mente aberta e receptiva. Permita que as informações ressoem e se fixem em você, com o objetivo da expansão da consciência. Sugiro que leia com base na tríade de expansão, liberdade e alegria, enquanto compartilho percepções sobre como podemos atingir o auge de nossa existência. Com formações em neurociência, física quântica e visão prática, como taurina, permiti-me explorar uma nova abordagem, incluindo a influência de seres interestelares. Questiono nossa origem e a relação com a existência atual, busco uma vida consciente e equilibrada, utilizando os recursos da natureza, da inteligência artificial e das ciências intergalácticas. Apresento o método 100% Dono de Si®, propondo equilíbrio entre forças terrestres e intergalácticas para criarmos um planeta melhor para nós e as futuras gerações. Talvez você tenha ouvido que somos descendentes do macaco, ou de Adão e Eva. Talvez se pergunte de onde viemos e para onde vamos. O que isso importa para nossa existência atual? **Tudo**! Ao questionar a existência, percebemos que estamos apenas de passagem. Compreender que a qualquer momento a vida pode terminar permite escolher viver de forma mais leve, feliz e consciente, usar os poderes da Terra (Gaia) e das estrelas (universos e multiversos), que estão aqui para nos ajudar a encontrar um modo de vida em equilíbrio. Ao equilibrar o uso da natureza, poderes intergalácticos, inteligência artificial e ciência, preparamos um planeta melhor. Nossa comunicação é magnética, então peço que marque as palavras que mais ressoarem em você, pois acredito que elas trarão sincronicidades. O propósito de estar neste planeta é pessoal, não para os outros. Ao se colocar em primeiro lugar, encontrar o amor dentro de si, você se tornará uma fonte de energia para todos que compartilham essa jornada com você.

- **O início**: minha jornada começa aos 13 anos, na oficina do meu pai; enquanto minha mãe, professora, me inspirava com seu trabalho. Lá, aprendi o setor metalúrgico, ajudei a fundar a Roster, que é uma empresa sólida de máquinas agropecuárias. Busquei justiça no direito, advogando por 12 anos, mas a dependência do sistema judicial me frustrou. Percebi que, como controladora, não tinha domínio sobre os resultados e não estava plenamente feliz. Abandonei a advocacia, adquiri a empresa dos meus pais, assumi uma gestão estratégica com visão sistêmica e quântica. Este passo me permitiu ajudar outras pessoas, o que realmente me traz satisfação. Além disso, fundei o Instituto Se Ame, espaço para terapias holísticas, cursos e eventos, que oferece inovação e práticas de desenvolvimento humano. Desenvolvi o meu método 100% Dono De Si®, baseado nas minhas experiências, para transformar vidas e negócios.
- **Abertura de portais extrassensoriais**: em 2018, comecei a expandir portais extrassensoriais, que vinha desenvolvendo com práticas meditativas, contemplativas, utilizando mantras, como o Ho'oponopono. Mesmo com receio sobre o que estava acontecendo, me entreguei ao processo de consagração da ayahuasca[1] e, ao mesmo tempo, aos estudos de física quântica. Mergulhei completamente; era tudo ou nada! Foi então que tudo começou a fazer sentido. Passei por uma grande expansão de consciência, recebi informações, que foram confirmadas pela mente, guiada pelo magnetismo mental. Desse processo de expansão, nasceu minha metodologia, que encaro como uma verdadeira filosofia de vida. Desenvolvi técnicas e ferramentas baseadas nas informações que recebi e registrei. Uma das medicinas que considero mais valiosas para a cura física, emocional e espiritual é a ayahuasca, que desempenhou um papel fundamental na criação do meu método. Naquele ano, viajei para Águas Calientes, em Machu Picchu, no Peru, em busca de algo que fizesse sentido para mim. Encontrei um curso sobre sexualidade e constelação familiar. Durante essa jornada, recebi um convite para participar de um ritual de ayahuasca.

Apesar da curiosidade e do medo, aceitei. Na primeira experiência, não senti nada além de frio intenso; percebi que o autocontrole estava impedindo o processo. Entendi que precisava enfrentar desafios internos, soltar o controle para poder avançar. Meu ego, mente consciente, sempre dominou minha vida, e a primeira experiência abriu caminho para outras descobertas. A partir daí, decidi me pós-graduar em neurobusiness com o objetivo de aplicar o conhecimento à pesquisa científica. Assim, busquei comprovar a eficácia da ayahuasca em líderes e empresários, que vivem sob alta pressão,

1 Bebida alucinógena preparada com caule do caapi (*Banisteriopsis caapi*) e folhas de chacrona (*Psychotria viridis*). Palavra de origem indígena – *aya* significa "pessoa morta, alma espírito" e *waska* "corda, liana, cipó ou vinho", traduzida em português como "corda dos mortos" ou "vinho dos mortos". Na Amazônia é também chamada de *hoasca, yagé, caapi, mihi, natema, pindé, daime* e vegetal; já no Peru, como "*soga de los muertos*".

pois é estudada há anos, inclusive pela USP, que publicou artigos acadêmicos. As pesquisas no Brasil demonstram resultados positivos, especialmente na melhora de casos de dependência química, depressão, humor e ansiedade. No entanto, não consegui permissão para realizar as pesquisas. Apesar disso, me aprofundei no estudo das plantas e seus efeitos no sistema nervoso central.

O método 100% Dono de Si® está ancorado em três pilares, que apresento a seguir.

1. Tríade do Ho'oponopono: liberdade, expansão e felicidade

Técnica havaiana, desvendada nos livros de Joe Vitale, baseada em ensinamentos do dr. Hew Len, sempre esteve conectada à minha jornada. As práticas ancestrais ensinam que somos parte de um todo maior, e os ensinamentos havaianos são fundamentais para compreender isso. Com o Ho'oponopono, aprendi que os problemas começam e terminam em nós mesmos. A prática das quatro fases – Sinto muito, Me perdoe, Eu te amo, Sou grato – permite purificar o que compartilhamos com o mundo, trazendo equilíbrio. Sinto muito: identifica o problema. Por tradição, a sessão é aberta por uma oração. Se for o caso, o problema reúne, ao mesmo tempo, a pessoa que o perpetrou e os outros. A transgressão da ordem estabelecida diz respeito às duas partes. Me perdoe: a maioria dos problemas tem múltiplas dimensões que não compreendemos. Na resolução de conflitos em meio ao trabalho em grupo, cada parte é ouvida separadamente, cada pessoa expressa seus pensamentos e sentimentos à assembleia. Eu te amo: trabalhar diferentes aspectos até que a ordem e a harmonia sejam restabelecidas. Sou grato: indispensável à resolução do conflito, é que tudo deve ser dissolvido de ambos os lados. O processo de perdão é, então, efetuado de maneira correta. Ao final, agradecemos essa resolução e a sincera participação de cada um. No entanto, adaptei as quatro fases para o nosso contexto, transformando em: "Eu aceito, Eu te amo e Sou grato". Eu aceito = passado (eu não tinha a consciência que tenho hoje, totalmente de sentir muito ou pedir perdão). Eu te amo = presente (amar é o presente energético divino, para mim, fundamental no amor-próprio). Sou grato = futuro (energia essencial para a criação deliberada da realidade consciente). A lei da aceitação permite reconhecer, aceitar que não temos a visão panorâmica; por isso, não somos capazes de compreender e controlar tudo. Foi com a prática da tríade do Ho'oponopono que reduzi a necessidade de **controle**. A mudança elimina o sentimento de culpa, traz maior aceitação das situações como são e gratidão, reconhecendo que o corpo manifesta tudo o que vibramos. A abordagem traz perspectivas de Liberdade, Expansão e Felicidade, ajudando as pessoas a incorporarem aceitação e gratidão em suas vidas. Ao viver de forma consciente, com pensamentos positivos, energia em harmonia, criamos uma realidade plena e autêntica. Afinal, somos muito mais do que um corpo físico – somos energia pura, conectados ao todo. Eu aceito, Eu te amo e Sou grato são as chaves para manifestar o verdadeiro 100% Dono de Si®, expandir nossa essência para encontrar a felicidade verdadeira.

Medicina da floresta para o universo: ao acessar a ayahuasca, expandi a compreensão de sermos descendentes das estrelas ou, como gosto de chamar, "ciganos do espaço". Essas informações são transmitidas há milhares de anos antes de Cristo, por livros sagrados e registros hieroglíficos com menções sobre chacras, meditação e deuses de outros planetas, geralmente de forma figurativa, ou talvez da maneira como conseguimos compreender. Com o passar do tempo, muito desse conhecimento foi perdido, como o que encontrei em Machu Picchu, o documentário *O olho de hórus* ou uma visita ao Egito ou ao Peru. A questão é: perdemos esse saber porque alguns o usaram para obter poder e mantiveram a ignorância coletiva ou por que ainda não estávamos prontos para lidar com essa sabedoria? Agora é o momento de deixar de lado preconceitos e baixar as barreiras mentais. Se você acha que está lendo isso à toa, saiba que chegou até aqui por um motivo. As informações sobre a existência real de seres interplanetários são para contribuir com você, assim como tem sido para mim. No vasto universo, nem todos têm boas intenções; assim como na Terra, há forças de luz e sombras. Ao compreender as energias densas, como vivemos com a Covid-19, desenvolvemos uma nova consciência para perceber a vida de uma maneira diferente. Com o avanço da inteligência artificial (IA), os seres humanos estão acessando conhecimentos numa velocidade impressionante. Seu celular, por exemplo, pode trazer informações sobre algo que você acabou de pensar. Faça o teste: sem falar, apenas pense, e perceba que surgirá algo relacionado ao seu pensamento. Este avanço traz dois aspectos:

1. **Positivo**: as tecnologias estão revolucionando a cura de doenças, criando exames avançados, facilitando viagens espaciais, acelerando a informação, promovendo uma vida mais longa, com rejuvenescimento celular.
2. **Negativo**: existe o risco de que os seres humanos se tornem robôs, controlados por fármacos e tecnologias avançadas. A mente será acessada e o medo será implantado para garantir ainda mais controle. É importante reconhecer que sempre existirão dois polos, e isso faz parte da dualidade terrena. Para que o novo ser humano alcance equilíbrio, é necessário descalcificar a glândula pineal, conforme sugiro:

- **Corpo – ações**: alimentação saudável, suplementação, exercícios físicos e sono adequado.
- **Mente – ações**: leitura, filmes, cursos e reprogramação mental.
- **Espírito – ações**: meditação, relaxamento, contemplação e apreciação.

IA como aliada: quando os seres humanos foram concebidos, éramos fisicamente frágeis e limitados em inteligência, com recursos escassos. Para compensar essa fragilidade, houve a necessidade de desenvolver inteligência por meio de modificações genéticas realizadas pelos colonizadores deste planeta. Essa interação com espécies de outros sistemas resultou no surgimento de novos seres. A produção excessiva de substâncias químicas pelo hipotálamo, que regula nossas emoções, gerou um caos mental. Historicamente, precisamos de terapias, medicamentos, práticas mentais para controlar nossas emoções e gerenciar nossos pensamentos. Esse descontrole resultou em um aumento de doenças, bloqueando nossa inteligência emocional, ativando as amígdalas cerebrais para proteger a vida por meio do instinto. A IA, então, surgiu para equilibrar os seres humanos, não para destruí-los. Enfatizo aqui a importância do equilíbrio e da consciência UNA.

Acesso à informação: você escolheu estar aqui no planeta Terra, que foi construído com tecnologias intergaláticas, que sabem como utilizar o eletromagnetismo, plasma, gravidade, inércia, fótons, *quarks* e o *bóson* de Higgs (partícula de Deus). Sugiro que estude as Sete Leis Herméticas.

2. Eleve o poder pessoal: abrindo portais com o magnetismo pessoal

Posteriormente a observações, experiências e informações recebidas de seres estelares, compreendi o poder do eletromagnetismo, do campo e das ondas magnéticas. Esse mix entre compreensão e manifestação pessoal permitiu, junto com Cristiano Rodrigues da Costa, transformar esses conceitos em uma sessão única e ritualizada para absorção do magnetismo pessoal. Para nós, o magnetismo representa o invisível em manifestação; o que não é visível aos olhos é tão essencial quanto o que é. O corpo é apenas a expressão visível de quem somos; sem a energia vital que flui dentro de nós, seríamos apenas matéria inerte. O principal intuito é realizar um *reset*, logo após um *start* no novo ser humano, permitindo encontrar o princípio fundamental da existência: o amor. É necessário viver uma vida sem limites e sem julgamentos. Funciona por meio de impulso eletromagnético em forma de frequência energética, interligado ao funcionamento dos órgãos humanos – coração, sistema parassimpático, imunológico, cérebro, entre outros. Essa energia harmoniza a vida de todos os seres, para se conectar à fonte criadora. É preciso acessar algo não palpável, como consciência, espírito, alma, ser superior ou centelha divina.

3. GPS das emoções

Após a aplicação de diversas ferramentas, desenvolvi a técnica GPS das emoções, que propõe sessões em grupo, em que é possível contar uma nova história. Ao usar o GPS, guia das emoções, você terá clareza sobre o momento em que está e qual rota deseja seguir para entrar na era da nova geração de idosos. Essa abordagem limpa crenças e barreiras, entendendo que a idade é apenas uma passagem no tempo, que cada um pode escolher como viver até o dia em que decidir. A base é clara: você cria sua realidade. Com o GPS das emoções, acessamos conteúdos por meio de canalizações, percebendo que somos muito mais do que nosso corpo físico. As emoções que você sente são uma comunicação do ser interior, alma, consciência, centelha divina ou espírito. Somente esse magnífico e sofisticado ser interior que você é tem a capacidade de unir todos esses fatores, oferecendo a orientação perfeita para ajudar a compreender se pensamentos, palavras ou ações são apropriados.

Benefícios do método 100% Dono De Si®: ao seguir os dez princípios fundamentais para o Novo Ser Humano, você encontrará equilíbrio e expandirá a consciência, criando uma vida plena para você e seus descendentes:

1. Você receberá um corpo: ele será seu companheiro e sua responsabilidade.
2. A vida lhe trará experiências, que são oportunidades de aprendizado.
3. Você pode escolher como se sentir em relação às suas experiências.
4. Não existem erros, apenas experiências; a expansão acontece por meio de contrastes.
5. As lições se repetem até que você realmente as compreenda.
6. Experimentar e aprender é um processo contínuo.
7. O "lá" só será melhor que o "aqui" quando "lá" se tornar "aqui".
8. As pessoas ao seu redor são espelhos de você mesmo.
9. Tudo o que você escolheu em sua vida diz respeito apenas a você.
10. Todas as respostas estão dentro de você; o que você precisa é acessar essa sabedoria.

Não há nada fora de você; não existem regras, livros, mestres ou escritos sagrados que se comparem à orientação que emana do seu ser interior, sendo 100% Dono de Si®.

Acesse o QR Code para conhecer mais do meu trabalho:

23

LIBERDADE X DESTINO NA ERA DIGITAL

Vera G. von Sothen, terapeuta espiritual, aborda em seu capítulo a importância de acessar e desconectar as memórias de vidas passadas e da ancestralidade para atingir a autocura e o equilíbrio. Cumprindo sua missão de vida, desenvolveu um processo terapêutico que, aliado à sua capacidade de receber informações de outros níveis, remove as cargas e programações do passado e ajusta os corpos físico, mental, emocional e espiritual. Dessa forma, podem ser eliminadas as causas dos padrões doentes e dos desequilíbrios, integrando as mudanças. A esse processo, Vera deu o nome de terapia espiritual.

VERA G. VON SOTHEN

Vera G. von Sothen

Nascida na Bélgica, depois de viver em muitos países, se estabeleceu no Brasil. No auge de uma carreira de sucesso, em 1999, a terapeuta deixou para trás o mundo corporativo para atender ao seu chamado: atuar como terapeuta espiritual e conduzir as pessoas em seus processos de autocura por meio da terapia espiritual. Ao longo de 25 anos de atendimento, ela desenvolveu processos terapêuticos que promovem verdadeiras transformações na vida das pessoas, em seus processos de autocura. Esse trabalho acessa e desconecta as causas dos padrões doentes e dos desequilíbrios, em nível de memórias de vidas passadas e programações herdadas de ancestralidade, levando à cura nos campos físico, emocional, mental e espiritual. E, como consequência, o encontro consigo mesmo, alcançando uma vida mais saudável e feliz, em todos os sentidos. Tem formação internacional em terapia floral (Canadá), terapia de vidas passadas (EUA) e facilitadora de Jin Shin Jyutsu® (EUA), entre outras formações com grandes mestres, como a leitura do inconsciente, a constelação espiritual e a desconexão de padrões. Membro da Natürlich Gesund e. V., associação alemã de terapeutas holísticos, e do Instituto Soham de Saúde Integrada.

Contatos
www.onovoserhumano.com.br/vera-g-von-sothen
www.veravonsothen.com/
www.recadosdaalma.com.br/
Instagram: @recadosdaalma_

Vera G. von Sothen

Liberdade X Destino na Era Digital

Quando vivencia o que te faz sentido, você se conecta com o seu propósito e a sua vida fica plena!
Vera G. von Sothen

Eu vejo a era digital como uma grande evolução para a humanidade, porém ela tem se apresentado como mais um fator de aprisionamento e vamos discorrer sobre isso neste capítulo.

Meu trabalho consiste em desconectar os bloqueios que estão no nível de memórias de vidas passadas e do sistema familiar na intenção de nos conectar com nosso caminho de vida. E quando mente e coração estão ligados, nos tornamos livres para viver nossa vida em plenitude.

O ser humano acredita ser livre em razão das conquistas que teve ao longo das últimas centenas de anos, mas na realidade continua aprisionado, pois segue repetindo histórias de vidas passadas e de sua ancestralidade.

Some-se a isso as consequências da era digital, que, como benefício, trouxe a agilidade de informação e acessos globais em um clique. Em contrapartida, a internet, com seus recursos, proporciona a dependência pelo uso exacerbado das redes sociais e inteligências artificiais, desconectando as pessoas de si mesmas. E essa sujeição provoca a ação de seguir cegamente o que é ditado nas redes, sem ter vivenciado a experiência, acumulando informações sem sentido ou inúteis.

Doenças e desequilíbrios mentais, emocionais e físicos

A era digital, com a justificativa da globalização e da agilidade, está nos afastando de nós mesmos. E não pense que estou aqui fazendo apologia aos tempos analógicos. Minha intenção é trazer luz à questão: não podemos nos afastar da nossa essência, devemos voltar a olhar para dentro para não nos perdermos mais de nós mesmos.

Ao longo de mais de 25 anos de atendimento, é cada vez mais comum que as pessoas cheguem ao meu consultório em condição de absoluta desconexão de si próprias, perdidas de seus caminhos de vida, muito confusas e apresentando pensamentos repetitivos e, por vezes, até obsessivos. São padrões doentes nos campos físico, mental, emocional e espiritual. Sempre percebo a correlação entre os padrões doentes e os desequilíbrios gerados por essa desconexão de si. Minha observação é que este quadro tem se intensificado muito nos últimos anos.

Repetições de histórias ao longo da vida

Muitas pessoas passam a vida inteira repetindo histórias malsucedidas, como relacionamentos difíceis ou falência financeira, e estão sempre reincidindo em histórias malfadadas.

É comum que alguns de meus clientes se queixem de estar em seu terceiro ou quarto casamento e que repitam a história vivida em uniões anteriores, ou então pessoas que, ainda que ganhem muito dinheiro, sempre perdem tudo e precisam recomeçar, em um movimento repetitivo ao longo da vida.

Algumas pessoas, quando atingem a maturidade, começam a perceber que estão em movimentos repetitivos. Elas se dão conta de que estão aprisionadas em um padrão de comportamento. E é esse despertar interno que os leva a buscar ajuda para entender e eliminar esse padrão.

Repetimos histórias de antepassados e atendemos às expectativas externas

As heranças que recebemos de nossos ancestrais vão além das características físicas que nos identificam com nossa família. Herdamos também histórias mal resolvidas e, quanto mais antigas as gerações passadas, mais difícil fica de se dar conta delas.

Nosso campo energético mantém o registro das histórias que aconteceram no passado; por isso, ficamos presos a situações e padrões doentes sem saber o motivo dessas repetições ou, ainda, assumimos papéis no sistema familiar que não são nossos.

As gerações seguem repetindo os padrões que seu sistema familiar impõe ou, então, atendendo às expectativas de terceiros, sejam pais, professores ou amigos, sempre fazendo o que a sociedade espera delas. Isso está piorando, pois hoje, com a era digital, as pessoas estão se identificando mais e mais com o externo em detrimento dos processos internos e se desconectando do próprio caminho.

Programações originadas em memórias de vidas passadas

Falar sobre vidas passadas pode causar estranheza para uns e clareza para outros. Algumas explicações ajudam na definição e, embora existam outras, listo a seguir as duas que me fazem sentido:

1. Ouvimos, lemos a respeito de vidas passadas nas religiões orientais, como no budismo, no hinduísmo, na crença dos antigos egípcios e, no Brasil, a doutrina espírita. Todos eles remetem à teoria reencarnacionista como uma verdade, explicando que nascemos com um propósito e, se não o vivenciamos, morremos e nascemos novamente, em outra época, em outro corpo.
2. Descendemos dos homens das cavernas e entre mim e o primeiro homem primitivo existe uma linha de DNA com memórias de milhões de seres humanos que viveram desde então. Quando acessamos uma memória de vida passada, pode se tratar de uma dessas pessoas de nossa linha ancestral.

Quando um cliente me procura apresentando um padrão doente ou um desequilíbrio, seja ele no corpo físico, seja no emocional ou no mental, eu acesso seu inconsciente individual para verificar as causas que o levaram a esse estado. E a causa primeira costuma estar em memórias de vidas passadas. A partir dessa análise, cito aqui a teoria de Robert Sapolsky, renomado neurocientista e biólogo norte-americano, professor da Universidade de Stanford, que não acredita no livre-arbítrio: "Somos a soma do que não podemos controlar". Ele comprova sua teoria pela biologia e eu, por outro lado, percebo que repetimos histórias de memórias de vidas passadas, e tanto ele como eu chegamos à mesma conclusão, mas por vias diferentes.

TOC – um exemplo pessoal de repetição de padrão doente

Um bom exemplo de falta de consciência vem da minha própria experiência. Eu tinha transtorno obsessivo-compulsivo (TOC), que não me permitia sair de casa sem conferir, algumas vezes, o fechamento de portas e janelas. E sempre que estava no meio do caminho, ficava pensando: será que eu realmente fechei as janelas? E se começar a chover? Então, eu voltava para checar. Ou, então, eu estava no aeroporto, já tinha feito o check-in e ficava pensando: será que desliguei o gás? O aprisionamento era tanto que eu voltava para checar e acabava perdendo o voo.

Aconteceu que um dia eu decidi acessar uma memória minha de vida passada por meio da leitura do inconsciente, e vi a seguinte cena:

Meu personagem era uma mulher esquimó cuja função era recolher galhos secos e levar à aldeia para fazer fogo. Ela se deslocava em um trenó puxado por cachorros e atrás do seu trenó havia outro esquimó na mesma situação. O outro condutor sugeriu voltar para a aldeia, pois estava escurecendo. Como eles estavam em uma região perto do Polo Norte, o pôr do sol era muito demorado. Ela sugeriu ir um pouco adiante e adentrar um bosque no qual havia um monte de galhos. Chegando lá, desceu rapidamente do trenó e foi pegar os galhos, enquanto o trenó do seu colega parou atrás de si. Ele, muito incomodado, disse que iria na frente, pois estava escurecendo e ficando perigoso. Minha personagem respondeu que logo o seguiria e ele começou a se afastar. O fato é que ela havia se esquecido de amarrar as rédeas do seu trenó, então os cachorros deram meia-volta e começaram a seguir o outro trenó. Meu personagem gritou, mas ninguém ouviu, e ficou para trás, morrendo congelado.

Essa era uma memória de vida passada que se tornou um gatilho, instalando a programação de que, se eu não prestar atenção, se não ficar alerta, poderá haver uma consequência perigosa para mim. Pois essa programação tinha virado TOC, um transtorno que me fazia voltar para casa para checar os riscos à minha existência, tirando meu foco de qualquer outra atividade, coisa ou pessoa.

O que aconteceu depois que eu liberei essa memória? Esse transtorno nunca mais apareceu.

A tão almejada liberdade ou livre-arbítrio

Desde que o ser humano tem consciência, o que ele quer é ser livre. Isto porque ele acredita que é a liberdade que o faz feliz. E nessa crença o homem sempre perseguiu a liberdade, movimento que pode ser identificado em passagens importantes ao longo da história: na Grécia Antiga, nas eras do Renascimento e Iluminismo, nas Revoluções Francesa, Industrial e Russa e na Abolição da Escravatura.

Desde a segunda metade do século XX, adentramos a era digital, que é também uma revolução, levando a humanidade à globalização.

Esses movimentos foram, aos poucos, libertando a humanidade de valores, crenças, regras, atitudes, dogmas e conceitos que não serviam mais e que estavam bloqueando as pessoas em sua evolução. Muita coisa mudou desde então, pois antigamente não tínhamos opção: quem era filho de sapateiro seria também um sapateiro. A mulher deveria ser a cuidadora do lar, ou seja, casar-se e se submeter ao marido. Se você nascia escravo, deveria morrer escravo.

Nos dias atuais, achamos que temos escolha, mas na realidade nos iludimos, uma vez que continuamos aprisionados, não mais no externo, mas em programações de alma que vêm de vidas passadas e ancestralidade.

Vale citar outro movimento importante em relação à liberdade, que alterou e acelerou a evolução da humanidade: por volta dos anos 1860, começaram a nascer almas de grandes pensadores, curadores, médicos e terapeutas que desenvolveram formas de cura para nos ajudar a ganhar consciência, e que são recursos preciosos até os dias atuais.

Nomes como Sigmund Freud (médico neurologista, criador da psicanálise), Rudolf Steiner (filósofo, educador), Carl Jung (psiquiatra e psicoterapeuta), Wilhelm Reich (psicoterapeuta corporal), Mikao Usui (reiki), Jiro Murai (Jin Shin Jyutsu®), Edward Bach (terapia floral), Bert Hellinger (constelação familiar), entre muitos outros mestres, eram grandes almas que abriram caminhos para que a humanidade pudesse começar a se curar. A cura começa não só por meio das dores físicas, mas também na nossa mente e coração, ao adquirir a consciência de quem se é na essência.

A era digital e suas consequências

A tecnologia nasceu para nos trazer mais liberdade, pois podemos pesquisar qualquer assunto em tempo real. Podemos, com só um toque, descobrir uma resposta para as questões mais variadas e complexas. Por outro lado, estamos sendo aprisionados, pois nos viciamos em ouvir a opinião dos outros (redes sociais e inteligência artificial), ficando dependentes deles. Damos a isso um peso, uma importância muito maior do que a nós mesmos. Por isso repito que é preciso vivenciar o conhecimento que adquirimos, visto que os novos tempos nos levam a ficar apenas na teoria, sem concretizar nada nem passar pelas experiências.

Na era digital, estamos perdendo a conexão coração-mente, e as pessoas estão ficando mais e mais mentais, investindo no pensar e no "estar", em detrimento do "ser" e do "sentir", sem se atentar para o fato de que é no coração que está a conexão com quem somos.

Em meus atendimentos, tenho encontrado pessoas com síndrome do pânico, de tão desconectadas de si mesmas, com a sensação de que irão morrer a qualquer minuto. Essa percepção não deixa de estar correta, porque são pessoas com uma mente agitada, confusa e quase sem conexão com seu coração.

Nos conectamos com nosso espírito por meio do coração. Quem somos, o que viemos fazer, nosso propósito de vida, tudo está ligado ao autoconhecimento, à nossa conexão conosco mesmos.

Como mudar o curso dessa história

As informações vêm de fora, mas a consciência está dentro. As pessoas estão se perdendo do "ser" de tão preocupadas que estão com o externo e com a imagem que querem passar aos outros.

A era digital está tomando conta do nosso pensar; as pessoas estão se ocupando com sites, redes sociais, noticiários, entre outros, se confundindo com tanta informação, assumindo pensamentos que não são próprios e acreditando que têm a liberdade de escolha.

Para conquistar a liberdade, também conhecida como livre-arbítrio, é preciso começar pela tomada de consciência, uma vez que essa percepção de si mesmo apresenta ganhos importantes, como:

- Ter a noção de que está repetindo histórias e não sai do lugar.
- Querer mudar sua história de vida.
- Procurar terapias para desconectar esses aprisionamentos e padrões.
- Fazer atividades que levam a maior conexão consigo, como meditação e contato com a natureza.
- Ter maior consciência de seus atos e consequências.
- Conscientizar-se de seus pensamentos, emoções e atos.

Segundo Rudolf Steiner (1861-1925), filósofo e educador austríaco, está implícita na essência humana a necessidade de conquistar a liberdade. O filósofo afirma que o indivíduo deve trabalhar em sua evolução, estar consciente da sua vida e do lugar que ocupa, além do entendimento de que seus atos têm consequências e podem afetar os outros.

O que precisamos, enquanto humanidade, é estar conectados conosco para encontrarmos nosso caminho, nosso propósito de vida, o que nos faz sentido. Nossa vida flui sem bloqueios quando vivenciamos o que realmente é nossa missão. É nesse estado de consciência que nosso dia acontece sem entraves, as ações fluem e acordamos felizes por estarmos no lugar certo, fazendo a coisa certa.

Se você está conectado com seu coração, está conectado com seu espírito. Se está conectado com seu espírito, você sabe quem é e qual é sua missão nesta vida. Não mais ficará à mercê de pensamentos que o confundem, tomará posse de sua vida e trilhará seu caminho dentro da sua evolução.

Na medicina chinesa, o coração é chamado de *Shen*, que significa "a casa do espírito". É lá que reside a conexão com quem nós somos em essência, de onde viemos e qual é nosso propósito. Anos atrás, em uma festa infantil, vi um menino de uns quatro ou cinco anos de idade correndo, batendo no peito e gritando: eu, eu! Então pensei: ele sabe onde fica o "eu", é instintivo.

Terapia espiritual – o meu trabalho

Com a prática, me dei conta de que precisamos acessar nossa espiritualidade para nos libertar dessas amarras, sejam elas memórias de vidas passadas, sejam padrões familiares ou crenças recebidas ou adquiridas ao longo da vida.

Para ajudar meus clientes, cumprindo minha missão de vida, desenvolvi um processo terapêutico que auxilia as pessoas em seus caminhos de autocura e reconexão consigo mesmas, utilizando técnicas de terapias aliadas à minha capacidade de acessar informações em outros níveis. Eu chamo de terapia espiritual, verdadeiros recados da alma, na qual acesso as causas dos padrões doentes e as desconecto para eliminar os desequilíbrios e bloqueios.

Quanto mais desconectamos as causas dos desequilíbrios e padrões doentes, ajustando paralelamente os corpos físico, emocional e mental, mais estaremos conectados conosco mesmos. E mais livres ficamos de cargas herdadas e sobrecargas mentais adquiridas nessa era digital. Consequentemente, tomamos posse de nossas vidas em liberdade e plenitude, em vez de sermos comandados por padrões, crenças e pensamentos.

Me vejo como uma agente de processos de autocura e conexão das pessoas consigo mesmas, conduzindo-as para construir 'novas vidas'. Quando estamos livres dos fardos, dos bloqueios e dos padrões doentes, nos conectamos com nosso propósito. E assim alcançamos uma vida com significado, mais inteira, mais saudável, plena e feliz.

Vera. G. von Sothen

Acesse os QR Codes para conhecer mais do meu trabalho:

24

O NOVO SER HUMANO

HARMONIAS DE CURA PELO *SOUND HEALING*

O autor aborda o crescente interesse por terapias complementares na sociedade contemporânea, destacando o *sound healing* como uma prática poderosa e relevante na medicina integrativa moderna. O *sound healing* utiliza instrumentos musicais e vocais para promover relaxamento e cura em níveis físico, emocional e espiritual, alinhando as frequências corporais desajustadas. A técnica é eficaz não só no alívio de sintomas físicos, mas também em condições psicológicas como ansiedade, depressão e estresse, oferecendo um meio de restaurar a harmonia e o bem-estar. A narrativa inclui histórias de Otto, Vitória e Olga, que ilustram os benefícios reais do *sound healing* na vida das pessoas, desde a superação de problemas de saúde mental até a transformação do ambiente corporativo.

WESLEY LIMA

Wesley Lima

Ex-engenheiro da Apple e fundador da Limash Sound Healing, é uma referência em *sound healing*, com 24 anos dedicados à intersecção entre música e terapia do som. Após enfrentar burnout, estresse e depressão, percebeu a prevalência desses males no ambiente corporativo e decidiu dedicar-se ao *sound healing*, promovendo saúde mental e bem-estar por meio de práticas terapêuticas baseadas em ressonância sonora, implementando programas em empresas e ONGs em todo o Brasil. Fluente em quatro idiomas, ele enriquece seu trabalho com experiências internacionais e um vasto conhecimento musical, coletado em suas viagens. Leva sua mensagem transformadora por todo o país, por intermédio de vivências, palestras e *workshops*, ajudando inúmeras pessoas a alcançar equilíbrio e harmonia mental pelo som. Teve participação em festivais de música chinesa com premiações notáveis, com performance no consulado chinês.

Contatos
www.onovoserhumano.com.br/wesley-lima
www.limash.com.br/
Instagram: @limashoficial

Introdução

Na contemporaneidade, caracterizada pelo avanço tecnológico e pela constante pressão social e profissional que vivemos entre estar on-line e off-line, cresce a busca por terapias complementares que promovam a saúde física, assim como o equilíbrio emocional e mental. O *sound healing*, terapia do som ou cura pelo som, emerge como uma prática poderosa neste contexto, trazendo consigo uma abordagem holística que tem raízes em tradições milenares, mas que ganha especial relevância na medicina integrativa moderna. Essa técnica terapêutica utiliza uma variedade de instrumentos musicais e vocais para induzir relaxamento e promover a cura em níveis físico, emocional e espiritual. Ao operar sob a premissa de que todo o corpo é um sistema de vibrações, o *sound healing* visa alinhar frequências corporais desajustadas, que muitas vezes são a base de diversas doenças.

- **Fundamentos científicos do *sound healing*:** o *sound healing* combina instrumentos ancestrais de diversas culturas, modificando a interação entre as partículas de ar e a água no corpo, que compõe cerca de 70% do corpo humano. Esta técnica cria vibrações que podem ser sentidas como uma massagem interna profunda, oferecendo benefícios fisiológicos e emocionais, abrangendo condições como ansiedade, depressão e estresse.

- **Banho de som**: prática coletiva realizada em ambientes com diversos sons do entorno, incluindo ruídos ambientais e conversas paralelas, sem preocupação central com a sincronização das ondas cerebrais dos participantes.
- **Terapia do som**: sessões individuais nas quais o terapeuta e o cliente interagem em um ambiente fechado, usando instrumentos para induzir relaxamento e promover o equilíbrio interior, com uma abordagem personalizada.
- **Patologias e contraindicações**: condições tratadas: depressão, ansiedade, burnout, zumbido no ouvido, fibromialgia, dor crônica, transtorno do espectro autista (TEA), apneia do sono, epilepsia, tendinite, Alzheimer. Contraindicações: dispositivos eletrônicos implantados, gravidez avançada e necessidade de supervisão profissional.
- **Prática de *sound healing***: os instrumentos utilizados incluem taças tibetanas, *didgeridoos*, tambores xamânicos, entre outros, promovendo estados de relaxamento e bem-estar. Estudos científicos documentam benefícios na melhoria do sono, redução de sintomas de ansiedade e depressão, além de aumento da clareza mental. As histórias de Otto, Vitória e Olga ilustram os efeitos positivos do *sound healing* em suas vidas, tratando corpo e alma.

Encontros transformadores: Otto, Vitória e Olga

Dentro do universo do *sound healing*, encontramos Otto, um terapeuta cuja vida é pautada por instrumentos ancestrais, ciência e o que há de mais novo na tecnologia, junto aos ecos de cânticos que ressoam mais profundamente do que o ouvido pode perceber. Músico por mais de duas décadas, Otto é um profissional certificado em terapias sonoras, com um vasto conhecimento em como os sons afetam o corpo humano em diversos níveis. Sua habilidade em mesclar técnica e intuição faz dele um facilitador habilidoso para aqueles que buscam cura e equilíbrio.

Vitória, uma de suas pacientes, é uma mulher no auge de sua carreira profissional, mas que recentemente se viu envolta em uma névoa de burnout e depressão. A ansiedade crônica tornou-se uma companheira indesejada em sua rotina intensa, levando-a a buscar métodos alternativos para restaurar sua saúde mental e física. Depois de ficar muitos dias no hospital com a filha internada quase cega sem os médicos saberem o porquê, ela viveu dias tensos entre idas e vindas ao hospital com a filha e com seus sintomas de burnout. Vitória voltou-se para o *sound healing* como um recurso de que ela ouvia falar, mas queria conhecer, já que sempre foi musical, com a esperança de encontrar alívio e renovação.

Por outro lado, temos Olga, uma mulher proativa e visionária que trabalha no departamento de RH da empresa de componentes eletrônicos. A empresa, que valoriza a inovação e o bem-estar, apoia Olga em sua missão de explorar temas que beneficiem tanto os funcionários quanto os clientes. Ela está sempre em busca de novas estratégias para melhorar o ambiente de trabalho e aumentar a produtividade e o bem-estar dos funcionários. Com um lema de vida focado em "conhecimento, autoconhecimento e prática do bem", ela vê no *sound healing* uma oportunidade de enriquecer a cultura corporativa, promovendo não apenas a saúde mental dos colaboradores, mas também fortalecendo sua segurança, autoconfiança e inovação.

O início

No carro a caminho da vivência, Vitória ouve o barulho de um vidro quebrando; e, ao olhar no retrovisor, vê que alguém acaba de ser assaltado no carro de trás. Ao chegar no local da vivência, Vitória aguarda no corredor antes de entrar no salão e Olga chega pegando a fila; elas ouvem sons etéreos sem saber o que esperar. Ao entrar, sons, luzes, instrumentos que parecem ser de outro mundo, um ambiente completamente modificado, parecendo ser de outra dimensão, elas vão se acomodando. Otto as recebe e ouve os cumprimentos delas, e conversa com todos em meio à sessão. Vitória e Olga se deitam; são cobertas por mantas lilases e acomodadas em almofadas confortáveis, começam a se desconectar dos pensamentos diários que as assolam. Enquanto a mente de Vitória vagueia pelas responsabilidades diárias, como cuidar do cachorro, chegar em casa, fazer almoço, responder a e-mails do trabalho e pensar em mil coisas fora dali, Olga parecia trêmula e um pouco assustada; então, Otto, com movimentos precisos e suaves, se aproxima com um gongo.

Viagem sensorial profunda: a experiência de Vitória e Olga no *sound healing*

Ao tocar primeiro ao lado direito e depois ao esquerdo de cada uma, Otto desperta vibrações que parecem atravessar os corpos e mentes de Vitória e Olga. O som ressonante do gongo, seguido pelo eco profundo do *didgeridoo* e pela batida hipnótica dos tambores, começa a dissipar os pensamentos incessantes, como se um interruptor místico desligasse suas preocupações uma a uma.

Gradualmente, elas perdem a noção de tempo, espaço e peso. Vozes angelicais emanam pelo salão, descendo à terra em um coral celestial de músicas celtas, indígenas, vikings e outras melodias etéreas. Elas se sentem simultaneamente presentes e transportadas para outra dimensão. Lágrimas de liberação e sorrisos de serenidade surgem em seus rostos, enquanto elas mergulham em uma experiência transcendental. Durante uma hora e trinta minutos, essa viagem psicodélica e espiritual as leva por uma gama de sensações intensas e profundas. Durante a vivência orquestrada por Otto, os tambores oceânicos e o som das sementes transportam Vitória para o fundo do mar. O toque suave do gongo, acionado por um artefato reminiscente de um pirulito de plástico, evoca na mente de Vitória o canto distante de uma baleia. As sementes, com seu ruído sutil, criam a ilusão de pedras rolando suavemente sob as águas. Logo depois, um instrumento misterioso cria um efeito sonoro que parece formar bolhas ao redor de Vitória. Deitada em um salão adornado com projetores que exibem imagens de nebulosas coloridas, ela se vê cercada por outras pessoas em uma jornada coletiva, mas, ao mesmo tempo, sente-se isolada nas profundezas do oceano. Sons de folhas e pássaros, habilmente imitados por Otto e sua equipe, transportam Vitória para o coração de uma floresta densa e pulsante.

Enquanto isso, os sons etéreos de tubos de cristal de quartzo e metal fazem que Olga se sinta em uma viagem astral, navegando num vasto espaço leve e sem gravidade. A kalimba, tocada por Otto, infunde uma sensação de aceleração; cada nota vibrante faz Olga sentir-se como se estivesse voando ao lado de dragões, em uma corrida vertiginosa através de um cenário onírico. Ao tentar compreender a lógica dessa jornada psicodélica, Olga reconhece sua segurança física no salão, mesmo enquanto sua mente a leva por experiências vibrantes e coloridas. Sons de animais selvagens, como lobos e pássaros, e os ressonantes sons de cristais e metais lançam-na ainda mais profundamente em um universo etéreo. As vozes de corais celestiais parecem guiar todos ao paraíso, onde se misturam com lágrimas de liberação e risos pacíficos, proporcionando uma catarse emocional e espiritual.

Compartilhando a experiência

Quando Otto chama o grupo de volta à realidade, Vitória, Olga e os demais participantes notam que perderam a noção do tempo, imersos nas emoções e sensações proporcionadas pelo *sound healing*. Essa intensa experiência destaca a conexão entre som e consciência, revelando o *sound healing* como uma poderosa ferramenta terapêutica. Após alguns minutos, Vitória e Olga se ajustam ao ambiente e sentem a necessidade de compartilhar suas vivências. Em um círculo, elas relatam suas experiências. Vitória, normalmente reservada, fala com paixão sobre como a sessão a ajudou a reencontrar a paz interior. Ela compartilha os desafios que enfrenta e momentos marcantes da vivência. Olga, que chegou abalada após ter seu carro violado, surpreendentemente encontrou calma durante a sessão, lembrando-se do incidente apenas no final, agora serena e transformada. Ela expressa a importância de implementar práticas de bem-estar no trabalho, planejando sessões regulares de *sound healing* para aumentar a produtividade e enriquecer a qualidade de vida dos funcionários. Otto, atento, nota que o timbre das vozes está mais relaxado e harmonioso, percebendo a transformação no grupo.

Vitória: espelho da luta moderna

Vitória é o reflexo de muitos profissionais dos dias de hoje: dedicada, envolvida com sua carreira, mas sobrecarregada pelo ritmo implacável da vida moderna. Sua luta contra o burnout e a ansiedade crônica é um espelho das tensões que muitos enfrentam diariamente, tornando sua personagem um ponto de identificação para leitores que sentem que suas próprias vidas estão fora de controle. Com a história de Vitória, o capítulo explora não só os custos do sucesso na era digital, mas também o potencial redentor de abordagens terapêuticas integrativas como o *sound healing*. Sua jornada, desde o ceticismo inicial até a aceitação e o profundo alívio encontrado nas sessões de *sound healing*, oferece um caminho de esperança e renovação que muitos desejam para si mesmos.

Olga: a busca por inovação no ambiente corporativo

Olga representa uma perspectiva dinâmica e proativa no mundo corporativo, alguém que não apenas observa os problemas, mas também busca soluções criativas e sustentáveis para o bem-estar coletivo. Além do infortúnio do assalto ocorrido, que pode acontecer com qualquer um, sua iniciativa de integrar o *sound healing* no ambiente de trabalho da empresa toca em um desejo comum de muitos leitores que ocupam posições de liderança: transformar seus locais de trabalho em espaços em que a saúde mental e física são prioritárias. A história de Olga fala diretamente aos leitores que buscam maneiras de implementar mudanças positivas em suas organizações, mostrando que é possível aliar sucesso empresarial com práticas que promovem o bem-estar do novo ser humano integral.

Através do som

Otto, ao final da sessão, aproveita a calma restaurada e a atenção plena dos participantes para explicar os fundamentos científicos e os mecanismos de ação por trás do que acabaram de experienciar. Ele detalha como o *sound healing* facilita o acesso ao estado *theta* do cérebro, um estado associado ao relaxamento profundo e à cura, também chamado de zona de devaneio. Ele esclarece que, durante as sessões, os músicos utilizam uma variedade de instrumentos que, por meio de movimentos e sons específicos, ajudam a reduzir a atividade cerebral de alerta para um estado mais relaxado. A transição das ondas cerebrais de beta para alfa e teta, e até delta, pode ser monitorada com equipamentos especializados como o neurofeedback, que fornece uma visão detalhada da eficácia da sessão. Este aspecto técnico serve não apenas para validar a experiência sensorial, mas também para reforçar a ponte entre a prática ancestral e a ciência moderna. O terapeuta discute como diferentes frequências sonoras têm a capacidade de induzir estados mentais específicos, o que é fundamental para a prática do *sound healing*. Essas frequências são especialmente eficazes em promover um relaxamento profundo e um estado meditativo intenso. Os monges tibetanos e os *yogis* indianos chegam a esses níveis elevados meditando, pois fazem isso desde crianças, ao passo que nós ocidentais não chegamos a esses níveis porque não nos foi ensinado a meditar desde pequenos, o que é crucial para iniciar um processo de cura acelerado. O terapeuta também introduz o conceito de *entrainment*, um fenômeno que envolve a sincronização das ondas sonoras emitidas pelos instrumentos com as ondas cerebrais dos participantes, facilitando uma transição suave para estados de relaxamento profundo.

Para concluir, Otto enfatiza como o *sound healing* proporciona uma experiência de imersão profunda que engaja o ser de forma integral, focando em emitir sons harmoniosos que utilizam principalmente vogais, evitando consoantes. Esta abordagem transcende barreiras linguísticas e se concentra no poder do som para regular e harmonizar a energia corporal por meio de frequências específicas. Ele destaca estilos musicais que foram entoados durante a vivência, como os cantos celtas, vikings e xamânicos, conhecidos por suas ricas tradições sonoras, que complementam perfeitamente a terapia.

A jornada contínua de Vitória

Essas sessões foram cruciais para aprofundar suas curas, permitindo-lhe explorar e resolver camadas mais profundas de sua ansiedade e estresse. Com esse processo personalizado, Vitória não apenas encontrou alívio significativo, mas também descobriu uma nova paixão pelo autoconhecimento. Com cada sessão, ela se sentiu mais revitalizada e confiante, uma transformação que lhe deu as ferramentas para continuar explorando novas práticas de bem-estar e integrando-as em sua rotina diária. O *sound healing* se tornou uma parte integral de sua vida, não apenas como terapia, mas também como um pilar para manter sua saúde mental e física.

Impacto institucional de Olga

Olga, por sua vez, após experimentar pessoalmente os benefícios do *sound healing*, introduziu a prática na empresa, tanto para os funcionários quanto para os clientes. Inicialmente como uma série de workshops e sessões regulares, a iniciativa foi recebida com entusiasmo e logo mostrou resultados tangíveis. Os índices de positividade na empresa aumentaram, a fidelização de clientes melhorou e os feedbacks coletados indicaram que tanto funcionários quanto clientes se sentiam mais cuidados e valorizados. Esta mudança destacou o compromisso da empresa com a saúde integral de sua comunidade, estabelecendo um novo padrão para práticas corporativas saudáveis.

A missão contínua de Otto

Otto, observando as transformações em Vitória e o sucesso das iniciativas de Olga, sentiu-se ainda mais motivado em sua missão de promover o *sound healing*. Cada história de sucesso reforçava sua crença no poder curativo do som e na importância de práticas integrativas. Ele continuou a desenvolver sua técnica e a expandir seu alcance, sempre com o objetivo de ajudar as pessoas a encontrarem harmonia e equilíbrio em suas vidas, apesar das pressões da modernidade.

Referência

STEFANO, G. B. Sound therapy induced relaxation: down regulating stress processes and pathologies. *Medical science monitor: international medical journal of experimental and clinical research*, 9(5):RA96-RA101, jun. 2003. Disponível em: https://www.researchgate.net/publication/7182382_Sound_therapy_induced_relaxation_Down_regulating_stress_processes_and_pathologies. Acesso em: 25 nov. 2024.

Acesse o QR Code para conhecer mais do meu trabalho:

25

FREQUÊNCIA *CAPITA CURE*

AS 8 FREQUÊNCIAS SONORAS CIENTIFICAMENTE COMPROVADAS RECARREGAM A SAÚDE DAS CÉLULAS, TRAZENDO BEM-ESTAR E ALÍVIO DE DORES

A renomada neurocientista e naturopata dra. Zaika Capita tem revolucionado o campo da saúde e bem-estar com seu trabalho inovador sobre o poder das frequências sonoras. A especialista desenvolveu uma série de frequências sonoras que podem ajudar a aliviar o estresse, a ansiedade e a insônia, até mesmo complementando tratamentos médicos de certos problemas de saúde. Segundo a autora, cada frequência possui uma vibração específica capaz de estimular determinadas áreas do cérebro.

DRA. ZAIKA CAPITA, PHD

Dra. Zaika Capita, PhD

Neurocientista, doutora em psicologia da saúde e em naturopatia PhD. Especialista em terapias e frequências vibracionais, biocomunicadora, reprogramadora mental em delta – RMDZ, palestrante, pesquisadora e escritora em temas de saúde física, emocional e energética. Mentora e pesquisadora, cientista em estudos com frequências para saúde e no uso do hidrogênio molecular aplicado à saúde integral com estudos biomédicos. CEO da AYKYA Quantum. Com mais de 200 mil vidas transformadas, também é terapeuta integrativa especialista em aplicação da cimática e frequências pelo uso da molécula e do som nas células e no cérebro. Coautora do livro *Bem viva de corpo e alma: uma abordagem com medicina e terapias integrativas*, publicado pela Literare Books International (2021), autora do *Moléculas de Deus*, editora Scortecci (2024) e de outras obras, como *O ser integral*.

Contatos
www.onovoserhumano.com.br/dra-zaika-capita
drazaikacapita.com.br/
YouTube: www.youtube.com/@zaikacapita3905
LinkedIn: www.linkedin.com/in/zaika-capita-4191498a/
Instagram: @zaikacapita

Dra. Zaika Capita, PhD

Introdução

Como neurocientista, especializei-me em terapia vibracional energética, utilizando frequências e a naturopatia, que se baseiam nas forças da natureza para promover a saúde. Ao longo dos anos, desenvolvi um profundo interesse nas frequências sonoras e seus efeitos sobre a saúde. Desenvolvi métodos revolucionários, que proporcionaram mais qualidade de vida para muitos, e isso difundiu um reconhecimento gigantesco ao meu trabalho, aplicando, com base em anos de pesquisa e experiência prática, temas como dimensões energéticas do ser e a reprogramação mental de nível celular e subconsciente, que oferecem uma oportunidade única para alcançar um estado de bem-estar integral. Esses métodos foram cuidadosamente elaborados para proporcionar uma verdadeira transformação pessoal, utilizando ondas mentais e frequências em hertz específicas, promovendo o auxílio no processo de cura e crescimento. Após muitos estudos baseados em evidências científicas, criei um método inovador chamado Frequências *Capita Cure*, que desenvolvi com um único propósito: ajudar o maior número possível de pessoas a recuperar sua saúde de forma natural e segura. Ele é composto por oito frequências sonoras específicas, projetadas para auxiliar a desintoxicar os principais órgãos e tecidos do corpo, além de recarregar a energia das células, promovendo bem-estar e vitalidade. O método tem um impacto profundo na saúde celular, ajudando a proporcionar mais energia e disposição, como alívio de dores persistentes e até mesmo apoio em acelerar tratamentos que você já possa estar realizando. É possível construir sua saúde, passo a passo, com o uso dessas frequências. Com a orientação adequada, você aprenderá a acessar essas ferramentas poderosas e aplicá-las de maneira eficaz, restaurando o equilíbrio e a harmonia em sua vida. Meu compromisso com a melhoria da saúde das famílias brasileiras, em especial das mulheres em situação de vulnerabilidade, é algo que me motiva profundamente. Acredito que a conexão emocional, a superação de traumas e a reconstrução das bases psicológicas são fundamentais para uma vida plena e saudável. Esse trabalho reflete a minha missão de ajudar aqueles que mais precisam, proporcionando um caminho claro para o bem-estar. Cada aspecto do meu trabalho é direcionado a melhorar vidas, e é isso que me move todos os dias. Continuo a expandir esses métodos com o propósito de proporcionar a todos a chance de transformar suas realidades, alcançando uma vida mais saudável e plena.

Programa Frequências *Capita Cure*

É fácil de integrar à rotina diária. Você só precisa permitir que seu corpo sinta as ondas sonoras para começar a colher os benefícios desse método revolucionário. A ciência por trás disso é fascinante. Assim como um tenor consegue quebrar uma taça de cristal apenas com sua voz, as frequências sonoras podem contribuir para destruir vírus, bactérias, parasitas e outras toxinas que se acumulam no corpo.

Meu trabalho foi inspirado em cientistas como dr. Raymond Rife, que descobriu como usar ressonância sonora para "explodir" células doentes, incluindo células cancerígenas. Seu trabalho enfrentou grandes desafios, mas ele nos deixou um legado incrível de amor, coragem e determinação. Eu me sinto honrada por estudar e multiplicar esses conhecimentos, motivando as pessoas a compreenderem o poder das frequências. Atualmente, temos acesso a mais de cinco mil frequências que podem atuar diretamente no auxílio da desintoxicação e na recarga das células do corpo, promovendo saúde de dentro para fora. As frequências sonoras desempenham um papel fundamental na saúde tanto física quanto emocional. Elas ajudam no alivio de dores, apoiam a melhoria da circulação sanguínea, liberam hormônios benéficos, otimizam o sono e aumentam a produtividade. No âmbito emocional, essas frequências ajudam no tratamento de ansiedade, depressão, medo e insônia, acalmando pensamentos negativos. O melhor de tudo? O método é seguro, sem contraindicações, e pode ser usado em conjunto com outros tratamentos médicos. Eu tive a honra de ajudar mais de 200 mil pessoas em minha clínica e centro de estudos em Brasília, utilizando esse *blend* sonoro único para auxiliar na desintoxicação de órgãos e tecidos, desligar células doentes e recarregar a energia das células saudáveis. O poder das frequências vai além do que podemos imaginar. Combinadas com mensagens subliminares, elas atuam no subconsciente, trazendo equilíbrio emocional, bem-estar e disposição.

Saúde física e mental

Como está sua saúde hoje? Você sente alguma dor, mal-estar, indisposição, falta de ânimo ou dificuldade de concentração? Se eu te perguntasse isso agora, o que você responderia? Nesta era digital que vivemos, é muito comum nos depararmos com esses sintomas e, muitas vezes, até os considerarmos normais. Entretanto, essa indisposição constante, que atrapalha nosso dia a dia e impede a conclusão de nossas metas, não é normal e, certamente, não é ideal, independentemente da idade. Mesmo parecendo saudáveis, vivendo nossas rotinas diárias, podemos estar sendo afetados por algo invisível, que pouco a pouco nos coloca em situações de vulnerabilidade e desgaste. Esses males que sentimos muitas vezes têm origem em contaminações que podem vir de diversas fontes: parasitas visíveis ou invisíveis, vermes, bactérias, toxinas que entram no corpo ou que são geradas por ele. Quando falo sobre toxinas, refiro-me tanto às externas quanto às internas, que podem ser venenos emocionais ou químicos. Esses elementos prejudicam nosso organismo gradativamente, enfraquecendo o sistema imunológico e provocando doenças não apenas físicas, mas também psíquicas e emocionais.

Tudo tem informação e frequência!

A intenção maior de tudo isso é motivar você a entender que existem muitas terapias, e a maioria delas parte da ideia de frequência. Assim, podemos começar a enxergar a saúde de forma integral, abordando os aspectos tanto físicos quanto emocionais e energéticos. Você sabe o que é frequência? Frequência é uma medida de pulso, expressa em hertz, que mede o número de ciclos completos por segundo. Esse nome foi uma homenagem ao cientista Heinrich Rudolf Hertz, que fez avanços importantes nesse campo. Quando falamos sobre frequências, estamos tratando de um processo bioinformacional, em que diferentes informações são integradas em ciclos completos de energia, com o objetivo de harmonizar e equilibrar o corpo. Na área da saúde, tanto na área de exames quanto nos tratamentos, surgem muitas perguntas sobre como as frequências atuam. É impossível discutir o poder das frequências sem olhar para os primórdios dos estudos sobre som e descoberta das escalas musicais, que revelam como nosso corpo emite e reverbera música constantemente. Toda a natureza emite sons, e nós, como parte dela, estamos sempre envolvidos nesse processo. Atualmente, com a evolução desses estudos, sabemos exatamente, pela quantidade de ciclos, quantos hertz temos ali por segundo; e a utilização daquilo afeta as respostas de cada célula, podendo ser acompanhada de forma automática. As frequências da vida estão em tudo. Tudo tem uma frequência e, por meio de estudos científicos avançados, podemos ver como essas frequências afetam nossa saúde e a natureza. Um exemplo notável foi a emissão de frequências em 528 hertz no Golfo do México, que limpou e desintoxicou as águas após um derramamento de petróleo. Se essas emissões podem purificar a natureza, imagine o que elas podem fazer pelo seu corpo, ajudando a eliminar toxinas, reduzir o estresse e promover bem-estar.

Você que tem se sentido cansado, estressado, com dores, tomado muitos medicamentos, enfrentado problemas emocionais ou simplesmente deseja melhorar sua qualidade de vida, considere a utilização das frequências em seu benefício. Escolha conscientemente o que escuta no rádio ou na TV, pois tudo isso influencia seu corpo. Você sabia que seu cérebro funciona como um jardim? É isso mesmo: quanto mais sementes boas você colocar nele, mais você terá flores e frutos da sua escolha. Quantas vezes você coloca em seu cérebro sementes de notícias horríveis que escuta na mídia ou até mesmo filmes com informações tenebrosas para serem cultivadas no da sua mente? Guarde esta informação: seu cérebro é um jardim e precisa de boas sementes para germinar. O que você tem colocado dentro dele? As frequências reverberam e permanecem atuando, mesmo quando ouvidas uma única vez por dia, ajudando a manter sua trajetória mais leve e equilibrada.

Tive a oportunidade de aprender com grandes mestres em diversas áreas, como homeopatia, florais de Bach, florais de Saint Germain e outros sistemas de cura. Além de frequências, sou apaixonada por terapias integrativas, que visam ao bem-estar e à recuperação do organismo. Cada uma delas tem um papel valioso; e graças a esse contínuo aprendizado desenvolvi a terapia de frequências que apresento neste capítulo. Essas terapias, junto às frequências sonoras, trazem resultados incríveis, com o objetivo de equilibrar, desintoxicar e restaurar sua assinatura energética, utilizando as frequências primordiais presentes em tudo. Acredito que, com o uso adequado das frequências, é possível estar sempre um passo à frente em termos de saúde, autoestima e qualidade de vida. O poder das frequências também pode ser usado a distância. Utilizo tecnologias avançadas, como uma plataforma alemã que permite o tratamento a distância e a personalização das emissões de frequências diretamente para você, onde quer que esteja. Esse mesmo processo pode ser aplicado até em plantações, com resultados impressionantes. Já obtivemos resultados incríveis ao aplicar essas frequências em uma plantação de uvas onde havia várias anomalias no solo. Se isso funciona para a natureza, pense no impacto positivo que tais frequências podem ter em sua saúde. Essas terapias podem ajudar na prevenção de doenças? Com certeza! Elas não só auxiliam no tratamento, mas também estimulam o corpo a melhorar sua resposta imunológica e a liberar neurotransmissores essenciais para a cura. O uso das frequências, combinado com a medicação, pode acelerar a recuperação, permitindo que o corpo retorne ao seu estado natural de funcionamento. Ao utilizar as frequências, você terá uma resposta mais rápida, ajudando a equilibrar sua energia e promovendo a autocura. No entanto, é fundamental lembrar que essas terapias complementam, e não substituem, os tratamentos médicos tradicionais.

- **Sintomas comuns de ansiedade**: as soluções naturais e eficazes para lidar com os sintomas mais comuns de ansiedade são a meditação e a reprogramação mental com frequências sonoras.

1. **Ansiedade e o sistema nervoso**: a ansiedade ativa o sistema nervoso simpático, que prepara o corpo para a "luta ou fuga". Isso leva ao aumento da adrenalina, pois o corpo entra em estado de alerta, mesmo sem uma ameaça real, bem como ao desgaste do sistema nervoso, pois o estresse constante pode levar à exaustão. A reprogramação mental com frequências sonoras pode ajudar a reequilibrar o sistema nervoso, promovendo um estado de relaxamento profundo.
2. **Ansiedade e saúde mental**: a saúde mental é profundamente afetada pela ansiedade, resultando em:

- **Depressão**: muitas vezes, a ansiedade e a depressão andam de mãos dadas.
- **Transtorno obsessivo-compulsivo (TOC)**: a ansiedade pode levar ao desenvolvimento de comportamentos compulsivos.

o **Distúrbios de sono**: dificuldades para adormecer ou manter o sono são comuns. A meditação tem sido comprovadamente eficaz em melhorar a saúde mental, reduzindo sintomas de ansiedade e depressão.

- **Meditação e frequências sonoras**:

1. **Como a meditação pode ajudar na ansiedade**: a meditação é uma prática milenar que tem sido cientificamente comprovada como eficaz na redução da ansiedade. Ao focar a mente e promover a respiração profunda, a meditação ajuda a diminuir os níveis de cortisol, o hormônio do estresse, e aumenta a produção de serotonina, o que melhora o humor e promove a calma.
2. **Como integrar a meditação na sua rotina diária**: começar a meditar pode parecer desafiador, mas com consistência torna-se um hábito poderoso. Reserve um horário fixo todos os dias, de preferência pela manhã ou antes de dormir, para praticar. Comece com meditações curtas, de cinco a dez minutos, e vá aumentando gradualmente.
3. **Meditação guiada para alívio da ansiedade**: envolve seguir instruções verbais que ajudam a focar a mente e relaxar o corpo. Esta prática é especialmente útil para iniciantes ou para aqueles que encontram dificuldades em meditar sozinhos. Meditações guiadas que incorporam frequências sonoras podem ser ainda mais eficazes, ajudando a reprogramar a mente para lidar melhor com a ansiedade.
4. **Frequências sonoras – o que são e como funcionam**: as frequências sonoras são ondas de som que vibram em diferentes ritmos. Cada frequência tem um impacto distinto no cérebro e no corpo. Por exemplo, as ondas alfa (8-12 Hz) estão associadas a um estado relaxado, enquanto as ondas teta (4-8 Hz) promovem um estado meditativo profundo. A reprogramação mental utiliza essas frequências para ajudar a reequilibrar a mente e reduzir a ansiedade.
5. **Ondas delta e a cura de traumas profundos**: os estudos mais recentes indicam que as ondas delta (0,5-4 Hz) desempenham um papel fundamental na cura de traumas profundos e na melhoria da função cerebral. Essas frequências estão associadas ao sono profundo e à regeneração celular. Quando acessadas por meio de práticas como a meditação profunda ou reprogramação mental com frequências sonoras, as ondas delta podem facilitar a cura emocional e física, ajudando a processar e liberar traumas enraizados. Essa descoberta abre novas portas para tratamentos naturais e eficazes.
6. **Meditação e frequências sonoras**: integrar a meditação e a reprogramação mental com frequências sonoras na rotina diária é simples e pode trazer benefícios significativos. Dedicar apenas 10 a 20 minutos por dia a essas práticas pode transformar a forma como você lida com o estresse e a

ansiedade. O uso de aplicativos ou vídeos on-line com meditações guiadas e frequências sonoras facilita a incorporação dessas técnicas no dia a dia.

- **Reprogramação mental com frequências sonoras**: os benefícios são inúmeros. A reprogramação mental com frequências sonoras é uma técnica que utiliza sons em diferentes frequências para influenciar o estado mental e emocional. Estudos mostram que certas frequências, como as ondas alfa e teta, podem induzir estados de relaxamento profundo, reduzindo significativamente os sintomas de ansiedade. Esta abordagem natural e não invasiva é eficaz e não tem efeitos colaterais.

Conclusão

Não posso deixar de enfatizar: nunca pare um tratamento médico prescrito. As terapias com frequências vêm como um complemento, acelerando a resposta do corpo para promover uma recuperação mais rápida. As práticas integrativas e complementares são extremamente importantes na soma do processo de reconexão com a saúde. Para concluir: sim, as frequências podem ajudar a prevenir doenças, melhorar a imunidade e estimular processos de autocura. Eu convido você a explorar esse método e descobrir o poder transformador que as frequências sonoras podem trazer para sua vida.

Acesse o QR Code para conhecer mais do meu trabalho:

EPÍLOGO

Rogério Yudi

É formado em Engenharia Elétrica pela Escola Politécnica da USP, com pós-graduações em Administração de Empresas pela Fundação Getulio Vargas e Escola Superior de Propaganda e Marketing (ESPM). Tem MBA pelo International Institute for Management Development (IMD), localizado em Lausanne, na Suíça. Ocupou cargos de diretoria em multinacionais como Ericsson e Philips, no Brasil/América Latina, e em Operações e Supply Chain Management, em Estocolmo, na Suécia, onde também foi CEO/Fundador da Broadsense Ventures AB, atuando com investimentos em start-ups nos segmentos de TI, internet e automotivos. Conduziu projetos de excelência operacional na Europa e Ásia. Foi sócio da Invistia Fusões e Aquisições, onde assessorou transações em diversas indústrias. É fundador da Academia UAU e é sócio da Heartmetrix, empresa dedicada a promover saúde preditiva e preventiva.
Autor do livro *O despertar para sua nova evolução*.

Contatos
www.onovoserhumano.com.br/rogerio-yudi-shimmori
www.academiauau.com.br/
LinkedIn: www.linkedin.com/in/rogerioshimmori
Instagram: @academiauau

Estamos na era das mudanças exponenciais

Este texto é parte integrante do livro *O despertar para sua nova evolução: como é a vida que você quer viver?*

A tecnologia seguirá se desenvolvendo a um ritmo cada vez mais acelerado e mudando a forma como vivemos, trabalhamos e nos relacionamos uns com os outros. É um momento em que precisamos olhar para dentro de nós mesmos e questionar o tipo de futuro que queremos criar.

É surreal presenciar o novo e o antigo coexistindo. O que muda muito lentamente, convivendo com o que há de mais moderno. Vemos tanques russos invadindo países em cenas saídas da Segunda Guerra Mundial, ao mesmo tempo que surgem aparelhos de realidade virtual nos permitindo viajar em 3D às profundezas do universo.

A velocidade com que tudo mudará nas próximas décadas é algo que a mente humana tem dificuldade de compreender. Não somos capazes de entender números muito grandes. Por exemplo, o Sol é uma das estrelas no Universo, certo? E quantas estrelas há no Universo todo? Algo da ordem de grandeza de 10 elevado a 22, representado pelo número a seguir:

10 000 000 000 000 000 000 000

É tão grande que não conseguimos imaginar, não é mesmo? A mesma coisa acontecerá com o assunto da inteligência artificial[1]. Não nos damos conta de que os computadores já são muito superiores à mente humana. É só olhar para uma planilha e ver quantas contas o computador faz de maneira simultânea. Os exemplos estão ao nosso redor a todo momento. Quantos cálculos seu celular faz por segundo? Tudo isso já está muitas vezes acima da nossa capacidade, e que bom.

Um ser humano médio tem um quociente de inteligência (QI) entre 85 e 115. Albert Einstein, o gênio da física, tinha um QI entre 160 e 180. O recorde mundial é de 228. Pois bem, a inteligência artificial provavelmente será bilhões de vezes mais inteligente que o ser humano. É algo tão gigantesco que não conseguimos compreender. Acho melhor já nos acostumarmos que seremos irrelevantes em termos de produtividade, e que a sociedade como um todo terá que encontrar um novo modelo de funcionamento.

Creio que a discussão sobre a inteligência artificial se tornar cada vez mais humana está equivocada. Nossa criação é um espelho de quem somos. A discussão deve ser: por que nós estamos nos tornando cada vez menos humanos? Em vez de nos preocuparmos com o potencial uso maléfico da tecnologia, devemos estar preocupados com o fato de que nós estamos nos tornando cada vez menos humanos, estamos nos afastando da nossa natureza verdadeira, deixando de lado nossa empatia, compaixão e autenticidade em nome da eficiência, da velocidade e da comodidade.

Pensar em teorias da conspiração ou em esquemas de dominação do mundo é interessante apenas para os produtores de filmes de ficção científica. Para nós, na prática, não quer dizer nada. O movimento de transformação de uma sociedade se inicia em nível individual e com o tempo ganha corpo.

O que cada um de nós fará para se tornar uma pessoa mais evoluída a cada dia? Não será mais pela aquisição de novos conhecimentos. Esse paradigma mudou, pois as máquinas já detêm todo o conhecimento de que dispomos. Também não vamos evoluir pela nossa memória. Não mesmo! Pois a memória dos computadores é infinita e a nossa atrofia cada vez mais (quem se lembra da época em que memorizávamos o número dos telefones das pessoas?). Penso que o novo paradigma para nossa evolução é também algo antigo: nossa capacidade de fazer perguntas. Cada vez mais profundas, cada vez mais criativas, cada vez mais ousadas. E talvez a mais profunda seja: quem somos nós?

---

1 Capacidade das máquinas de pensarem como seres humanos: aprender, perceber e decidir quais caminhos seguir, de forma racional, diante de determinadas situações.

Este é o momento ideal para buscarmos a evolução da consciência e reconexão com nossa essência humana. Podemos aproveitar esta era de mudanças exponenciais para desenvolver nossa autoconsciência e compreender nossos pensamentos, emoções e comportamentos. Ao fazermos isso, podemos superar nossas próprias programações automáticas e agir de maneira consciente, voltando-nos para nossos verdadeiros valores e propósitos humanos.

Lembro-me como se fosse ontem quando surgiu o celular, transformando o mundo e se tornando, inicialmente, um símbolo de status. Eu fiz parte dessa revolução pois trabalhei na Ericsson, uma multinacional sueca da área de telecomunicações, justamente no momento em que surgiu o negócio de sistemas celulares no Brasil e acompanhei de perto todo o *boom* do celular. No momento icônico em que Steve Jobs, o nome por trás da Apple, deslizou os dedos na tela do iPhone para aumentar e diminuir o tamanho de uma foto, deixando todos boquiabertos, pensei: "Uau! Isso muda tudo!". Eu estava fascinado com o poder dessas tecnologias, mas também percebi o quanto nós acabamos escravizados por essas ferramentas. Então, quando experimentei pela primeira vez uma máscara de realidade virtual, novamente senti aquele "uau!", reacendendo o entusiasmo e a admiração que senti quando vi as revoluções tecnológicas anteriores. A imersão e o potencial dessa nova tecnologia são ilimitados, o que me leva a acreditar em uma nova e radical transformação na sociedade.

A quantidade de tecnologias disruptivas em desenvolvimento simultâneo não tem precedentes na história da humanidade. Nada se compara ao que está por vir. Para a maioria da população, esses avanços serão mais visíveis por meio dos veículos autônomos, do uso de drones, da popularização do metaverso, mas por trás há camadas e mais camadas de tecnologias que viabilizam essas experiências, como baterias de alta performance, *blockchain*, criptomoedas, contratos inteligentes, finanças descentralizadas, dispositivos inteligentes, tecnologias genéticas, robôs adaptativos, impressão 3D e muitos outros termos técnicos que estou citando apenas para representar a magnitude do trabalho sendo realizado por uma enorme quantidade de pessoas. E não bastando o potencial de mudanças de cada tecnologia por si só, tudo será interligado por redes de inteligência artificial, o que multiplicará a inovação a patamares que creio, ninguém hoje pode imaginar como serão.

Como isso afetará a distribuição de riqueza, o desejo de controle dos governos, a cobiça das empresas, a resistência das instituições, a corrupção de segmentos da sociedade? Será o mesmo de sempre ou haverá novas forças em contraposição? Exercitar nosso espírito crítico sobre como a humanidade utiliza e utilizará essas ferramentas é uma responsabilidade individual, que eventualmente se refletirá no coletivo.

Não é sinal de saúde estar bem adaptado
a uma sociedade doente.
J. Krishnamurti

É um mundo excitante, estimulante, divertido, dinâmico, assim como viciante, perigoso, implacável e imprevisível. É importante que busquemos evoluir nossa consciência para enfrentarmos esses desafios. Isso inclui um autoconhecimento profundo, permitindo-nos reconhecer nossos pontos fortes e fracos, e trabalhar em nossas limitações para alcançar o máximo de nosso potencial. Ao desenvolvermos um senso de propósito e significado, podemos nos concentrar em coisas que realmente importam, assim como buscar uma vida plena e realizadora.

A evolução da consciência é uma jornada vital para o ser humano, especialmente considerando todos os desafios que enfrentamos no mundo atual. É por meio do autoconhecimento, da busca de conhecimento e inspiração, e da prática de empatia e compaixão que podemos evoluir nossa consciência e viver uma vida plena e significativa. Na minha opinião, é unindo todas as sabedorias e conhecimentos, internos e externos, e de todas as eras, que o ser humano transcenderá para o próximo nível da evolução.

POSFÁCIO

Betth Ripolli

Pianista, palestrante, escritora, ghost writer, apresentadora do programa Sintonia/allTV, empresária musical, professora de piano e violão.

Contatos
www.onovoserhumano.com.br/betth-ripolli
www.betthripolli.com.br
www.harmoniaeventos.com.br
E-mail: betthripolli@betthripolli.com.br
harmonia.eventos@uol.com.br
11 98263 6330

Como se manter saudável e em sintonia diante da nova era digital

A inteligência artificial chegou para ficar, possibilitando uma inovação disruptiva, entregando experiências como viajar pelo mundo sem sair de casa, nos atualizando com tudo que está acontecendo em qualquer canto do planeta e entregando uma gama de conhecimento ampla com uma agilidade ímpar.

Inegavelmente, uma era que otimiza fluxos de informações e que ainda tem muito a gerar de valor para nossas vidas. Representa uma verdadeira revolução no acesso a qualquer coisa, notícia ou pessoa e na forma como nos relacionamos, interagimos e nos comunicamos. Obtemos uma conexão dinâmica, total e irrestrita acessando o mundo na palma de nossas mãos, com apenas um clique! Mesmo que alguns neguem essa presença e ainda não a percebam, ela está ao nosso lado. Silenciosa, acompanha cada parte do nosso dia.

Ter um **mindset dinâmico** e aceitar essa modernidade tecnológica é sinal de sabedoria. Flexibilizar para aceitar o novo nos insere neste cenário que veio para ficar. Informar-se minimamente a respeito nos integra na sociedade e nos empodera no lado profissional. E, como tudo na vida, há o lado bom e outro nem tanto. Há um lado em que se ganha e outro em que se perde.

Para que não sejamos sugados por essa nova perspectiva irrevogável, é essencial que tenhamos bom senso e limites, numa forma de preservar nossa saúde mental e emocional, nos mantendo conectados com a realidade de nossa própria existência. Edificar quem somos nós, a que viemos, permanecermos permeados do mundo em que vivemos e valorizando as emoções em nossas relações, sejam elas profissionais, pessoais, familiares, é **fundamental**.

A pressão da constante exposição on-line nos desconecta da realidade tangível e, assim como tantos outros comportamentos nocivos, passa a ser um vício. E, me diga, existe vício saudável?

Paralelamente, **se faz premente trilhar** um novo caminho para a consciência que impedirá que deixemos de pensar, criar, comunicar e nos relacionar. Com o mundo real, com nós mesmos e com o próximo.

Devemos nos manter em sintonia com a realidade **vívida**, impedindo que deixemos de fazer o que é necessário, despendendo um tempo precioso com mídias sociais ou vídeos curiosos que nada acrescentam, terceirizando nossa criatividade e fluxo de pensamento. O ato de delegar tudo para a inteligência artificial certamente terá um **custo no futuro**.

Cito aqui o olhar do **Estoicismo** (uma filosofia milenar alimentada por filósofos notáveis como Sêneca, Zenon, Marco Aurélio, Epiteto, entre outros) frente a essa realidade.

> A **filosofia estoica** propõe a aceitação serena do incontrolável, um princípio que se revela particularmente relevante na era das redes sociais. Ao internalizar essa perspectiva, somos capacitados a enfrentar as incertezas e as demandas virtuais com uma calma inabalável, contrapondo a ansiedade gerada pela incessante busca por validação on-line.
>
> (Escravo GPT, 2023)

Temos que investir numa tranquilidade interior que transcenda as expectativas digitais. Buscar uma fonte de serenidade que contrabalance a incessante pressão on-line nos encoraja para não depender excessivamente da validação virtual e abraçar o **silêncio digital** nos leva a reconstruir **conexões mais autênticas e reais**.

Praticar tal silêncio digital transforma a pressão constante por estar on-line em uma oportunidade para fortalecer nossa **resiliência emocional**. Aprendemos a discernir entre o que é essencial e o que é superficial, priorizando nossa paz interior em meio a todo esse tumulto virtual.

Necessitamos de uma bússola para orientar nossas interações digitais que nos mostrem se estamos indo na direção correta, delineando assertivamente nossas escolhas, mantendo nosso compromisso com a vida e nosso próximo, em todos os sentidos e nos permitindo usufruir da liberdade de nosso livre pensar, sem estarmos suscetíveis a tantas informações, muitas vezes falsas e nocivas.

Percebe-se que a pressão para permanecermos constantemente on-line torna-se esmagadora. É uma realidade assustadora para os jovens de hoje que farão o futuro do nosso planeta amanhã. As demandas da vida virtual acabam por afastá-los do diálogo e convívio familiar, da serenidade e do equilíbrio necessários para uma **existência significativa**.

Desconectar-se do mundo virtual quando essa conexão for excessiva não é apenas uma pausa necessária e sim um ato consciente de preservação da **saúde mental e emocional**.

Temos a necessidade de nos desapegarmos das expectativas e julgamentos constantes das interações on-line, buscando curtidas e comentários. Deixar de terceirizar nossa criatividade para a inteligência artificial, que com poucas palavras redige um texto que nos demandaria reflexão para elaborar (o que, claro, com o tempo torna o cérebro preguiçoso).

Há que se manter o cultivo da nossa autonomia emocional, que preserva nossa paz interior, nos traz equilíbrio e autoconfiança.

Nos religarmos a nossa essência, valores, amorosidade entre familiares, nossos pares, a natureza, as habilidades inerentes que trazemos a esse plano, nos enriquece espiritual e emocionalmente. E nos mantém saudáveis de corpo e mente.

O **antídoto** para ficarmos imunes a essa nova era que nos inunda é a aceitação do incontrolável e a indiferença às opiniões virtuais. Isso nos trará uma defesa robusta contra a ansiedade, nos capacitando a navegar pelas águas tumultuadas das redes sociais sempre com uma perspectiva centrada no equilíbrio emocional e em nossa autenticidade. Deixemos de ser tão vulneráveis! Criemos uma imunidade impermeável!

Na contemporaneidade desse novo tempo de conhecimento, simplesmente ler, ouvir e reproduzir informações não é mais suficiente. É preciso ir além e questionar, refletir, criar conexões, provocar novas perspectivas e aplicar os novos aprendizados de forma estratégica. Não é mais sobre a quantidade de informações que adquirimos e sim sobre a qualidade da nossa capacidade de transformá-las em conhecimento útil. Essa mudança de paradigma é essencial para o desenvolvimento do indivíduo e da sociedade como um todo. Devemos deixar de nos contentar com apenas acumular tais informações sem compreender seu real significado e valor. Precisamos ser capazes de ir além e utilizar nosso conhecimento de forma a nos capacitar para enfrentar os desafios do mundo moderno. Para isso, precisamos estar sempre dispostos a aprender e desaprender, a refletir e questionar. É preciso desenvolver uma mentalidade crítica e criativa, capaz de transformar informações em conhecimento e este em ação.

Será que um robô teria essa capacidade criativa e crítica? Conseguiria ser empático? No futuro, questionarão a habilidade de preservar o meio ambiente por parte dos seres humanos? Serão capazes de tomar decisões éticas e morais por conta própria? Fica aqui a pergunta, para a qual no momento não temos resposta.

Importante lembrar que há que se praticar uma **desconexão digital** consciente, que permita nos desvencilharmos do **frenesi constante** das interações on-line, proporcionando um escape rejuvenescedor. Ao explorar ambientes naturais, experimentamos uma paleta de sensações que nos oferece um contraponto valioso à vida digital intensiva das redes sociais. Precisamos criar a oportunidade para essa ligação profunda com a natureza e as pessoas a nossa volta, que nos reconectam com o mundo tangível e real.

Nos ambientes familiares, evocar o diálogo, o olho no olho quando alguém está falando, valorizar o abraço carinhoso de um pai a um filho ou uma atenção aos avós: tudo isso contribui para nos manter conectados e alimentados daquilo que é essencial ao nosso desenvolvimento afetivo – **o toque, a energia, o acolhimento, a solidariedade**.

Abraçar o silêncio digital transcende a mera ausência de palavras. Trata-se de uma escolha consciente de filtrar o ruído virtual incessante e ir em busca de uma comunicação mais amorosa e significativa. No momento em que vivemos, em que cada pensamento, foto, ação é compartilhado instantaneamente, a prática da desconexão com o virtual nos leva à nossa essência, ao **quem somos nós**. Nos apropriamos do que é essencial cultivando momentos consigo, dedicando-nos a um livro, nos exercitando, meditando... e assim nos devolvemos ao nosso **espaço sagrado da interiorização**, sem influências externas.

Saindo da superficialidade que muitas vezes permeia as interações virtuais, edificamos e fortalecemos nossas relações de forma mais autêntica e acolhedora com nosso próximo. Vivemos um novo capítulo emocionante na história do mundo atual. Cabe a nós termos discernimento e bom senso ao **abraçar esse desafio**, já que é muito mais do que apenas o acesso à informação. É importante que saibamos interpretar, analisar e transformar todo o conhecimento adquirido em sabedoria, que é a arte de exercitar a inteligência emocional.

Estamos diante de uma **mudança de paradigma impactante** e significativa em todos os setores. Já temos robôs que limpam a casa, dispositivos que ao se dar um comando a luz se acende, a porta abre, a música toca. E há tanta tecnologia avançada da qual nem fazemos ideia que exista. Até robôs que transam, como visto no filme *Ex_Machina: instinto artificial*.

Portanto, **a nova era do conhecimento** está aí com grandes transformações, desafios e muitas oportunidades. A realidade é que não se trata de um futuro, e sim do presente momento. E ela já chegou!!!

Aqueles que souberem se adaptar e aproveitar seus benefícios serão os verdadeiros **líderes do futuro**. Com discernimento, bom senso, escolhas assertivas e mantendo a trilogia inerente ao SER humano, de ter soberania sobre seu **pensar – querer – sentir**, chegarão lá na frente com mente sã em corpo são.

Cabe a cada um decidir como e aonde quer chegar!

Referência

ESCRAVO GPT. Desconectando para desconectar: o estoicismo na era das redes sociais. *Blog Thiago Okraszewski*, 26 nov. 2023. Disponível em: https://blog.thiagookraszewski.com.br/2023/11/26/estoicismo-na-era-das-redes-sociais/. Acesso em: 05 dez. 2024.